O PENTATEUCO

Dados Internacionais de Catalogação na Publicação (CIP)
(Câmara Brasileira do Livro, SP, Brasil)

Hoff, Paul.
 O Pentateuco / Paul Hoff; tradução Luiz Caruso. — São Paulo: Editora Vida, 2007.

 ISBN 978-85-7367-174-2
 e-ISBN 978-65-5584-363-7

 1. Bíblia A. T. Pentateuco - Crítica e interpretação 2. Bíblia A. T. Pentateuco - Introduções 3. Bíblia A. T. Pentateuco - Leitura I. Título

07-5700 CDD-222.106

Índice para catálogo sistemático:
1. Pentateuco : Interpretação e crítica. 2. Pentateuco : Introdução. 3. Pentateuco : Leitura 222.106
Aline Graziele Benitez — Bibliotecária — CRB-1/3129

Vida
ACADÊMICA

O PENTATEUCO

Paul Hoff

O PENTATEUCO
© 1978, by Paul Hoff
Originalmente publicado
com o título *El Pentateuco*
Edição brasileira © 2007, Editora Vida
Publicação com permissão contratual da
ORIGINAL PUBLISHERS

EDITORA VIDA
Rua Conde de Sarzedas, 246 — Liberdade
CEP 01512-070 — São Paulo, SP
Tel.: 0 xx 11 2618 7000
atendimento@editoravida.com.br
www.editoravida.com.br
@editora_vida /editoravida

Todos os direitos desta edição em língua portuguesa reservados e protegidos por Editora Vida pela Lei 9.610, de 19/02/1998.

É proibida a reprodução desta obra por quaisquer meios (físicos, eletrônicos ou digitais), salvo em breves citações, com indicação da fonte.

Exceto em caso de indicação em contrário, todas as citações bíblicas foram extraídas de *Almeida Revista e Corrigida 2009* (ARC) Copyright © Sociedade Bíblica Brasileira. Todos os direitos reservados.

Todas as citações bíblicas e de terceiros foram adaptadas segundo o Acordo Ortográfico da Língua Portuguesa, assinado em 1990, em vigor desde janeiro de 2009.

Editor responsável: Sônia Freire Lula Almeida
Editor-assistente: Gisele Romão da Cruz
Tradução: Luiz Caruso
Revisão de provas: Rosa Ferreira e Vânia Valente
Projeto gráfico e diagramação: Willians Rentz
Capa: Vinícius Lira

As opiniões expressas nesta obra refletem o ponto de vista de seus autores e não são necessariamente equivalentes às da Editora Vida ou de sua equipe editorial.

Os nomes das pessoas citadas na obra foram alterados nos casos em que poderia surgir alguma situação embaraçosa.

Todos os grifos são do autor, exceto indicação em contrário.

1. edição: jan. 1984
17ª reimp.: set. 2006
18ª reimp.: ago. 2007
19ª reimp.: set. 2008
20ª reimp.: out. 2009
21ª reimp.: fev. 2011 (Acordo Ortográfico)
22ª reimp.: jul. 2012
23ª reimp.: jul. 2013
24ª reimp.: ago. 2015
25ª reimp.: jul. 2016
26ª reimp.: mar. 2017
27ª reimp.: nov. 2020
28ª reimp.: jul. 2023

Esta obra foi composta em *Adobe Caslon Pro*
e impressa por Gráfica Piffer Print sobre papel
Pólen Natural 70 g/m² para Editora Vida.

Sumário

Prólogo … 17

CAPÍTULO 1 – INTRODUÇÃO … 19
  A. A Bíblia … 19
  B. O Pentateuco … 20
    1. Título … 20
    2. Autor … 20
    3. Teoria documentária da Alta Crítica … 21
    4. Ambiente do mundo bíblico … 23

CAPÍTULO 2 – GÊNESIS … 27
INTRODUÇÃO … 27
    1. Título … 27
    2. Propósito … 27
    3. Assunto … 28
    4. Conteúdo … 28
    5. Observações … 29
    Perguntas … 29
I. HISTÓRIA PRIMITIVA. Capítulos 1—11 … 30
  A. A criação. Capítulos 1 e 2 … 30
    1. O Criador … 30
    2. O relato bíblico e a ciência moderna … 31
    3. A criação do universo … 33
    4. A criação do homem … 34
    5. O homem no Éden … 36
    Perguntas … 37
  B. A queda e suas consequências. Capítulos 3 e 4 … 39
    1. O tentador e a tentação … 39

2. Consequências do primeiro pecado — 40
3. A primeira promessa de redenção — 41
4. Arqueologia — 42
5. O desenvolvimento do pecado — 43
6. A primeira civilização — 44
   Perguntas — 45

C. O dilúvio. Capítulos 5—9 — 46
1. As gerações dos antediluvianos — 46
2. A corrupção da humanidade e a dor divina — 47
3. Noé constrói a arca — 48
4. Deus limpa a terra com o dilúvio — 49
5. Uso neotestamentário do dilúvio — 51
6. Estabelece-se a nova ordem do mundo — 51
7. Noé abençoa a Sem e a Jafé — 53
   Perguntas — 54

D. A dispersão das nações. Capítulos 10 e 11 — 56
1. Rol das nações — 56
2. A torre de Babel — 57
3. Genealogias de Sem e de Abraão — 58
   Perguntas — 59

II. HISTÓRIA PATRIARCAL. Capítulos 12—50 — 60

A. Abraão. Capítulo 12.1—25.18 — 60
1. Deus chama Abraão: primeira prova — 62
2. A fome: segunda prova — 63
3. Contenda sobre pastagens: terceira prova — 64
4. Abraão liberta Ló — 65
5. Deus faz aliança com Abraão — 68
   Perguntas — 70
6. Hagar e Ismael — 72
7. Selada a aliança com a circuncisão — 73
8. Destruição de Sodoma e livramento de Ló — 74
   Perguntas — 76
9. Abraão e Abimeleque — 78
10. Nascimento de Isaque; expulsão de Ismael — 79
11. O sacrifício de Isaque — 80

12. Morte e sepultura de Sara 81
13. Abraão procura esposa para Isaque 82
14. Morte de Abraão 84
   Perguntas 85
B. Isaque e Jacó. Capítulos 25.19—36.43 87
   1. Nascimento de Jacó e Esaú e a rivalidade entre ambos 88
   2. Isaque abençoado em Gerar 89
   3. Jacó suplanta a Esaú 91
   4. Jacó vai para a Mesopotâmia 92
      Perguntas 93
   5. Jacó na casa de Labão 95
   6. Jacó volta à terra prometida 96
   7. Jacó e sua família na terra prometida 98
   8. A importância de Jacó 100
      Perguntas 101
C. José. Capítulos 37—50 104
   1. Introdução 104
   2. José vendido por seus irmãos 105
   3. José na casa de Potifar 107
   4. José na prisão 108
   5. José chega ao posto de primeiro-ministro 109
      Perguntas 112
   6. José põe seus irmãos à prova 114
   7. Jacó e sua família descem ao Egito 116
   8. Jacó contempla o futuro abençoando seus descendentes e profetizando 117
   9. Lições da vida de José 120
      Perguntas 121

CAPÍTULO 3 – ÊXODO 123
INTRODUÇÃO 123
   1. Título 123
   2. Relação com os demais livros de Moisés 123
   3. Egito 123
   4. A data do êxodo 126

5. Propósito e mensagem do livro ... 127
  6. Assunto ... 128
  7. Estrutura ... 128
I. ISRAEL É LIBERTADO. Capítulos 1.1—15.21 ... 129
  A. Deus suscita um líder. Capítulos 1—4 ... 129
    1. Servidão no Egito ... 129
    2. A preparação de Moisés ... 130
    3. Chamamento e comissão de Moisés ... 131
    Perguntas ... 134
  B. O conflito com Faraó. Capítulos 5—11 ... 136
    1. A dureza de Faraó ... 136
    2. As pragas ... 138
    3. Observações sobre as pragas ... 139
    4. Endurecimento do coração de Faraó ... 140
    Perguntas ... 141
  C. Israel sai do Egito. Capítulos 12.1—15.21 ... 143
    1. A Páscoa ... 143
    2. A partida dos israelitas ... 146
    3. A travessia do mar Vermelho ... 146
    4. A importância do êxodo ... 148
    Perguntas ... 148
II. ISRAEL VAI PARA O SINAI. Capítulos 15.22—18.27 ... 150
  A. Provações no deserto. Capítulos 15.22—17.16 ... 152
    1. Desilusão em Mara; a árvore que tornou doces as águas ... 152
    2. A fome e o maná ... 153
    3. A sede e a rocha de Horebe ... 154
    4. Guerra com Amaleque e a ajuda divina ... 155
  B. Jetro visita Moisés. Capítulo 18 ... 156
    Perguntas ... 157
III. ISRAEL NO SINAI. Capítulos 19—40 ... 159
  A. O pacto da lei. Capítulos 19—24 ... 159
    1. O monte Sinai ... 159
    2. Propósito da lei ... 159
    3. Preparativos e sinais ... 161
    4. O decálogo ... 161

5. Leis civis e cerimoniais	163
6. Ratificado o pacto	164
Perguntas	165
B. O pacto violado e renovado. Capítulos 31.18—34.35	166
1. Pecado de Israel — o bezerro de ouro	166
2. Intercessão de Moisés	167
3. Israel é castigado	167
4. Moisés volta a interceder	168
5. O pacto é renovado	170
Perguntas	170
C. O tabernáculo. Capítulos 25—27; 30.1—31.11; 35.4—38.31; 39.32—40.38	172
1. Propósitos do tabernáculo	172
2. Construção do tabernáculo	173
3. Simbolismo do tabernáculo	177
4. O dinheiro de resgate	183
5. A glória no tabernáculo	184
Perguntas	184

CAPÍTULO 4 – LEVÍTICO

	187
INTRODUÇÃO	187
1. Título e caráter	187
2. Relação com Êxodo e com Números	187
3. Propósito e aplicação	187
4. Assunto	188
5. Esboço	188
6. Significado e valor	189
7. Conteúdo e método de estudar Levítico	190
I. SACRIFÍCIOS	190
A. O sistema mosaico de sacrifícios	191
1. Ideias relacionadas com o sacrifício	191
2. Tipo de animais que se oferecem	192
3. A forma em que se ofereciam os sacrifícios	193
B. Tipos de ofertas	193
1. O holocausto	193

    2. A oblação ou oferta de alimento   194
    3. O sacrifício de paz   195
    4. O sacrifício pelo pecado   196
    5. O sacrifício pela culpa ou por diversas transgressões   197
    Perguntas   198
II. O SACERDÓCIO. Êxodo 28 e 29; Levítico 21, 22, 8, 9, 10   200
  A. Descrição do sacerdócio   200
    1. Funções dos sacerdotes   201
    2. O sumo sacerdote   201
    3. Requisitos dos sacerdotes   201
    4. Vestimentas dos sacerdotes   201
    5. O sustento dos sacerdotes   203
  B. Consagração dos sacerdotes. Êxodo 29.1-37; Levítico 8 e 9   203
    1. Lavagem   204
    2. Entrega das vestes sagradas   204
    3. A unção de Arão e de seus filhos   204
    4. Os sacrifícios de consagração   204
    5. A festa do sacrifício   206
  C. Irreverência dos sacerdotes. Capítulo 10   206
    1. O pecado de Nadabe e Abiú   206
    2. A severidade do castigo   207
    3. Lições práticas   207
    Perguntas   208
III. PURIFICAÇÃO DA VIDA EM ISRAEL. Capítulos 11—15   209
  A. Propósitos das regras referentes à pureza e à impureza   209
    1. Deus queria ensinar a santidade a seu povo   209
    2. Deus queria conservar a saúde de seu povo   210
  B. Animais limpos e animais impuros. Capítulo 11   210
    1. Classificação dos animais segundo critérios de saúde   210
    2. O significado destas leis para o cristão   211
  C. Impureza relacionada com a reprodução. Capítulos 12 e 15   212
    1. Regras   212
    2. O significado das regras   212
  D. Impureza da lepra. Capítulos 13 e 14   213
    1. Diagnóstico da lepra   213

2. Simbolismo da lepra 213
  3. A purificação do leproso 214
     Perguntas 215
IV. LEIS DE SANTIDADE. Capítulos 17—22; 24.10-23 216
  1. O sacrifício e a importância do sangue 216
  2. Pecados contra a lei moral 217
  3. Regras para os sacerdotes 218
  4. Castigo do blasfemo e lei de talião 219
     Perguntas 219
  A. As festas solenes. Capítulos 23, 25 e 16 220
  B. Propósito das festas solenes 221
     1. As festas davam aos israelitas a oportunidade
        de refletir sobre a bondade de Deus 221
     2. Propósito principal das festas 221
  C. Significado das festas solenes 222
     1. O dia de descanso 222
     2. A Páscoa e os pães Asmos 223
     3. A Festa das Semanas ou Pentecostes 224
     4. A lua nova e a Festa das Trombetas 224
     5. O Dia da Expiação 225
     6. A Festa dos Tabernáculos 226
     7. O ano sabático 227
     8. O ano do jubileu 228
  D. Ameaças, promessas, votos. Capítulos 26 e 27 230
     Perguntas 231

CAPÍTULO 5 – NÚMEROS 233
INTRODUÇÃO 233
  1. Título e conteúdo 233
  2. Caráter do livro 233
  3. Mensagem: o fracasso de Israel 233
  4. Assunto 234
  5. Esboço 234
  6. Ensino: Como o Senhor lida com seu povo 235

I. PREPARATIVOS PARA A VIAGEM A CANAÃ.
Capítulos 1.1—10.10 — 236
  A. Recenseamento e organização de Israel. Capítulos 1—4 — 236
    1. Recenseamento das tribos — 236
    2. Disposição das tribos nos acampamentos — 236
      O ACAMPAMENTO DE ISRAEL – Diagrama — 237
      ISRAEL EM MARCHA – Diagrama — 237
    3. Os levitas — 238
  B. Santificação do acampamento e leis diversas. Capítulos 5—8 — 239
    1. A expulsão dos impuros — 239
    2. Lei sobre ciúmes — 240
    3. O voto dos nazireus — 240
    4. A bênção sacerdotal — 241
    5. A oferta dos príncipes de Israel — 241
    6. Consagração dos levitas — 242
  C. A Páscoa e as Trombetas. Capítulos 9.1—10.10 — 242
    1. A celebração da Páscoa — 242
    2. As Trombetas — 243
    Perguntas — 243

II. A VIAGEM DO SINAI A CADES-BARNEIA.
Capítulos 10.11—12.16 — 245
  A. A partida de Israel; Hobabe. Capítulo 10.11-36 — 245
  B. O descontentamento do povo e o desânimo de Moisés.
Capítulo 11 — 245
    1. As murmurações — 245
    2. A falta de carne e a pesada carga de Moisés — 246
  C. As críticas de Miriã e Arão. Capítulo 12 — 247

III. O FRACASSO EM CADES-BARNEIA DEVIDO À
INCREDULIDADE. Capítulos 13—15 — 247
  A. Os espias exploram a terra. Capítulo 13 — 248
    1. A missão dos espias — 248
    2. O relatório dos espias — 248
  B. A reação de Israel e o juízo de Deus. Capítulo 14 — 248
    1. A rebelião de Israel — 248
    2. A intercessão de Moisés — 249

3. Perdão e castigo	249
4. A vã tentativa dos israelitas	250
C. Preceitos diversos. Capítulo 15	250
Perguntas	251

IV. CONTROVÉRSIA ACERCA DA AUTORIDADE.

Capítulos 16, 17, 19	252
A. A rebelião de Corá. Capítulo 16	252
1. O motivo da rebelião	252
2. A prova	252
3. Lições práticas	253
B. A prova das varas. Capítulo 17	254
C. A purificação do acampamento. Capítulo 19	255

V. EXPERIÊNCIAS NA VIAGEM PARA MOABE.

Capítulos 20—25	255
A. O pecado de Moisés e Arão. Capítulo 20.1-13	255
1. A ocasião	255
2. O pecado	255
B. Edom não permite a passagem. Capítulo 20.14-21	256
C. A serpente de bronze. Capítulo 21.4-9	256
D. Vitórias militares de Israel. Capítulo 21.1-3, 21-35	257
E. Balaão. Capítulos 22—25	257
1. Quem é Balaão?	257
2. Balaão vacila	258
3. As profecias de Balaão	259
4. O ensino de Balaão	259
5. Lições práticas	260
Perguntas	260

VI. PREPARATIVOS PARA ENTRAR EM CANAÃ.

Capítulos 26—36	262
A. O segundo recenseamento. Capítulo 26	262
B. Leis sobre heranças. Capítulo 27.1-11	263
C. Nomeação do sucessor de Moisés. Capítulo 27.12-23	263
D. Guerra santa contra Midiã. Capítulo 31	264
E. Divisão da Transjordânia. Capítulo 32	264

F. Ordens referentes à ocupação de Canaã.
Capítulos 33.50—36.13   265
Perguntas   265

CAPÍTULO 6 – DEUTERONÔMIO   267
INTRODUÇÃO   267
1. Título e fundo histórico   267
2. Propósitos   267
3. Conteúdo   268
4. Esboço   269
5. Importância de Deuteronômio   269
6. Assunto   269
7. Métodos de tratar o material de Deuteronômio   270
I. RECORDE! RECAPITULAÇÃO DA HISTÓRIA DAS PEREGRINAÇÕES. Capítulos 1.1—4.43   270
  A. Recapitulação dos fracassos de Israel. Capítulo 1   270
    1. Tempo e lugar   270
    2. Eleição dos juízes e Cades-Barneia   270
  B. Vitórias e repartição do território ao leste do Jordão. Capítulos 2 e 3   271
  C. Exortação à obediência. Capítulo 4.1-43   271
    Perguntas   272
II. OBEDEÇA! EXPOSIÇÃO DA LEI. Capítulos 4.44—26.19   273
  A. Os Dez Mandamentos e sua aplicação. Capítulos 4.44—11.32   273
    1. O decálogo   273
    2. O grande mandamento   274
    3. A religião no lar   274
    4. Advertência contra a idolatria e exortações à obediência   274
  B. Leis referentes ao culto e à vida santa. Capítulos 12.1—16.17   275
    1. Precauções contra a idolatria   275
    2. Deveres filiais e religiosos   276
    Perguntas   277

   C. Leis de justiça e de humanidade. Capítulos 16.18—26.19   278
      1. Administração da justiça   278
      2. Instruções acerca de um rei   278
      3. As porções dos levitas   279
      4. Os profetas e o Profeta   280
      5. As cidades de refúgio   281
      6. Leis diversas   281
      Perguntas   282
III. CUIDADO! PROFECIAS SOBRE O FUTURO DE ISRAEL.
Capítulos 27—34   284
   A. Bênçãos e maldições. Capítulos 27—30   284
      1. A promulgação da lei em Ebal   284
      2. Sanções da lei, bênçãos e maldições   284
      3. Último discurso de Moisés. Convite para renovar o pacto   286
   B. Últimos dias de Moisés. Capítulos 31—34   286
      1. Últimas disposições   286
      2. O cântico de Moisés   287
      3. Moisés abençoa as tribos   287
      4. A morte de Moisés   289
      Perguntas   289

APÊNDICE   291
I. A ALTA CRÍTICA   291
II. TEORIAS ACERCA DA CRIAÇÃO   294
      1. Teoria do vazio ou arruinamento e nova criação   295
      2. Teoria da criação progressiva   295
      3. Teoria da catástrofe universal causada pelo dilúvio   297

Bibliografia   299

Prólogo

Quem quer que pregue e ensine a fé cristã deve ter melhor conhecimento da Bíblia do que de qualquer outro livro, pois ela é ao mesmo tempo uma fonte de vida espiritual e a ferramenta mais importante para a edificação da igreja de Jesus Cristo. Para que alguém entenda cabalmente o Novo Testamento, é necessário conhecer a fundo a base da Bíblia toda, constituída pelos cinco livros de Moisés. Eles são importantes, acima de tudo, porque apontam para aquele que oferece a vida eterna. O próprio Jesus disse a respeito do grande legislador Moisés: "[...] porque de mim escreveu ele" (João 5.46).

Procurei apresentar o material de forma concisa, salientando as descobertas arqueológicas, bem como os dados históricos e geográficos que lançam luz sobre o texto, além de observar estritamente as leis estabelecidas da interpretação correta. Considerando que o Pentateuco é tão extenso (aproximadamente uma quinta parte do Antigo Testamento), não procurei dispensar a mesma atenção a cada uma de suas divisões; acentuei mais as partes de maior importância.

Talvez o leitor apressado sinta a tentação de estudar as lições do livro sem ler primeiro as partes correspondentes da Bíblia. Com tal proceder, defraudará a si próprio e não aproveitará ao máximo este estudo, porque a Bíblia é sempre mais importante do que aquilo que os homens dizem a seu respeito.

Na maioria dos exercícios, as perguntas se acham divididas em duas categorias: a das que versam sobre a Bíblia e a das que se referem a este livro. As perguntas sobre a Bíblia devem ser respondidas antes que se leia a seção correspondente deste livro, pois elas têm o propósito de ajudar o leitor a extrair dela as riquezas espirituais por sua própria conta e a desenvolver sua capacidade de expor o significado da Palavra. Pode ser também que o leitor aprenda mais respondendo às perguntas sobre a Bíblia do que pela mera leitura do livro que ora tem em mãos. As perguntas sobre a Bíblia preparam o leitor para aproveitar ao máximo a leitura do livro. Se o professor da matéria julgar que as perguntas são muitas, sugiro-lhe que escolha as melhores a fim de designá-las como trabalho a executar. Além do mais, pode servir-se das perguntas a fim de estimular a participação em classe.

Sou profundamente grato a Floyd C. Woodworth, redator de materiais educativos do Programa de Educação Cristã na América Latina e nas Antilhas, por sua minuciosa leitura dos originais. Desejo expressar também meu agradecimento a Jorge Besso Pianetto por haver preparado os mapas; a Cristina Kunsch de Sokoluk por haver corrigido com esmero a linguagem e melhorado o estilo dos originais; e a Mabel Ortiz por havê-los datilografado.

É meu desejo e minha oração fervorosa que este livro seja uma grande bênção para o leitor, estimulando-o a buscar conhecimento mais profundo nas Sagradas Escrituras e proporcionando-lhe substancioso alimento espiritual para a vida.

Capítulo 1
Introdução

A. A Bíblia

A prova concludente do amor divino encontra-se no fato de que Deus se revelou ao homem, e essa revelação ficou registrada na Bíblia. Nascida no Oriente e revestida da linguagem, do simbolismo e das formas de pensar tipicamente orientais, a Bíblia tem, não obstante, uma mensagem para a humanidade toda, qualquer que seja a raça, cultura ou capacidade da pessoa. Contrasta com os livros de outras religiões porque não narra uma manifestação divina a um só homem, mas uma revelação progressiva arraigada na longa história de um povo. Deus revelou-se em determinados momentos da história humana. Diz C. O. Gillis: "Não se pode entender a verdadeira religião [...] sem entender o fundo histórico por meio do qual nos chegaram essas verdades espirituais".[1]

A Bíblia é uma biblioteca de 66 livros escritos por 40 autores num período de 1.500 anos; não obstante, nela se desenvolve um único tema, que une todas as partes: a *redenção do homem*.

O tema divide-se assim:

1. Antigo Testamento: a preparação do Redentor.
2. Evangelhos: a manifestação do Redentor.
3. Atos: a proclamação da mensagem do Redentor.
4. Epístolas: a explicação da obra do Redentor.
5. Apocalipse: a consumação da obra do Redentor.

Mais de três quartas partes da Bíblia correspondem ao Antigo Testamento. Com exceção dos onze primeiros capítulos de Gênesis,

---
[1] GILLIS, C. O. **Historia y literatura de la Biblia.** v. 1, 1954. p. 41.

do livro de Jó e de certas partes dos profetas, o Antigo Testamento dedica-se ao trato de Deus com a raça escolhida. Deus elegeu o povo hebreu com três finalidades: ser depositário de sua Palavra; ser a testemunha do único Deus verdadeiro perante as nações; ser o meio pelo qual viesse o Redentor.

O Antigo Testamento divide-se de acordo com o seu conteúdo:

O Pentateuco ou lei:	Gênesis a Deuteronômio	5 livros
História:	Josué a Ester	12 livros
Poesia:	Jó a Cantares	5 livros
Profecia:	Isaías a Malaquias	17 livros

B. O Pentateuco

1. Título. O nome Pentateuco vem da versão grega que remonta ao século III antes de Cristo. Significa: "O livro em cinco volumes". Os judeus o chamavam "A lei" ou "A lei de Moisés", porque a legislação de Moisés constitui parte importante do Pentateuco.

2. Autor. Embora não se afirme no próprio Pentateuco que este haja sido escrito por Moisés em sua totalidade, outros livros do Antigo Testamento citam-no como obra dele (Josué 1.7,8; 23.6; 1Reis 2.3; 2Reis 14.6; Esdras 3.2; 6.18; Neemias 8.1; Daniel 9.11-13). Certas partes muito importantes do Pentateuco são atribuídas a ele (Êxodo 17.14; Deuteronômio 31.24-26). Os escritores do Novo Testamento estão de pleno acordo com os do Antigo. Falam dos cinco livros em geral como "a lei de Moisés" (Atos 13.39; 15.5; Hebreus 10.28). Para eles, "ler Moisés" equivale a ler o Pentateuco (ver 2Coríntios 3.15: "E até hoje, quando é lido Moisés, o véu está posto sobre o coração deles"). Finalmente, as palavras do próprio Jesus dão testemunho de que Moisés é o autor: "Porque, se vós crêsseis em Moisés, creríeis em mim; porque de mim escreveu ele" (João 5.46; ver também Mateus 8.4; 19.8; Marcos 7.10; Lucas 16.31; 24.27,44).

Moisés, mais do que qualquer outro homem, tinha preparo, experiência e gênio que o capacitavam para escrever o Pentateuco. Considerando-se que foi criado no palácio dos faraós, "foi instruído em toda a ciência dos egípcios e era poderoso em suas palavras e obras" (Atos 7.22). Foi testemunha ocular dos acontecimentos do êxodo e da peregrinação no deserto. Mantinha a mais íntima comunhão com Deus e recebia revelações especiais. Como hebreu, Moisés tinha acesso às genealogias, bem como às tradições orais e escritas de seu povo e, durante os longos anos da peregrinação de Israel, teve o tempo necessário para meditar e escrever. E sobretudo possuía notáveis dons e talento extraordinário, do que dá testemunho seu papel como líder, legislador e profeta.

3. Teoria documentária da Alta Crítica. Há dois séculos, eruditos de tendência racionalista puseram em dúvida a paternidade mosaica do Pentateuco. Criaram a Teoria Documentária da Alta Crítica, segundo a qual os primeiros cinco livros da Bíblia são uma compilação de documentos redigidos, em sua maior parte, no período de Esdras (444 a. C.).[2] No entender desses autores, o documento mais antigo que se encontra no Pentateuco data do tempo de Salomão. Julgam que o Deuteronômio é uma "fraude piedosa" escrita pelos sacerdotes no reinado de Josias, tendo em mira promover um avivamento, e que Gênesis consiste principalmente em lendas nacionais de Israel.

Muitos estudiosos conservadores acham provável que Moisés, ao escrever o livro do Gênesis, tenha empregado genealogias e tradições escritas (Moisés menciona especificamente "o livro das gerações de Adão", em Gênesis 5.1). William Ross observa que o tom pessoal que encontramos na oração de Abraão a favor de Sodoma, no relato do sacrifício de Isaque e nas palavras de José ao dar-se a conhecer a seus irmãos "é precisamente o que esperaríamos, se o livro de Moisés fosse baseado em notas biográficas anteriores".[3] Provavelmente essas valiosas memórias foram transmitidas de uma geração para outra desde tempos muito remotos. Não nos causa estranheza que Deus possa ter guiado Moisés a incorporar tais documentos em seus escritos. Seriam igualmente inspirados e autênticos.

Também é notável haver alguns acréscimos e retoques insignificantes de palavras arcaicas feitos à obra original de Moisés.

---

[2] Ver o artigo "A Alta Crítica" no Apêndice, para conhecer os detalhes da teoria documentária.
[3] Ross, William. **Estudios en las Sagradas Escrituras.** v. 1, El pentateuco, 1955. p. 12.

É universalmente reconhecido que o relato da morte de Moisés (Deuteronômio 34) foi escrito por outra pessoa (o Talmude, livro dos rabinos, o atribui a Josué). Gênesis 36.31 indica que havia rei em Israel, algo que não existia na época de Moisés. Em Gênesis 14.14 dá-se o nome "Dã" à antiga cidade de "Laís", nome que lhe foi dado depois da conquista. Pode-se atribuir isso a notas esclarecedoras ou a mudanças de nomes geográficos arcaicos, introduzidas para tornar mais claro o relato. Provavelmente tais retoques foram agregados pelos copistas das Escrituras ou por alguma personagem (como o profeta Samuel). Não obstante, não são de grande importância nem afetam a integridade do texto. Assim, pois, são contundentes tanto a evidência interna como a externa de que Moisés escreveu o Pentateuco. Muitos trechos contêm frases, nomes e costumes do Egito, indicativos de que o autor tinha conhecimento pessoal de sua cultura e de sua geografia, algo que dificilmente outro escritor em Canaã teria, vários séculos depois de Moisés. Por exemplo, consideremos os nomes egípcios: Potifar (dom do deus do sol, Ra), Zafnate-Paneá (Deus fala; ele vive), Asenate (pertencente à deusa Neit) e On, antigo nome de Heliópolis (Gênesis 37.36; 41.45,50). Notemos, também, que o autor menciona até os vasos de madeira e os de pedra que os egípcios usavam para guardar a água que tiravam do rio Nilo. O célebre arqueólogo W. F. Albright diz que no Êxodo se encontram em forma correta tantos detalhes arcaicos que seria insustentável atribuí-los a invenções posteriores.[4]

Pelas referências feitas com relação a certos materiais do tabernáculo, deduzimos também que o autor conhecia a península do Sinai. Por exemplo, as peles de texugos se referem, segundo certos eruditos, às peles de um animal da região do mar Vermelho; a "onicha", usada como ingrediente do incenso (Êxodo 30.34), era da concha de um caracol da mesma região. Evidentemente as passagens foram escritas por alguém que conhecia a rota da peregrinação de Israel, e não por um escritor no cativeiro babilônico ou na restauração, séculos depois.

Do mesmo modo, os conservadores mostram que Deuteronômio foi escrito no período de Moisés. O ponto de referência do autor

---

[4] ALBRIGHT, W. F. **From the stone age to Christianity**. 1957. p. 242.

do livro é o de uma pessoa que ainda não entrou em Canaã. A forma em que está escrito é a dos tratados entre os senhores e seus vassalos do Oriente Médio no segundo milênio antes de Cristo. Por isso, estranhamos que a Alta Crítica tenha dado como data desses livros setecentos ou mil anos depois.

A arqueologia também confirma que muitos dos acontecimentos do livro de Gênesis são realmente históricos. Por exemplo, os pormenores da tomada de Sodoma, descrita no capítulo 14 de Gênesis, coincidem com assombrosa exatidão com o que os arqueólogos descobriram. (Nisto se incluem: os nomes dos quatro reis, o movimento dos povos e a rota que os invasores tomaram, chamada "caminho real". Depois do ano 1200 a.C., a condição da região mudou radicalmente, e essa rota de caravanas deixou de ser utilizada.) O arqueólogo Albright declarou que alguns dos detalhes do capítulo 14 nos levam de volta à Idade do Bronze (período médio, entre 2100 e 1560 a.C.).[5] Não é muito provável que um escritor que vivesse séculos depois conhecesse tais detalhes.

Além do mais, nas ruínas de Mari (sobre o rio Eufrates) e de Nuzu (sobre um afluente do rio Tigre) foram encontradas tábuas de argila da época dos patriarcas. Nelas se descrevem leis e costumes, tais como as que permitiam que o homem sem filhos desse sua herança a um escravo (Gênesis 15.3) e uma mulher estéril entregasse sua criada ao marido para suscitar descendência (Gênesis 16.2). Do mesmo modo, as tábuas contêm nomes equivalentes ou semelhantes aos de Abraão, Naor (Nacor), Benjamim e muitos outros. Por isso, tais provas refutam a teoria da Alta Crítica de que o livro de Gênesis é uma coletânea de mitos e lendas do primeiro milênio antes de Cristo. A arqueologia demonstra cada vez mais que o Pentateuco apresenta detalhes históricos exatos e que foi escrito na época de Moisés. Há razão ainda para duvidar de que o grande líder do êxodo foi seu autor?

4. Ambiente do mundo bíblico. Quando Abraão chegou à Palestina, esta já era uma ponte importante entre os centros culturais e políticos daquela época. Ao norte achava-se o império hitita; ao

---

[5] ALBRIGHT, W. F. **The archaeology of Palestine**. 1956. p. 273.

sudoeste, o Egito; ao oriente e ao sul, a Babilônia; e ao nordeste, o império assírio. Ou seja, os israelitas estavam localizados em um ponto estratégico e não isolado geograficamente das grandes civilizações.

A maioria dos historiadores acha que a planície de Sinar, situada entre os rios Eufrates e Tigre, foi o berço da primeira civilização importante, chamada suméria. No ano 2800 a.C., os sumérios já haviam edificado cidades florescentes e organizado o governo em cidades-Estado; também haviam utilizado metais e aperfeiçoado um sistema de escrita chamada cuneiforme. Quase ao mesmo tempo, desenvolvia-se no Egito uma civilização brilhante. É provável que, quando Abraão se dirigiu para o Egito, tenha visto pirâmides que contavam mais de 500 anos.

A região onde se desenvolveu a primeira civilização é chamada "fértil crescente" (pela forma do território que abrange). Estende-se de forma semicircular entre o Golfo Pérsico e o mar Mediterrâneo, até o sul da Palestina. O território é regado constantemente por chuvas e rios caudalosos, como o Eufrates, o Tigre, o Nilo e o Orontes, o que possibilita uma agricultura produtiva. No interior dessa região está o deserto da Arábia, onde há escassas chuvas e pouca população. No fértil crescente surgiram os grandes impérios dos amorreus, dos babilônios, dos assírios e dos persas. O mais importante para nós, todavia, é que ali habitou o povo escolhido de Deus e ali nasceu o homem que seria o Salvador do mundo.

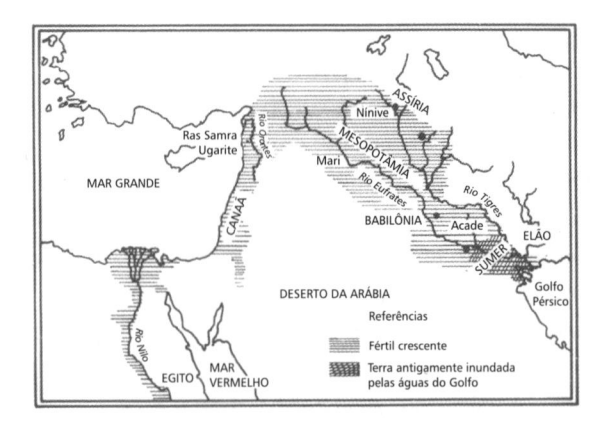

Toda a região compreendida entre os rios Eufrates e Tigre chama-se Mesopotâmia (*meso*: entre; *potamos*: rio). No princípio, denominava-se "Caldeia" à planície de Sinar, desde a cidade de Babilônia, ao sul, até o Golfo Pérsico; mas posteriormente o termo "Caldeia" passou a designar toda a região da Mesopotâmia (a mesma área chamava-se também Babilônia). Abrangia muito do território do atual Iraque, e era provavelmente o local do jardim do Éden e da torre de Babel.

O território da Palestina é relativamente pequeno. Desde Dã até Berseba, pontos extremos no norte e no sul, respectivamente, há uma distância de apenas 250 quilômetros. O território tem, desde o mar Mediterrâneo até o mar Morto, 90 quilômetros de largura, e o lago de Genesaré (mar da Galileia) dista aproximadamente 50 quilômetros do mar Mediterrâneo. A área total de Canaã equivale, em tamanho, à sétima parte do Uruguai ou a um terço do Panamá. Contudo, nessa porção tão pequena do globo terrestre, Deus revelou-se ao povo israelita, e ali o Verbo eterno habitou entre os homens e realizou a redenção da raça humana.

CAPÍTULO 2

Gênesis

INTRODUÇÃO

1. Título. O nome Gênesis vem da Septuaginta (Versão dos Setenta), antiga versão grega. Significa "princípio", "origem" ou "nascimento". Os hebreus o chamavam "No princípio", pois designavam os livros da lei de acordo com sua primeira palavra ou frase.

2. Propósito. a) O livro de Gênesis é a introdução à Bíblia toda. É o livro dos princípios, pois narra os começos da criação, do homem, do pecado, da redenção e da raça eleita. Tem sido chamado de "viveiro ou sementeiro da Bíblia" porque nele estão as sementes de todas as grandes doutrinas. Na opinião de Gillis, sem Gênesis a Bíblia "não só é incompleta, mas incompreensível".[1]

Conquanto Gênesis esteja estreitamente ligado aos demais livros do Antigo Testamento, relaciona-se mais ainda, em certo sentido, com o Novo Testamento. Alguns temas de Gênesis mal voltam a aparecer até que sejam tratados e interpretados no Novo Testamento. Incluem-se aí a queda do homem, a instituição do casamento, o juízo do dilúvio, a justiça que Deus imputa ao cristão, o contraste entre o filho da promessa e o filho da carne, e o povo de Deus como estrangeiros e peregrinos. O livro de Apocalipse, em particular, narra o cumprimento dos grandes temas iniciados em Gênesis. A "antiga serpente", que "engana todo o mundo", está derrotada; cai Babel (Babilônia), e os redimidos são levados de novo ao paraíso e têm acesso à árvore da vida.[2]

b) Gênesis narra como Deus estabeleceu para si um povo. Relata a infância da humanidade, porém o autor não pretende apresentar a

---

[1] GILLIS, C. O. **Historia y literatura de la Biblia**. p. 63.
[2] KIDNER, Derek. Genesis. In: **The Tyndale Old Testament commentaries**. 1971. p. 14.

história da raça toda; destaca apenas os personagens e sucessos que se relacionam com o plano de redenção através da história. Traça a linhagem piedosa, que transmite a promessa de 3.15, e vai descartando as linhas colaterais, não lhes dando importância. A história da humanidade vai-se restringindo, cada vez mais, até que o interesse se concentra em Abraão, pai do povo escolhido. A partir daí, toda a história do Antigo Testamento trata, em grande parte, da história de Israel. Fala de outras nações, porém o faz incidentalmente e apenas no que se refere a suas relações com Israel. Podemos dizer, em síntese, que Gênesis foi escrito principalmente para relatar como o Senhor escolheu um povo que levaria a cabo os propósitos divinos.

Não obstante, esse Deus não o é somente de Israel, mas do mundo inteiro. Chamou a Abraão, estabeleceu uma aliança com ele e prometeu-lhe multiplicar sua descendência até convertê-la em uma nação, a qual seria instalada em Canaã. Qual era o motivo divino em tudo isso? Que Israel se constituísse em uma fonte de bênção para "todas as famílias da terra" (12.3). Isto é, Deus abençoa um povo para que, depois, este seja o veículo de bênção universal.

3. Assunto. O assunto geral é "o princípio de todas as coisas". Contudo, à luz da Bíblia toda, seu tema é: DEUS COMEÇA A REDENÇÃO ESCOLHENDO UM POVO.

4. Conteúdo. O livro do Gênesis abrange uma época muito longa; desde as primeiras origens das coisas até o estabelecimento de Israel no Egito. Divide-se em duas seções claramente distintas: a história primitiva (1—11), que é como um "pátio anterior" para a história da redenção, e a história patriarcal (12—50), que evoca a figura dos grandes antepassados de Israel.

O esquema do livro é o seguinte:

I. Introdução
II. História primitiva 1—11
    A. A criação (1 e 2)
    B. A queda e suas consequências (3 e 4)
    C. O dilúvio (5—9)
    D. A dispersão das nações (10 e 11)

III. História patriarcal 12—50
   A. Abraão (12.1—25.18)
   B. Isaque e Jacó (25.19—36.43)
   C. José (37—50)

5. Observações. a) As genealogias dos hebreus nem sempre são completas, pois mencionam só os nomes dos personagens destacados, omitindo amiúde pessoas de pequena importância. Por exemplo, parece que Moisés é bisneto de Levi, segundo a genealogia de Êxodo 6.16-24, embora houvesse aí um período intermediário de 430 anos (Êxodo 12.40). Usa-se também, às vezes, o termo "filho" para dar a entender "descendente" (Jesus é chamado "filho de Davi", isto é, descendente do rei Davi). De modo que não se pode datar os acontecimentos registrados nos capítulos 1—11 de Gênesis somando os anos das genealogias, visto ser provável que nelas existam vazios de longos períodos de tempo.

b) Parece que algumas passagens do Gênesis não estão em ordem cronológica. Por exemplo: o capítulo 11 relata a história da torre de Babel, mas é possível que, de acordo com sua verdadeira situação cronológica, corresponda ao capítulo 10, uma vez que explica o porquê da dispersão dos povos. Muitos estudiosos discutem também a cronologia bíblica do incidente em que Abraão negou, perante Abimeleque, que Sara fosse sua mulher (Gênesis 20). Pode-se supor que isso tivesse ocorrido muitos anos antes, pois na época do capítulo 20 Sara teria 90 anos, e é improvável que nessa idade ela ainda fosse atraente ao sexo oposto. A falta de ordem cronológica não deprecia em nada a veracidade dos incidentes, pois escritores modernos fazem uso de tal técnica. Depois de contar a história geral de um episódio, muitas vezes relatam um incidente de interesse não incluído em sua descrição ou ampliam uma parte já narrada para dar algum enfoque adicional.

PERGUNTAS

1   a) Qual é a característica fundamental que distingue a Bíblia de todos os demais livros chamados "sagrados"?
    b) Qual é o tema da Bíblia?
2   a) Explique a origem da palavra "Pentateuco".

b) Apresente os argumentos que provam ser Moisés o autor do Pentateuco.

c) Como se pode harmonizar a doutrina da inspiração divina com o fato de haver Moisés usado, além da revelação direta do Espírito, fontes existentes para escrever o Pentateuco?

3 a) Em que consiste a teoria documentária da Alta Crítica? (Defina-a em poucas palavras.)

b) Se essa teoria fosse certa, qual seria o conceito da Bíblia?

c) Mencione três pontos fracos da teoria documentária.

d) O que você acha dessa teoria? Por quê?

4 a) Que importância tinha a Palestina por sua situação geográfica?

b) A que se deu o nome de "fértil crescente"? Descreva seu clima, o território que abrange e o papel histórico das nações.

5 a) Qual é a origem do nome *Gênesis?*

b) Que finalidade especial tem o livro de Gênesis?

c) Com que propósito Deus abençoou a um povo em particular (Israel)?

6 a) Qual é o assunto de Gênesis? (Faça distinção entre o assunto geral e o específico do livro.)

b) Quais são as duas grandes seções de seu conteúdo e que capítulos incluem?

7 a) Por que não podemos valer-nos das genealogias para datar os acontecimentos?

b) É perfeitamente cronológica a ordem do relato de Gênesis?

c) Você acredita que isso desvirtua a Bíblia como Palavra de Deus? Por quê?

I. HISTÓRIA PRIMITIVA. Capítulos 1–11

A. A criação. Capítulos 1 e 2

1. O Criador. Qual é o conceito mais importante que encontramos no relato da criação? Não é a descrição do processo de criar, nem a dos detalhes acerca do homem, por mais interessantes que sejam. Tal conceito é: há um Deus, e por ele foram feitas todas as coisas. A expressão "No princípio [...] Deus [...]" é a resposta aos erros do politeísmo, do materialismo, do panteísmo e do dualismo. Além do universo, há um ser eterno que é superior à sua criação.

A figura de Deus domina o primeiro capítulo da Bíblia. Seu nome aparece 35 vezes nos 34 versículos. O termo traduzido por Deus é *Elohim*, forma plural. Não obstante, quando se faz referência a Deus, sempre se usa o verbo no singular, o que nos indica que Deus é uno. No idioma hebraico, a forma plural às vezes expressa intensidade ou plenitude. Por isso, a palavra *Elohim* indica sua majestade, poder infinito e excelência. Ele tem completamente todas as perfeições divinas.

A segunda parte do relato da criação (2.4-25) insiste no fato de que Deus é um ser pessoal, pois essa seção mostra o homem como seu objetivo. Emprega-se o título *Yahweh-Elohim* (Javé Deus). Muito embora o nome *Yahweh*[3] signifique que Deus é eterno e tem existência ilimitada em si mesmo (Êxodo 3.14), seu uso também indica que ele é o Deus do pacto, da graça e misericórdia.

Sua obra criadora diz claramente que ele é Deus de ordem, desígnio e progresso, que extrai ordem do caos primitivo; todos os seus passos são ordenados e progressivos, e o resultado demonstra admirável propósito. Por isso Gênesis ensina, desde o começo, que Deus é único, transcendente, pessoal e criador.

2. O relato bíblico e a ciência moderna. Quantos anos tem a Terra? Os cientistas têm encontrado evidências de grandes mudanças geológicas, estratificação de massas de pedras e outros indícios que os fizeram chegar à conclusão de que a Terra é antiquíssima. Cria-se um conflito entre eles e certos cristãos que acreditam que a Bíblia diz claramente que faz somente seis mil anos que Deus criou o universo. Como se pode resolver tal conflito?

---

[3] Para Israel, *Yahweh* era o nome próprio e inefável do único Deus vivo. O crente judeu não o pronuciava no período depois do cativeiro babilônico. O texto hebraico dos manuscritos originários do Antigo Testamento era somente consonantal (sem vogais), e mesmo as semivogais (e eram tão somente quatro) eram escassamente empregadas, de modo que se escrevia o sagrado nome YHWH *(Yahweh)*. Vários séculos depois de Cristo os judeus massoretas prepararam o texto hebraico acrescentando as vogais. Ao chegarem ao sagrado tetragrama YHWH, vocalizaram-no, porém o vestiram com roupa alheia, com as vogais dos nomes divinos *Elohim* ou *Adonai*, dando origem ao barbarismo *Jehová*. O motivo dos massoretas era obrigar o leitor a pronunciar os sons desses nomes silenciando o inefável nome escrito. É um exemplo de exagerada, porém admirável, reverência.

Segundo alguns estudiosos da Bíblia, o problema não reside tanto na contradição entre o relato bíblico e o que a ciência descobriu, mas entre a ciência e o relato mal interpretado. Além disso, é preciso distinguir entre o que a ciência descobriu realmente e o que é mera especulação ou teoria que ainda não foi comprovada (por exemplo, a teoria da evolução). A ciência pura não consiste em teoria, mas em fatos demonstrados e concretos.

O cristão deve reconhecer certos fatos ao interpretar a narrativa da criação. Em primeiro lugar, Gênesis não apresenta datas, e não se pode levar em conta as genealogias para efetuar cálculos, pois nelas há grandes vazios (ver a introdução a Gênesis). Em segundo lugar, a Bíblia é antes de tudo um livro de religião, e não de ciência. Ela dá muito poucos detalhes sobre a criação. O capítulo 1 de Gênesis foi escrito não tanto para descrever o processo da criação, mas sim para mostrar sua causa e propósito. Ressalta a grande verdade de que Deus é o Criador. Finalmente, é lógico crer que a revelação de Deus a Moisés tenha sido dada em conceitos compreensíveis aos homens daquela época e não em termos técnicos ou científicos comuns aos do século XX.[4] Não obstante, podemos confiar que a Bíblia fala corretamente sobre aquilo que concerne à ciência.

Estudiosos cristãos têm desenvolvido várias teorias procurando harmonizar a narrativa bíblica com os conceitos dos cientistas. Eis algumas:

a) Teoria do vazio ou do arruinamento e recriação. Teria sucedido uma catástrofe universal entre Gênesis 1.1 e 1.2, relacionada com a queda de Satanás e o juízo consequente de Deus. Como resultado, a terra passou a ficar "sem forma e vazia". Deus recriou a terra em seis dias literais. Podem ter transcorrido milhões de anos entre a criação original e a recriação.

b) Teoria da criação progressiva. O relato é interpretado poeticamente. Os dias representam períodos em um lapso indefinido nos quais Deus realizou sua obra criadora. Procura ressaltar que a Bíblia não declara a duração de cada dia e que o termo "dia" nem sempre

---

[4] Diz o arqueólogo W. F. Albright: "O relato da criação reflete uma perspectiva adiantada e monoteísta com uma série de frases tão racionais que a ciência não o pode melhorar se for limitada à mesma linguagem e alcance de ideias para apresentar suas conclusões".

se refere a um período de vinte e quatro horas. Seu uso em 2.4. "no dia em que o Senhor Deus fez a terra", pode referir-se a um período de tempo curto ou extenso, em que se leva a cabo determinada atividade. Assinala-se que as descobertas da ciência confirmam a ordem da criação descrita em Gênesis.

c) Teoria da alternância dia-era. Os dias foram períodos de vinte e quatro horas, ou curtos lapsos de tempo, separados por vastas eras geológicas. Nesses períodos curtos, chamados dias, ocorreu a atividade criadora.

d) Teoria da catástrofe universal causada pelo dilúvio. Os dias da criação eram de vinte e quatro horas. Explicam-se as mudanças geológicas, as jazidas carboníferas, etc. como consequências do dilúvio na época de Noé.[5]

Não obstante, devemos ser cautelosos no intento de harmonizar o relato da criação com as teorias atuais da ciência e não nos apressar em aceitar tais teorias. A ciência está descobrindo ainda novos dados, rejeitando teorias anteriores e tirando novas conclusões. Não devemos correr o risco de identificar nossa posição com algo tão variável como as teorias científicas. Por outro lado, podemos descansar na confiança de que as futuras descobertas, bem interpretadas, eliminarão muitas das supostas contradições de hoje e lançarão mais luz sobre o testemunho bíblico.

3. A criação do universo. Capítulo 1.1-25. É possível que Gênesis 1.1 afirme que Deus criou a matéria em um ato. O vocábulo "bara", traduzido por "criou", só se usa em conexão com a atividade de Deus e significa criar do nada, ou criar algo completamente novo, sem precedentes. A palavra "bara" encontra-se em Gênesis 1.1,21,27, e se refere à criação da matéria, da vida animal e do ser humano. Em outros casos, emprega-se "asa", que corresponde a "fazer". "Pela fé, entendemos que os mundos, pela palavra de Deus, foram criados; de maneira que aquilo que se vê não foi feito do que é aparente" (Hebreus 11.3). A ciência ensina-nos que se pode transformar matéria em energia, mas parece que Deus converteu energia em matéria. A seguir, o relato nos mostra que a criação foi realizada progressivamente, passo a passo. Moisés empregou uma palavra para descrever a participação do Espírito; essa palavra sugere o ato de uma ave voando sobre o ninho no qual estão

---

[5] Para obter mais detalhes acerca dessas teorias, leia o artigo no Apêndice sobre as teorias da criação.

seus filhotes (1.2). O Espírito pairava sobre a superfície da terra, caótica e sem forma, dando-lhe forma e ordem. Assim, Deus sempre gera ordem da desordem.

Os dias sucessivos da criação foram:
Primeiro dia: aparecimento da luz (dia e noite).
Segundo dia: céu, atmosfera e mares.
Terceiro dia: surgimento dos continentes e aparecimento da vegetação.
Quarto dia: os corpos celestes que alumiam a terra.
Quinto dia: os animais do mar e as aves.
Sexto dia: os mamíferos e o homem.
Sétimo dia: terminada a atividade criadora, Deus descansa.

Cada fase da criação preparou o caminho para a seguinte, e todas tinham o propósito de preparar o cenário para o ponto culminante: a criação do homem.

"E disse Deus [...]. E assim foi." Ao falar, Deus infalivelmente cumpre a sua vontade. Acentua-se a perfeição do que Deus criou: "E viu Deus que era bom". O resultado correspondeu perfeitamente à intenção divina. O grande propósito da criação era preparar um lar ou ambiente adequado para o homem.

Ao finalizar o sexto dia da criação, Deus observou que sua obra criadora era sobremaneira boa. "Demonstrava equilíbrio, ordem, e estava perfeitamente adaptada para o desenvolvimento físico, mental e espiritual do homem."[6]

4. A criação do homem. Deus fez o homem como coroa da criação. O fato de que os membros da Trindade falaram entre si (1.26), indica que este foi o ato transcendental e a consumação da obra criadora.

Deus criou o homem para ser tanto do mundo espiritual como do terreno, pois ele tem corpo e espírito.

O corpo do homem foi formado do pó da terra, à semelhança do que se deu com os animais (2.7,19), o que nos ensina que ele se relaciona com as outras criaturas. (A ciência tem demonstrado que a substância do corpo humano contém os mesmos elementos químicos

---

[6] HORTON, Stanley. **El maestro**. 1º trimestre, 1966. p. 6.

do solo.) Seu nome em hebraico "Adão" (homem), é semelhante a "Adama" (solo). Não obstante, não há elo biológico entre o homem e os animais.[7] Usa-se a palavra "bara" (criar algo sem precedentes) em 1.27, que indica que sua criação foi algo especial.

O homem foi feito à imagem de Deus, portanto tem grande dignidade. Que significa "a imagem de Deus" no homem? Não se refere a seu aspecto físico, já que Deus é espírito, e *não* tem corpo. A imagem de Deus no homem tem quatro aspectos: a) somente o homem recebeu o sopro de Deus, portanto tem um espírito imortal, por meio do qual pode ter comunhão com Deus; b) é um ser moral, não obrigado a obedecer a seus instintos, como os animais, porém tem livre-arbítrio e consciência; c) é um ser racional, com capacidade para pensar abstratamente e formar ideias; d) à semelhança de Deus, tem domínio sobre a natureza e sobre os seres vivos. "Havia de ser o representante de Deus, investido de autoridade e domínio, como visível monarca e cabeça do mundo."[8] Alguém observou que o homem tem espírito para ter comunhão com Deus, vontade para lhe obedecer e corpo para servi-lo.

O Novo Testamento acentua os aspectos espirituais e morais da imagem de Deus no homem, tais como conhecimento espiritual, justiça e santidade. O grande propósito que Deus deseja realizar mediante a redenção é restaurar essa imagem no homem até que seja perfeita, como se observa em Cristo (Romanos 8.29; Colossenses 3.10; 1João 3.2).

Deus descansou no sétimo dia, não no sentido de terminar toda a atividade, mas no de terminar a atividade criadora (João 5.17). Observando o dia de repouso, os homens lembram-se de que Deus é o Criador e reservam tempo para prestar-lhe culto.

---

[7] A teoria da evolução ensina que o homem é o clímax de um lento processo no qual os animais mais simples evoluíram até chegar a ser altamente desenvolvidos. Essa teoria necessita de evidência conclusiva de elos entre os animais e o homem. Os eruditos evangélicos, em sua maior parte, creem que os fósseis de homens pré-históricos, tais como o de Neanderthal, representam raças degeneradas descendentes de Adão. Os imensos períodos de antiguidade atribuídos a eles por alguns antropólogos descansam sobre fundamentos muito descartáveis, já que os mais prudentes cientistas falam com cautela da idade de tais fósseis.
[8] JAMIESON, Robert; FAUSSET, A. R. e BROWN, David. **Comentario exegético y explicativo de la Biblia**. v. 1. s.d. p. 21.

5. O homem no Éden. Capítulo 2.4-25. Podemos ver a solicitude de Deus pelo homem nos seguintes fatos:

a) Colocou-o no jardim do Éden (delícia ou paraíso), um ambiente agradável, protegido e bem regado. O jardim estava situado entre os rios Hidéquel (Tigre) e Eufrates, numa área que provavelmente corresponde à região de Babilônia, próxima do Golfo Pérsico. Deus deu a Adão trabalho para fazer, a fim de que não se entediasse. Há quem pense que o trabalho é parte da maldição, porém a Bíblia não ensina tal coisa; ensina, sim, que a maldição transformou o trabalho bom em algo infrutífero e com fadiga.

b) Deus proveu Adão de uma companheira idônea, instituindo assim o matrimônio. Nesse capítulo, encontra-se, em forma embrionária, o ensino mais avançado dessa relação. O propósito primordial do matrimônio é proporcionar companheirismo e ajuda mútua: "Não é bom que o homem esteja só: far-lhe-ei uma adjutora que esteja como diante dele [semelhante ou adequada a ele]" (2.18). Deve ser monógamo, pois Deus criou uma só mulher para o homem; deve ser exclusivista, porque "deixará o varão o seu pai e a sua mãe"; deve ser uma união estreita e indissolúvel: "apegar-se-á à sua mulher, e serão ambos uma carne". Deus, em sua infinita sabedoria, instituiu o lar para formar um ambiente ideal em que os filhos possam ser criados plenamente, em todos os aspectos: física, social e espiritualmente. Ensina-se a igualdade e dependência mútua dos sexos. "Nem o varão é sem a mulher, nem a mulher, sem o varão" (1Coríntios 11.11). Um não é completo sem o outro.

O comentarista Matthew Henry observa que a mulher não foi formada da cabeça do homem, para que não exerça domínio sobre ele, nem de seus pés, para que não seja pisada, mas de seu lado, para ser igual a ele, e de perto de seu coração, para ser amada por ele. A mulher deve ser uma companheira que compartilhe a responsabilidade de seu marido, reaja com compreensão e amor à natureza dele e colabore com ele para levar a cabo os planos de Deus.

c) Deus concedeu a Adão ampla inteligência, pois ele podia dar nomes a todos os animais. Isto demonstra o fato de que tinha poderes de percepção para compreender suas características.

d) Deus mantinha comunhão com o homem (3.8), e, assim este podia cumprir seu mais elevado propósito. Possivelmente Deus tomava a forma de um anjo para andar no jardim com o primeiro casal. A essência da vida eterna consiste em conhecer pessoalmente a Deus (João 17.3), e o privilégio mais glorioso desse conhecimento é desfrutar da comunhão com ele.

e) Deus pôs o casal à prova quanto à árvore da ciência do bem e do mal. De que forma isso nos revela que Deus tinha solicitude pelos primeiros homens? Para os filhos de Deus, as provas são oportunidades de demonstrar-lhe amor, obedecendo a ele. Também constituem um meio de desenvolver caráter e santidade. Adão e Eva foram criados inocentes, porém santidade é mais do que inocência: é a pureza mantida na hora da tentação.

PERGUNTAS
A Criação. Capítulos 1 e 2

A. Sobre a Bíblia

1. a) Qual foi o método que Deus usou para criar? (Tenha em mente que certa frase é mencionada oito vezes no capítulo 1 e note também Salmos 33.9 e Hebreus 11.3.)
   b) Qual foi o agente que Deus utilizou na criação? Em que versículo se encontra tal informação?
2. a) O que faz supor a palavra "façamos" em Gênesis 1.26?
   b) Quais diferenças você nota entre a criação do homem e a do restante que foi criado? (Quais são as características distintivas do homem?)
3. a) Qual era o trabalho do primeiro homem?
   b) Por que Deus lhe deu trabalho?

B. Sobre o livro de texto

1. a) Escolha a resposta mais correta: A ideia mais importante do relato da criação é: 1) A criação revela que Deus é poderoso; 2) O relato ensina-nos o processo científico da criação; 3) O Senhor é o único Deus e é o Criador de tudo; 4) O universo teve um princípio.

b) Por que Moisés empregou o nome de *Elohim* para designar Deus em Gênesis 1.1—2.3 e acrescentou *Yahweh* (Javé) em 2.4-25? (É preciso ter em conta o significado dos nomes e a ênfase da segunda seção.)

2 a) Por que se origina um inevitável conflito entre a ciência e o relato bíblico? Explique-o.
b) Em que sentido a ciência erra?
c) Em que sentido podemos errar ao confrontar os ensinos da ciência? (Quais são os fatos que às vezes não levamos em consideração ao interpretar a Bíblia?)
d) No seu entender, qual é a teoria mais correta acerca da criação? Por quê? (Consulte a avaliação das teorias que se encontra no Apêndice deste livro.)
e) Por que nos convém ser prudentes quanto a harmonizar o relato bíblico com as teorias atuais da ciência?

3 a) Que relação havia entre um dia e outro da criação?
b) Qual foi o propósito de Deus ao criar o universo?
c) Em que sentido o homem foi criado à imagem de Deus? (Mencione os quatro aspectos.)
d) Essa imagem de Deus ainda está intacta no homem atual? Explique.

4 a) Por que devemos guardar o dia de descanso?

5 a) Qual foi o propósito primordial de Deus ao instituir o matrimônio?
b) Qual é o propósito do lar ou da família?

6 a) Como você pode explicar o amor de Deus ao pôr o homem à prova diante da árvore da ciência do bem e do mal? (Deve incluir dois aspectos.)

C. Para pensar

Note o primeiro mandamento dado por Deus ao homem (1.28). Leia agora Gênesis 9.1 (encontramos aí o mesmo mandamento) e observe as circunstâncias em ambos os casos. Depois pense e responda às perguntas:

a) Por que Deus deu esse mandamento nessas duas ocasiões?

b) Onde se encontra de novo esse mandamento no Novo Testamento?

c) Ele ainda está em vigor? Dê suas razões para sustentar sua posição.

B. A queda e suas consequências. Capítulos 3 e 4

O capítulo 2 de Gênesis apresenta-nos um belo quadro da vida do homem no Éden. Tudo era bom; não obstante, a cena se altera radicalmente no capítulo 4, pois agora os homens conhecem a inveja, o ódio e a violência. Como começou a maldade e todo o sofrimento no mundo? A única resposta satisfatória da origem do mal se encontra no capítulo 3 de Gênesis. Relata como o pecado entrou no mundo e como tem produzido consequências trágicas e universais.

1. O tentador e a tentação. Capítulo 3.1-6. Embora Moisés não diga aqui que o tentador foi Satanás, tal fato acha-se indicado no Novo Testamento (João 8.44; Apocalipse 12.9; 20.2). A forma repulsiva da serpente e seu veneno faz dela um bom símbolo do inimigo do homem. Também seus movimentos sinuosos sugerem as insinuações insidiosas que o maligno empregou para tentar a mulher.

Parece que Satanás se apossou da serpente e falou por meio dela realizando um milagre diabólico. Geralmente ele opera por meio de outros (Mateus 16.22,23), e é mais perigoso quando aparece como anjo de luz (2Coríntios 11.14).

A tentação observou o seguinte processo:

a) Começou com a insinuação de que Deus era demasiado severo. "É assim que" (3.1) é uma frase que indica surpresa ante o fato de que um Deus solícito lhes tivesse proibido desfrutar do produto de qualquer das árvores do jardim.

b) A seguir, Satanás levou a mulher para o terreno da incredulidade, negando plenamente que houvesse perigo em comer do fruto. Quando alguém duvida de que a desobediência produz consequências funestas, já está no caminho da derrota.

c) Finalmente, o tentador acusou Deus de motivos egoístas. Insinuou que Deus os privava de algo bom, isto é, de serem sábios como ele. Dessa maneira, caluniou o Senhor.

Enquanto Eva não duvidava da palavra de Deus e de sua bondade, não sentia fascinação pelo proibido. Foi a incredulidade que lhe tirou as defesas. Então viu que "a árvore era boa [...] agradável [...] desejável", e "comeu".

2. Consequências do primeiro pecado. Capítulo 3.7-24. Seguiram-se ao pecado resultados desastrosos, como um rio impetuoso. Não foram desproporcionalmente severos em comparação com o delito? Evidentemente Deus havia provido tudo para o bem do homem e proibira uma única coisa. Ao ceder à voz de Satanás, o homem escolheu agradar a si mesmo, desobedecendo deliberadamente a Deus. Foi um ato de egoísmo e rebelião inescusável. Em realidade, tratava-se de atribuir a si o lugar de Deus.

São as seguintes as consequências teológicas da queda:

a) Adão e Eva conheceram pessoalmente o mal: seus olhos "abriram-se". As mentiras de Satanás estavam entrelaçadas com um fio de verdade. Adão e Eva chegaram a assemelhar-se a Deus, distinguindo entre o bem e o mal, porém seu conhecimento se diferencia do conhecimento de Deus porque o conhecimento deles foi o da experiência pecaminosa e contaminada. Deus conhece o mal como um médico conhece o câncer, porém o homem caído conhece o mal como o paciente conhece sua enfermidade. A consciência deles despertou para um sentimento de culpa e vergonha.

b) Interrompeu-se a comunhão com Deus, e então eles fugiram de sua presença. O pecado sempre despoja a alma da pureza e da alegria da comunhão com Deus. Essa é a morte espiritual e cumpre, num sentido mais profundo, a advertência de que o homem morreria no dia em que comesse do fruto proibido (2.17).

c) A natureza humana corrompeu-se, e o homem adquiriu a tendência para pecar. Já não era inocente como uma criança, mas sua mente se sujara e ele sentia vergonha de seu corpo. Outra prova foi que lançou a culpa sobre outros, pois Adão chegou a insinuar que Deus era o culpado: "A mulher que me deste [...] me deu da árvore [...]". Este é o pecado original ou a natureza decaída do homem.

d) Deus castigou o pecado com dor, sujeição e sofrimento. Um Deus santo não pode passar por cima da rebelião de suas criaturas.

A mulher sofreria dores no parto e estaria sujeita a seu marido. Mas estar sujeita ao esposo é maldição? A família não deve ter um cabeça? Além do mais, não está aí uma figura da relação entre Cristo e a Igreja? (Efésios 5.22,23). O mal consiste em que a natureza decaída do homem torna-o propenso a abusar de sua autoridade sobre a mulher; do mesmo modo que a autoridade do marido sobre a mulher pode trazer sofrimento, o desejo feminino a respeito de seu esposo pode ser motivo de angústia. O desejo da mulher não se limita à esfera física, mas abrange todas as suas aspirações de esposa, mãe e dona de casa. Se o casamento fracassa, a mulher fica desolada.

Toda a raça e a própria natureza ainda continuam sofrendo como consequência do juízo pronunciado sobre o primeiro pecado. O apóstolo Paulo fala poeticamente de uma criação que "geme e está juntamente com dores de parto até agora" (Romanos 8.22).

Surge a pergunta: O homem era imortal antes de cair? A Bíblia não o diz. Mas parece insinuar que o homem teria recebido vida eterna se houvesse passado pela prova com êxito. A "árvore da vida" era uma árvore literal, mas pode ser que também fosse um símbolo visível da recompensa por sua obediência. Reaparece em Apocalipse 2.7 e 22.2, e seu fruto é para os que vencem o mal. Simboliza a Cristo, o único que dá vida eterna.

3. A primeira promessa de redenção. Capítulo 3.15. Uma vez decaído o homem, foi Deus quem o buscou antes que ele buscasse a Deus. Sempre tem sido assim: o Bom Pastor busca os perdidos. Gênesis 3.15 é o primeiro lampejo de salvação.

Em Gênesis 3.14 encontramos a maldição sobre a serpente. Deus começa por amaldiçoá-la, mas em 3.15 é evidente que se dirige ao próprio Diabo. Ele provocaria inimizade entre a semente da serpente (os que rejeitam a Deus através dos séculos, João 8.44), e a semente da mulher (a descendência piedosa de Eva). Essa inimizade tem sido e será perpétua, desde a época de Abel até a segunda vinda de Cristo. Um dos descendentes piedosos daria um golpe mortal ao inimigo, porém sairia ferido (considera-se que um ferimento na cabeça é fatal; porém no calcanhar não é). Essa é uma promessa messiânica que se cumpriu no Calvário (Hebreus 2.14,15). A redenção prometida em Gênesis 3.15 passou a ser o assunto da Bíblia.

Adão e Eva foram salvos espiritualmente? A Bíblia parece indicá-lo de maneira afirmativa. Adão creu na promessa de redenção, pois deu à sua esposa o nome de "Eva" (vida). Provavelmente confiou que, por meio dela, viria o Libertador prometido. Parece que ela também tinha fé, pois deu a seu primeiro filho o nome de "Caim" (adquirir ou possessão). É provável que Eva tenha pensado que Caim seria o Redentor prometido por Deus. O Senhor respondeu à fé do casal, providenciando túnicas de pele para cobrir-lhes a nudez. É provável que isso indique a origem divina do sacrifício e prefigure o manto de justiça provido mediante a morte de Jesus. Podemos concluir desse relato que a fé nas promessas de Deus é, desde o princípio, o único meio de sermos aceitos pelo Senhor.

4. Arqueologia. Certos arqueólogos encontraram dois selos antigos perto de Nínive representativos de uma cena que sugere a história da tentação. No centro há uma árvore; à direita, um homem; à esquerda, uma mulher, e, atrás, uma serpente erguida, aparentando falar-lhe. Embora não tenham encontrado nenhum texto babilônico que descreva a tentação, acredita-se que esses selos indicam que a raça ainda se lembrava da tentação no Éden. Diferentes epopeias da criação, escritas sobre tabuinhas de barro, foram encontradas nas ruínas de Babilônia, Nínive, Nipur e Assur. Contêm certas semelhanças com o relato de Gênesis. São sete tabuinhas que descrevem um "abismo" de águas; contam que no quarto dia foram ordenadas as estrelas e que o homem foi feito de barro. Mas há grandes diferenças entre essas epopeias e o relato do Gênesis.

Os expoentes da Alta Crítica apresentaram a teoria de que a história primitiva de Gênesis talvez tivesse tido sua origem nessas epopeias. Não obstante, os relatos das tabuinhas são grosseiramente politeístas e muito absurdos. Por exemplo, o relato babilônico narra que a mãe dos deuses, Tiamate, o abismo das águas, foi morta por seu filho Marduque. Depois, ele dividiu em duas partes seu cadáver e empregou uma metade para formar a terra e a outra para cobrir os céus.

A existência das epopeias da criação de nenhum modo comprova que Gênesis esteja baseado nas tradições mesopotâmicas, antes ressalta a inspiração do relato de Gênesis, já que este está livre de ideias absurdas e indignas de serem cridas.

Henry Halley sugere que se pode tomar a semelhança entre os relatos pagãos e o bíblico como evidência de que

> algumas das ideias de Gênesis foram gravadas na memória dos primeiros habitantes da terra, e as diferentes raças humanas, ao apartar-se da linhagem escolhida de Deus e cair na idolatria, herdaram e transmitiram relíquias de verdades antigas que entreteceram em suas culturas nacionais.[9]

5. O desenvolvimento do pecado. Capítulo 4. O primeiro ato de violência relaciona-se com o culto religioso. Infelizmente, a história da humanidade está repleta de lutas, brutalidades e guerras motivadas pelo zelo religioso. O que deve unir os homens tergiversa e os separa. Nota-se aqui que Satanás emprega o pecado para envenenar as próprias fontes de Deus.

Por que Deus rejeitou a Caim e sua oferta e olhou com agrado para Abel e sua oferta? Havia pecado no coração de Caim: "Porque as suas obras eram más, e as de seu irmão, justas" (1João 3.12). Deus olha a atitude do ofertante, que é mais importante do que sua oferta. "Pela fé, Abel ofereceu a Deus maior sacrifício" (Hebreus 11.4), não por sua própria decisão, como Caim, mas um animal degolado, que cumpria o requisito de Deus. O culto de Caim era uma forma religiosa sem fé, mas Abel ofereceu a Deus seu coração, trazendo-se a si mesmo.

Deus, não obstante, tratou Caim com ternura, rogando-lhe que deixasse sua petulância infantil. A *Bíblia de Jerusalém* dá o sentido da advertência divina: "Mas se não estiveres bem disposto, não jaz o pecado à porta, como animal acuado que te espreita; podes acaso dominá-lo?" (Gênesis 4.7).[10] Caim tem de escolher entre dominar sua inveja ou ser dominado e consumido por ela. Nega-se a se defrontar com o pecado e é levado pela violência. Vê-se o desenvolvimento do mal. Atrás do fratricídio está o ódio, atrás do ódio, a inveja, e atrás da inveja, o orgulho ferido.

---

[9] Halley, Henry. **Compendio manual de la Biblia.** s.d. p. 62.
[10] Para alguns, a frase "o pecado jaz à porta" significa que Deus havia provido uma oferta para tirar o pecado. Contudo, o contexto parece indicar que se refere ao pecado como uma fera que aguarda o momento de arrojar-se sobre Caim e dominá-lo.

A reação divina ante o primeiro homicídio demonstra que Deus inexoravelmente castiga o pecado, mas ao mesmo tempo é misericordioso. Figurativamente, o sangue de Abel clama por justiça.[11] Embora Deus dê a Caim a oportunidade de confessar sua falta, ele não o faz. Portanto, o Senhor o sentencia a sofrer uma maldição. Tem de ausentar-se de sua casa, seus trabalhos aumentam, e é condenado a perambular sem cessar. Apesar do coração impenitente de Caim, Deus lhe mostra misericórdia, respondendo a seus rogos e dando-lhe um sinal para sua proteção.

Um escritor do Novo Testamento adverte quanto a falsos irmãos: "Ai deles! porque entraram pelo caminho de Caim" (Judas 11). Parece que o "caminho de Caim" inclui prestar culto segundo as inclinações do homem natural, perseguir os cristãos verdadeiros, recusar-se a arrepender-se e excluir a Deus de sua própria vida.[12] O castigo de tais pessoas se traduz em habitar espiritualmente na terra de Node (errante), sem paz nem sossego, como o mar, "cujas águas lançam de si lama e lodo" (Isaías 57.20).

6. A primeira civilização. Capítulo 4.17-26. Os descendentes de Caim[13] desenvolveram a primeira civilização: Jabal adquiriu gado e é chamado pai da agricultura. Jubal inventou instrumentos de música e é considerado o fundador das belas-artes; Tubalcaim inventou ferramentas e armas, começando assim a indústria em embrião. Não obstante, era uma civilização que excluía a Deus. Lameque foi o primeiro polígamo, manchando a instituição divina do casamento. Sua impiedade chegou ao auge quando se vangloriou de sua violência no cântico da espada (4.23,24). É evidente a ferocidade crescente da linhagem de Caim. Com isso, desaparecem da Bíblia todos os seus descendentes, pois já não ocupam lugar no plano divino.

Parece que Satanás estava prestes a vencer pela força bruta, mas Deus levantou a Sete em lugar de Abel, para perpetuar a linhagem da mulher. Depois disso, os homens invocavam publicamente o nome do Senhor.

---

[11] O escritor da carta aos Hebreus alude a esta figura para assinalar que o sangue de Jesus "fala melhor" (Misericórdia e perdão, 12.24).

[12] HOLDCROFT, Thomas L. **The pentateuch.** 1966. p. 12.

[13] Pergunta-se: "De onde obteve Caim sua esposa?" Evidentemente Adão e Eva tiveram muitos filhos não mencionados na Bíblia. Além do mais, é possível que muitos anos tenham transcorrido entre o homicídio de Abel e o casamento de Caim.

PERGUNTAS
A queda e suas consequências. Capítulos 3 e 4

A. Sobre a Bíblia

1. a) O que nos ensina Gênesis 3.1-4 acerca do método que Satanás utiliza para tentar os homens? (Note a forma que ele assumiu e seus argumentos.)
   b) Como Satanás caluniou Deus?

2. a) Qual foi a reação de Adão e Eva ao ouvir a voz do Senhor depois de comerem o fruto?
   b) Em que se pode comparar a reação deles com a do homem atual?

3. a) Sobre o que e sobre quem caiu a maldição de Deus, no capítulo 3?
   b) Considerando que Adão e Eva já trabalhavam antes da queda, qual é a nova relação entre eles e o trabalho?
   c) Que indício do plano de redenção há nesse capítulo?

4. a) Que relação você encontra entre os fatos violentos do capítulo 4 e o relato do capítulo 3?
   b) A seu ver, por que se desenvolveu a civilização entre os descendentes de Caim e não entre os descendentes de Sete? Existe paralelo visível hoje? Por quê?

5. a) A reação de Caim ao ser rejeitada sua oferta revela seu caráter. Como era tal caráter?
   b) Apesar de Caim ter sido expulso da presença de Deus, o Senhor fez algo por ele. O que foi?
   c) O que isso nos revela com referência ao caráter de Deus?

B. Sobre o livro de texto

1. a) Como sabemos que foi Satanás quem tentou a mulher?
   b) Como se pode explicar que a serpente tenha falado?
   c) Em que consistiu concretamente o pecado do homem?

2. a) Em que sentido se cumpriu a advertência divina de que no dia em que comessem do fruto morreriam?
   b) Que diferença existe entre o conhecimento do bem e do mal que o homem adquiriu e o de Deus? (Explique.)

3   a) Qual é a grande importância de Gênesis 3.15? (O que revela?)
    b) A que se refere a "semente da mulher" e a "semente da serpente"?
    c) Quem seria ferido no calcanhar?
    d) Em que sentido a serpente foi ferida na cabeça?
    e) Que evidência temos de que Adão e Eva creram na promessa?
4   a) O que nos demonstra o fato de existirem relatos pagãos da criação, os quais têm semelhanças com o relato bíblico?
5   a) Por que foi aceito o sacrifício de Abel e rejeitado o de Caim? (1João 3.12; Hebreus 11.4. Note as coisas que faltavam a Caim.)
    b) Indique quatro pecados que se encontravam na linhagem de Caim.
    c) Como Deus frustrou o intento satânico de destruir a linhagem da mulher?

C. Projeto

Em Gênesis 3—4 procure as provas do interesse que Deus tem pelo homem. Escreva-as em forma de esboço.

C. O dilúvio. Capítulos 5–9

1. As gerações dos antediluvianos. Capítulo 5. Segundo Myer Pearlman, o propósito principal da genealogia que se encontra neste capítulo (como outras genealogias bíblicas) é o de "conservar um registro da linhagem da qual virá o descendente prometido: (Cristo)".[14] Traça a linha de Sete até Noé.

Os antediluvianos viviam de 365 até 969 anos, possivelmente porque a raça era jovem e o pecado não havia debilitado tanto o corpo. Delitzsch acrescenta outra explicação: talvez o clima e outras condições naturais fossem diferentes das que existiram na época posterior ao dilúvio.[15]

A descrição da maioria dos antediluvianos limita-se à expressão lúgubre e monótona: "Viveu [...] gerou [...] morreu". Assinale a consequência mortífera do pecado, pois, por mais anos que um

---

[14] PEARLMAN, Myer. Através da Bíblia livro por livro. 2. ed. São Paulo: Vida, 2006. p. 19.
[15] KEIL, C. F; DELITZSCH F. **Old Testament commentaries**. Genesis to Judges. v. 1. s.d. p. 195.

homem viva, finalmente morre. Não obstante, na lista dos mortais encontra-se a esperança de imortalidade: "E andou Enoque com Deus; e não se viu mais, porquanto Deus para si o tomou" (5.24).

A vida de Enoque destaca-se por três características: a) Sua vida é mais curta que a dos outros de sua geração, uma vez que foi de 365 anos. Embora uma vida longa possa apresentar maiores oportunidades de encontrar a graça salvadora, o filho de Deus não deve apegar-se demasiado a este mundo que foi amaldiçoado, carregado de pecados e dor.

b) Anda com Deus num ambiente de maldade e de infidelidade. Enoque tem comunhão com Deus, levando uma vida de fé e pureza, não separado dos seus, mas como chefe de uma família.

c) Desaparece repentinamente, arrebatado ao céu como Elias. A vida de comunhão com Deus não acaba, pois há de continuar e de se aperfeiçoar no céu. Que outro acontecimento o arrebatamento de Enoque prefigura? (1Tessalonicenses 4.16,17).

2. A corrupção da humanidade e a dor divina. Capítulo 6.1-8. Com o transcorrer do tempo, a separação entre os descendentes de Sete e os de Caim cessou por causa do casamento das duas linhagens (6.2). A união dos piedosos com mulheres incrédulas foi motivada pela atração física de tais mulheres.[16]

Sem mães piedosas, a descendência de Sete degenerou-se espiritualmente.

Os filhos dos casamentos mistos eram "gigantes" (pessoas extraordinárias) e parece que se destacavam pela violência. Exaltavam a si mesmos, cada um procurando ser "valente" ("herói", *Bíblia de Jerusalém*) e também varão de renome. Corromperam a terra com sua imoralidade. Chegou o momento em que a família de Noé foi a única que cumpria as normas morais e espirituais de Deus. Parece que Satanás, ao ver que não pôde destruir a linha messiânica pela força bruta no caso de Abel, agora procura extingui-la mediante casamentos mistos; e por pouco não teve êxito.

---

[16] Alguns comentaristas pensam que os "filhos de Deus" são anjos, referindo-se àqueles que "deixaram a sua própria habitação" (Judas 6), mas é improvável, porque Jesus declara que os anjos não têm sexo nem vida matrimonial (Mateus 22.30).

A corrupção e a violência dos homens causaram tal dor em Deus que lhe pesava havê-los criado.[17] Determinou Deus destruir a perversa geração. Horton observa que sua ira procedeu de um coração quebrantado.[18] Deus concedeu a esses homens um prazo de 120 anos para arrepender-se (6.3). Depois, se não o fizessem, retiraria deles seu espírito.[19]

O propósito do dilúvio era tanto destrutivo como construtivo. A linhagem da mulher corria o perigo de desaparecer completamente pela maldade. Por isso, Deus exterminou a incorrigível raça velha para estabelecer uma nova. O dilúvio foi também o juízo contra uma geração que havia rejeitado totalmente a justiça e a verdade. Isto nos ensina que a paciência de Deus tem limites.

3. Noé constrói a arca. Capítulo 6.9-22. Noé constitui um raio de esperança em uma época sombria. Seu pai, Lameque, provavelmente entesourava em seu coração a promessa de Gênesis 3.15, pois deu o nome de Noé (descanso, consolo) a seu filho na esperança de que este viesse a ser um libertador (5.29), mas nunca sonhou de que maneira o Senhor cumpriria seu desejo expresso.

Noé destaca-se na Bíblia como um dos mais completos varões de Deus. Somente ele, entre seus contemporâneos, achou a graça e o favor de Deus de forma pessoal (6.8), isto é, travou amizade com Deus e desfrutou da comunhão divina. Era "justo" e "reto" (6.9), uma pessoa de conduta irrepreensível, de integridade moral e espiritual no meio de uma geração perversa. Finalmente, era um pregador da justiça (2Pedro 2.5). O segredo de seu caráter e constância encontra-se em seu andar diário com o Senhor.

Deus revelou a Noé seu plano de destruir a raça corrupta e de salvá-lo junto com sua família e, por meio dele, a humanidade inteira.

---

[17] Gênesis 6.6. "[A]rrependeu-se o Senhor." Não se arrependeu no sentido de mudar suas atitudes básicas, porém sentia tristeza ao ver o pecado (ver Números 23.19). Amiúde a Bíblia atribui a Deus traços humanos: olhos, ouvidos, mãos ou atividades humanas. A isso se dá o nome de antropomorfismo, o que não quer dizer que Deus seja corpóreo; antes, a linguagem se acomoda ao entendimento humano.

[18] HORTON, Stanley. **El maestro**. 1º trimestre, 1966. p. 18.

[19] O significado de 6.3 não é muito claro. Poderia significar que Deus tiraria o princípio de vida do homem ou que lhes tiraria o Espírito divino. Tampouco é clara a referência aos 120 anos; pode significar o período de graça antes de enviar o dilúvio ou então indicar que Deus limitaria os anos de vida do homem a 120.

Noé viria a ser o segundo pai da raça. Recebeu diretrizes para a construção de uma nave flutuante bem proporcionada que seria o veículo de escape. Segundo certos cálculos, a arca teria 135 metros de comprimento, 22,50 metros de largura, 13,50 metros de altura e corresponderia em tamanho a um transatlântico moderno. Constava de três pavimentos divididos em compartimentos e uma abertura de 45 centímetros de altura em volta, localizada entre espaços de parede na parte superior; acredita-se que tinha a forma de um caixão alongado. Alguns estudiosos calculam que a arca teria capacidade para 7 mil espécies de animais.

"Pela fé, Noé [...] preparou a arca" (Hebreus 11.7). A Palavra de Deus foi a garantia única de que o dilúvio viria. Deve ter sido um projeto enorme e de longa duração construir a arca e armazenar os alimentos necessários. Enquanto construía a nave, Noé pregava (2Pedro 2.5). Mas ninguém quis dar-lhe atenção. Sem dúvida alguma, Noé e seus filhos eram o alvo de incessantes zombarias, porém não vacilaram em sua fé. Acentua-se sua completa obediência: "[...] conforme tudo o que Deus lhe mandou, assim o fez" (6.22; 7.5).

4. Deus limpa a terra com o dilúvio. Capítulos 7.1—8.14. Sete dias antes de começar o dilúvio, Deus mandou que Noé, sua família e os animais entrassem na arca. Possivelmente Deus tenha feito que os animais pressentissem a iminente catástrofe e se tornassem mansos. Noé devia levar na arca um casal de animais de cada espécie (6.19) e sete casais dos animais limpos (7.2); os adicionais provavelmente eram para fornecer carne e animais para o sacrifício. Supõe-se que grande parte dos animais estivesse invernando enquanto permaneciam na arca.

"[O] Senhor a [porta] fechou por fora" (7.16) significa que o período de graça já havia terminado; isso nos fala de salvação e juízo. Noé ficou dentro, protegido, e os pecadores impenitentes, fora, expostos ao juízo.

"[N]aquele mesmo dia, se romperam todas as fontes do grande abismo" (7.11) parece indicar que se produziram terremotos e estes fizeram que as águas subterrâneas subissem impetuosamente enquanto caíam chuvas torrenciais. Pensa-se que a terra, ao fender-se, produziu alterações na sua superfície. Alguns creem que estes verdadeiros cataclismos tenham sido acompanhados de gigantescos maremotos que atravessaram os oceanos e continentes até que nada restou da civilização daquele tempo. Foi um juízo total contra o mundo pecaminoso. Depois, Deus enviou um vento para fazer baixar as águas. Cinco meses após o começo do dilúvio, a arca pousou sobre o monte Ararate, porém Noé não saiu em seguida porque esperou obedientemente até receber a permissão divina. Ele e sua família permaneceram na arca cerca de um ano solar.

Qual foi a extensão do dilúvio? Foi universal ou limitado à área do Oriente Médio? O Gênesis diz que as águas cobriram as montanhas mais altas e destruíram toda a criatura (fora da arca), sob os céus (7.19-23). Não obstante, há diferença de opiniões entre eruditos evangélicos. Alguns pensam que o dilúvio atingiu somente a terra habitada daquele tempo, pois o propósito divino era destruir a humanidade pecaminosa. Dizem que o uso bíblico da expressão "toda a terra" amiúde significa a terra conhecida pelo autor (Gênesis 41.57; Deuteronômio 2.25; Romanos 10.18).

Por outro lado, os que creem que o dilúvio foi universal notam que o relato bíblico emprega expressões fortes e as repete dando a impressão de um dilúvio universal. Perguntam: Qual era a extensão da população humana? Parece-lhes possível que esta se houvesse estendido até a Europa e a África. Além do mais, certos estudiosos creem que as grandes mudanças na crosta terrestre e repentinas e drásticas alterações no clima de áreas geográficas como o Alasca e a Sibéria possam ser atribuídas ao dilúvio.[20] Talvez, com o transcurso do tempo, os geólogos encontrem evidências conclusivas para determinar qual seja a interpretação correta.

Têm sido encontradas em diferentes continentes tradições que aludem a um grande dilúvio, inclusive detalhes da destruição de toda a humanidade, exceto uma única família e a escapatória em um barco. A famosa epopeia de Gilgames, poema babilônico, contém muitas semelhanças com o relato bíblico, embora seja politeísta em seu enfoque. Parece que o dilúvio deixou uma impressão indelével na memória

---

[20] Ver o artigo II no Apêndice, "Teorias acerca da criação", e em particular a seção que trata da teoria de uma catástrofe universal relacionada com o dilúvio.

da raça, e que as tradições, por mais corrompidas que estejam, testificam do fato que houve um dilúvio.

5. Uso neotestamentário do dilúvio. A referência ao dilúvio encontrada no Novo Testamento serve de advertência de que Deus é o justo Juiz de todo o mundo, que castigará inexoravelmente o pecador e livrará da prova os piedosos (2Pedro 2.5-9). No tempo de Noé, Deus destruiu o mundo com água, mas no futuro vai fazê-lo com fogo (2Pedro 3.4-14). Será o prelúdio para estabelecer uma nova ordem, na qual habitará a justiça.

O caráter repentino e inesperado do dilúvio exemplifica a maneira pela qual ocorrerá a segunda vinda de Cristo e mostra que o cristão deve estar preparado em todos os momentos para aquele dia (Mateus 24.36-42).

Também o apóstolo Pedro viu um paralelo entre o batismo em água e a salvação de Noé e sua família no meio das águas (1Pedro 3.20-22). A água simboliza tanto o juízo de Deus sobre o pecado como seu resultado (o do pecado), a morte. O batismo significa que o cristão se une espiritualmente a Jesus em sua morte e ressurreição. À semelhança de Noé na arca, o crente em Cristo passa ileso pelas águas do juízo e da morte a fim de habitar em uma nova criação. No Calvário, todas as fontes do grande abismo foram rompidas, e as águas do juízo subiram sobre Cristo, porém nenhuma gota alcança o cristão, porque Deus fechou a porta.

6. Estabelece-se a nova ordem do mundo. Capítulos 8.15—9.17. Ao sair da arca, Noé entrou em um mundo purificado pelo juízo de Deus; figurativamente era uma nova criação, e a humanidade começaria de novo. A primeira coisa que Noé fez foi oferecer um grande sacrifício a Deus como sinal de sua gratidão pelo grande livramento passado e como consagração de sua vida a Deus para o futuro.

Deus estabeleceu a nova ordem dando provisões básicas que regeriam a vida do homem na terra depois do dilúvio:

a) Para dar segurança ao homem, prometeu que as estações ficariam restabelecidas para sempre.

b) Reiterou o mandamento de que o homem se multiplicasse.

c) Confirmou o domínio do homem sobre os animais, dando-lhe permissão para comer sua carne, porém não o seu sangue.

d) Estabeleceu a pena capital.

e) Fez aliança com o homem, prometendo-lhe que jamais voltaria a destruir a terra por meio de um dilúvio.

Por que foi proibido comer o sangue? Alguns estudiosos creem que o sangue é o símbolo da vida, a qual só Deus pode dar; portanto, o sangue pertence a Deus e o homem não deve tomá-lo. Há, porém, uma explicação mais bíblica. A proibição preparou o caminho para ensinar a importância do sangue como meio de expiação (Levítico 17.10-14). O sangue representa uma vida entregue na morte.

Deus estabeleceu a pena capital para restringir a violência. O homem é de grande valor e a vida é sagrada, pois "Deus fez o homem conforme a sua imagem". Martinho Lutero viu nesse mandamento a base do governo humano. Se o homem recebe autoridade de outros em certas circunstâncias, também tem autoridade sobre coisas menores, tais como propriedades e impostos. O apóstolo Paulo confirma que tal poder é de Deus e que a pena capital está em vigor (Romanos 13.1-7). O magistrado não traz sua espada inutilmente (instrumento de execução).

Deus fez um pacto com Noé e com toda a humanidade, prometendo não mais destruir o mundo por um dilúvio. Ao presenciar a terrível destruição pelo juízo de Deus, o homem poderia perguntar-se: "Valerá a pena edificar e semear? Pode ser que haja outro dilúvio e arrase tudo". Por isso, para dar-lhe segurança de que a raça continuaria e o homem teria um futuro garantido, Deus fez aliança com ele. Deixou o arco-íris como sinal de sua fidelidade. É provável que o arco-íris já existisse, mas agora se reveste de novo significado. Ao ver o arco-íris nas nuvens de tormenta, o homem se lembraria da promessa misericordiosa de Deus.

A aliança com Noé é a primeira que se encontra na Bíblia. A relação de Deus com seu povo mediante alianças veio a ser assunto importantíssimo. Deus estabeleceu sua aliança sucessivamente com Noé, com Abraão, com Israel (por meio de Moisés) e com Davi.

O que é uma aliança? Uma aliança humana é, em geral, um acordo mútuo entre duas partes com igual capacidade de firmá-lo; porém, não é assim quanto às alianças divinas, porque Deus é quem toma a iniciativa, estipula as condições e faz uma solene promessa pela qual se compromete voluntariamente em benefício do homem. Embora na aliança com Noé Deus tenha imposto a si mesmo a obrigação de guardar a aliança apesar dos fracassos do homem, em geral não é assim. Deus exige como contrapartida a fidelidade de seu povo. A desobediência de Israel podia romper o vínculo da aliança, pelo menos temporariamente. As alianças se relacionam entre si, e cada uma se enriqueceu progressivamente em suas promessas até que Cristo veio e inaugurou a nova aliança.

7. Noé abençoa a Sem e a Jafé. Capítulo 9.18-29. Noé, o homem justo perante o mundo, caiu no pecado de embriaguez em seu próprio lar. Os longos anos de fidelidade não garantem que o homem seja imune a tentações novas. As diferentes reações dos filhos deram-lhe ocasião de amaldiçoar Canaã (pode ser que estivesse seguindo os passos de seu pai, zombando dele) e abençoar a Jafé e a Sem.

Nota-se que a maldição se aplica a Canaã e aos cananeus somente e não aos outros filhos de Cam. Aparentemente, Canaã era o único filho que compartilhava a atitude desrespeitosa de seu pai. A maldição, portanto, não pode aplicar-se aos egípcios ou a outros camitas africanos.

Além do mais, é provável que os cananeus tenham sido amaldiçoados não tanto pelo pecado de Cam e de seu filho Canaã, mas pela notória impureza que caracterizaria os cananeus nos séculos vindouros. Os descendentes de Canaã radicaram-se na Palestina e na Fenícia (10.15-19), e eram notoriamente imorais. Olhando adiante, Deus viu o caráter que teriam e inspirou Noé a pronunciar seu castigo. Deus usou uma nação semita, os hebreus, para retribuir-lhes a maldade mediante a conquista de Canaã por Josué. Em referências posteriores aos juízos divinos sobre os cananeus, Moisés os relaciona com a extrema impiedade deles (Gênesis 15.16; 19.5; Levítico 20.2; Deuteronômio 9.5).

A bênção sobre Sem, traduzida literalmente, é: "Bendito seja o Senhor, o Deus de Sem" (9.26a) e implica que o Senhor seria o Deus dos semitas. Cumpriu-se notavelmente no povo hebreu, uma raça semita. Os descendentes de Jafé (os indo-europeus) seriam os hóspedes dos semitas, dando-lhes proteção e inclusive unindo-se com eles no serviço a Deus. Isto é, a promessa messiânica passaria aos semitas, e o primeiro anúncio da entrada dos gentios (Jafé) é visto na comunidade cristã que nasceu dos hebreus (Sem).

PERGUNTAS
O dilúvio. Capítulos 5–9

A. Sobre a Bíblia

1. a) Qual é o caso biográfico animador na monótona lista dos ante-diluvianos que se encontra no capítulo 5?
   b) Que nova luz lança Hebreus 11.5,6 sobre Enoque?
   c) O que quer dizer "andar com Deus"?
   d) O que demonstra que o pai de Noé tinha a esperança de que seu filho fosse um libertador?

2. a) Qual foi o erro dos filhos de Sete? Em que se corromperam seus descendentes (capítulo 6)?
   b) Que aplicação faria você em sua pregação sobre esse erro?
   c) Indique as duas reações de Deus ao ver a maldade dos homens.
   d) Explique o arrependimento de Deus (Gênesis 6.6) à luz de Números 23.19. (Há uma frase em Gênesis 6.6 que esclarece o arrependimento divino.)

3. a) Escreva as três frases que descrevem o caráter de Noé.
   b) Uma frase acerca de Noé repete-se duas vezes (capítulos 6 e 7); essa frase descreve o segredo de como agradar a Deus. Escreva-a e cite as referências.
   c) Que obstáculos para a obediência a Deus encontrou Noé em seu caminho?
   d) O que fez Noé ao sair da arca? Que luz esse ato lança sobre seu caráter?
   e) A que ato cristão correspondem os sacrifícios de Noé? (Ver Atos 28.15 e Hebreus 13.15,16.)

4. No capítulo 9 encontramos novas promessas e ordens.
   a) Por que foi proibido ingerir sangue?
   b) Se a vida verdadeira reside no espírito (Eclesiastes 12.7), em que sentido se pode dizer que "a vida da carne está no sangue"? (Note o uso do sangue em Levítico 17.11.)
   c) Qual era a nova responsabilidade humana? (Gênesis 9.5,6.)

5 a) Que lição prática se pode extrair do relato da embriaguez de Noé?
   b) Mostre por esse relato como nossa atitude para com o pecado de outros revela nosso caráter.

B. Sobre o livro de texto

1 a) Como se explica que a vida dos antediluvianos fosse tão longa?
   b) Que fato importante prefigura o arrebatamento de Enoque?
2 a) Qual foi o novo estratagema de Satanás para destruir a linhagem messiânica ao ver que não podia fazê-lo pela violência?
   b) Que paralelo do mesmo intento podemos ver na atualidade?
   c) Quais foram os dois propósitos de Deus ao enviar o dilúvio?
3 Você acha que o dilúvio foi universal ou regional? Defenda seu ponto de vista.
4 Como se menciona o dilúvio no Novo Testamento? A que se compara?
5 a) Qual foi o pacto feito por Deus com Noé ao sair este da arca?
   b) Por que foi necessário que Deus lhe assegurasse que as estações do ano não se alterariam?
   c) Como difere um pacto de Deus de um pacto feito entre os homens?
6 a) Que autoridade foi outorgada ao homem para exercer o governo?
   b) Segundo o Novo Testamento, ainda está em vigor a pena capital? (Mencione onde se encontra a referência neotestamentária.)
7 a) Explique o elemento profético que se encontra na maldição de Canaã.
   b) Que nova revelação da promessa messiânica se encontra em Gênesis 9?

C. Exercícios

1 Faça uma comparação entre Enoque e Noé.
2 Faça uma lista das lições práticas que podem ser extraídas da vida de Noé.

D. A dispersão das nações. Capítulos 10 e 11

1. Rol das nações. Capítulo 10. Se a promessa de redenção havia de ser realizada pela linhagem de Sem, por que o escritor sagrado dedicou tanto espaço traçando a origem das outras nações? Para demonstrar que a humanidade é uma só: Deus "de um só fez toda a geração dos homens" (Atos 17.26). O escritor também insinua que no plano de Deus as nações não seriam excluídas para sempre de sua misericórdia. Mediante o povo escolhido seriam benditas e viriam a ser participantes da "comum salvação" (salvação para todos).

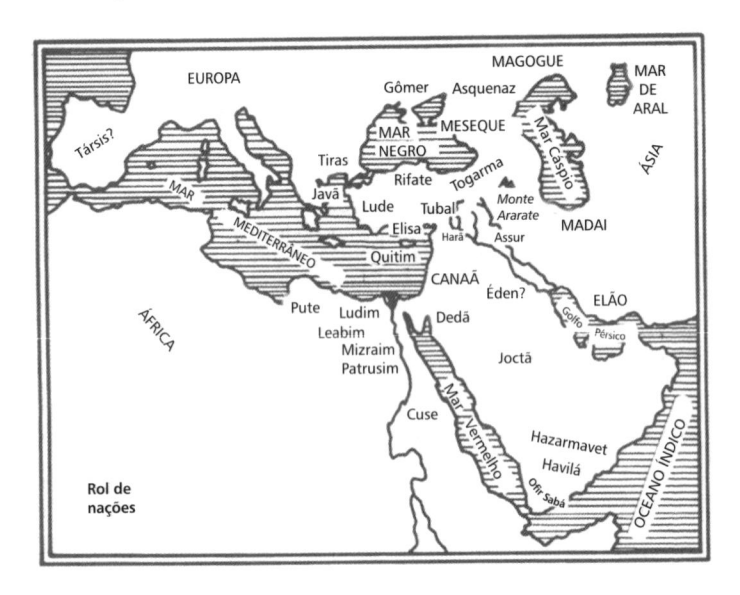

Rol de nações

Agrupam-se os povos não tanto por suas afinidades étnicas, mas segundo suas relações históricas e distribuição geográfica. Os descendentes de Jafé ocuparam a Ásia Menor e as ilhas do Mediterrâneo; formaram, inclusive, grupos como os celtas, citas, medos, persas e gregos. Os filhos de Cam povoaram as terras meridionais, tais como Egito, Etiópia e Arábia. Canaã era o antigo povo da Palestina e Síria meridional antes da conquista dos hebreus. As nações semitas (elamitas, assírios, arameus e os antepassados dos hebreus) radicaram-se na Ásia, desde as praias do mar Mediterrâneo até o oceano Índico, ocupando a maior parte do terreno entre Jafé e Cam.

Menciona-se Ninrode como o fundador do império babilônico e construtor de Nínive e outras cidades (10.8-12). Segundo Delitzsch, Ninrode significa "nós nos rebelaremos", e é possível que seus contemporâneos lhe tenham atribuído tal nome por parecer mais um sobrenome que seu próprio nome.[21] Destacou-se por ser o primeiro "poderoso na terra" (foi o "primeiro potentado", *Bíblia de Jerusalém*) e "poderoso caçador". Alguns pensam que figurativamente significa que era "caçador de homens". Babel (Babilônia) veio a ser o símbolo do opressor do povo de Deus após o cativeiro babilônico. Em Apocalipse usa-se o termo "Babilônia" para designar uma confederação ímpia, cuja queda marca a vitória final de Cristo. Alguns estudiosos julgam que Ninrode prefigura o homem "iníquo" que será o último e pior inimigo do povo de Deus (2Tessalonicenses 2.3-10).

Zigurate nas ruínas da cidade de Ur.

2. A torre de Babel. Capítulo 11.1-9. A cidade de Babel foi edificada na planície que se encontra entre os rios Tigre e Eufrates. Por que desagradou a Deus a construção da torre de Babel?[22]

a) Os homens passaram por alto o mandamento de que deviam espalhar-se e encher a terra (9.1; 11.4); um dos motivos que

---

[21] KEIL, C. F.; DELITZSCH, F. **Old Testament commentaries.** Genesis to judges. v. 1. s.d. p. 128.
[22] A torre de Babel provavelmente tinha um significado religioso relacionado com a astrologia. Ainda existem as ruínas de grandes torres escalonadas na mesma região.

os impulsionavam e pelo qual levaram a cabo a construção era que desejavam permanecer unidos. Sabiam que os edifícios permanentes e uma coletividade firmemente estabelecida produziriam um modelo comum de vida que os ajudaria a permanecer juntos.

b) Foram motivados pela intenção de exaltação pessoal ("façamo-nos um nome", disseram) e de culto ao poder que posteriormente caracterizou a Babilônia. Uma torre elevada e assim visível para todas as nações seria um símbolo de sua grandeza e de seu poder para dominar os habitantes da terra.

c) Excluíam a Deus de seus planos; ao glorificar seu próprio nome, esqueciam-se do nome de Deus, nome por excelência: o SENHOR.

Deus desbaratou seus planos não só para frustrar-lhes o orgulho e a independência, mas também para espalhá-los, a fim de que povoassem a terra. A cidade é chamada com ironia Babel (confusão, em hebraico), que originalmente (em acádio) queria dizer "porta de Deus". Por meio desse relato, evidencia-se a insensatez de edificar sem Deus.

Alguém observou que se pode considerar a concessão de línguas no dia de Pentecostes o contrário da confusão de línguas em Babel:

> Quando os homens, motivados pelo orgulho, vangloriam-se de seus êxitos, nada resulta, exceto divisão, confusão e falta de compreensão; mas quando se proclamam as obras maravilhosas de Deus, todo homem pode ouvir o evangelho apostólico em seu próprio idioma.

3. Genealogias de Sem e de Abraão. Capítulo 11.10-32. A história das nações gira agora em torno da genealogia dos semitas, a linhagem da promessa divina feita por meio de Noé (9.26a). Depois, o horizonte se reduz aos antepassados de Abraão. Prepara-se, assim, o caminho para começar a história do povo escolhido de Deus.

A maioria dos estudiosos identifica a cidade natal de Abraão, Ur dos caldeus, com as ruínas de Mukayyar ("montículo de betume"), 225 km ao sudeste de Babilônia. Ficava sobre o rio Eufrates e calcula-se que tinha 24 mil habitantes. Era a antiga capital da região civilizada e próspera da Suméria, considerada o berço da civilização.

Era também o centro do culto imoral à deusa lunar Nanar-Sin. Ainda se veem algumas ruínas de edifícios bem elaborados no local religioso da cidade. Entre eles está um zigurate (torre escalonada). Havia casas de dois pavimentos, sistemas de cloacas e também escolas. Têm sido achados no cemitério dessa cidade tesouros que remontam a três mil anos. Existem provas, contudo, de outra Ur ao norte de Harã, situada onde se encontra a atual cidade de Edessa. Abraão, portanto, procedia de uma civilização altamente desenvolvida.

PERGUNTAS
A dispersão das nações. Capítulos 10 e 11

A. Sobre a Bíblia

1 Quem se destaca no capítulo 10?
2 Muitos estudiosos creem que se pode situar cronologicamente o relato da torre de Babel no capítulo 10. Leia o capítulo 10 e indique o versículo que parece referir-se àquele momento histórico.
3 a) Note o contraste entre 11.4 e 11.7. Sintetize em uma frase a verdade que encontrar.
  b) De que doutrina o versículo 7 do capítulo 11 é um indício?
4 Note a proporção de espaço que o escritor dedica aos fundadores das nações, à torre de Babel e aos descendentes de Sem. Por que se dedica tanto espaço aos descendentes de Sem?

B. Sobre o livro de texto

1 a) Por que o escritor bíblico traça a origem das nações que não eram da linha messiânica?
  b) Como se agrupavam as nações? Por que era assim, segundo seu modo de ver? Isso lança luz sobre como Deus considera as raças?
2 a) Por que se menciona Ninrode no capítulo 10? Como se relacionou sua atividade com as histórias de Israel?
  b) Como se assemelha o significado do nome Ninrode com o caráter do anticristo? (2Tessalonicenses 2.4.)
3 a) Mencione os motivos pelos quais desagradou a Deus a construção da torre.

b) Com que propósito Deus pôs a perder os planos desses homens?

4 O que notamos a partir de 11.10? De que acontecimento esta seção constitui uma preparação?

C. Exercício

Faça uma comparação entre o espírito dos edificadores da torre de Babel e o de nossa geração. Procure responder a perguntas tais como: O que pensa Deus dos que "edificam" sem levá-lo em conta? De que maneira poderiam os homens "edificar" *sem* Deus? (Leia a última parte do Sermão do Monte.) Como podem os homens "edificar" *com* Deus?

II. HISTÓRIA PATRIARCAL. Capítulos 12–50

Aspectos da história patriarcal. Ao começar a história de Abraão, o escritor inspirado deixa para trás a história primitiva da raça em geral para relatar a de uma família. Reúne as lembranças que se conservam dos grandes antepassados de Israel: Abraão, Isaque, Jacó e José. Todos eles se destacam como homens que ouvem a voz de Deus e a ela obedecem. Todos os seus momentos estão assinalados pela intervenção divina. O grande propósito de Deus ao escolher essas pessoas é formar um povo que realize sua vontade na terra e seja um meio de cumprir o plano da salvação.

O período patriarcal começa por volta do ano 2000 a.C. e dura mais ou menos três séculos.

A. Abraão. Capítulos 12.1–25.18

O chamado de Abraão, segundo Alexander MacLaren, é o acontecimento mais importante do Antigo Testamento.[23] Aqui tem início a obra da redenção que fora insinuada no jardim do Éden (Gênesis 3.15). Os primeiros 11 capítulos de Gênesis demonstram que Deus se relacionava com a humanidade em geral, sem fazer distinção entre

---

[23] MacLaren, Alexander. **Expositions of Holy Scripture**. v. 1. s.d. p. 67.

as raças. Tanto o mundo antediluviano como o da torre de Babel ressaltam que, a despeito do progresso material e do nascimento das civilizações, o homem fracassara moral e espiritualmente. Até aqui, o Senhor havia posto os olhos sobre diferentes indivíduos, que eram os meios apropriados para conservar a "semente da mulher" e o conhecimento de Deus. Agora ele muda seus métodos. Chama um homem para fundar a raça escolhida mediante a qual realizaria a restauração da humanidade. O espaço que o livro de Gênesis concede a essa passagem demonstra sua importância. Os primeiros 11 capítulos abrangem mais tempo do que todo o restante do Antigo Testamento. Os 39 capítulos restantes, porém, são dedicados aos começos da nação escolhida, da qual viria o Redentor.

Abraão é a personagem mais importante de Gênesis e uma das mais importantes de toda a Bíblia. Moisés dedicou meramente 11 capítulos ao que aconteceu antes de Abraão, ao passo que 13 capítulos se referem quase exclusivamente à vida pessoal do patriarca. Deus usou Abraão para estabelecer tanto a família de Israel como a fé dos hebreus. As três grandes religiões monoteístas, o judaísmo, o cristianismo e o islamismo, reverenciam-no como o pai de sua fé. Em realidade, a Bíblia declara que o "povo escolhido" não se refere somente à descendência carnal do patriarca, mas a todos quantos têm a mesma fé que Abraão tinha. Isto é, ele é o pai espiritual de todos os que creem (Romanos 4.16; Gálatas 3.7). Somente Abraão é chamado "amigo de Deus" (2Crônicas 20.7; Isaías 41.8; Tiago 2.23).

Considerando que a religião do Senhor consiste no ato de depositar a fé em um Deus pessoal, Abraão tinha de aprender a confiar nele implicitamente. Deus cultivou de três maneiras a fé que Abraão tinha: dando-lhe grandes promessas, pondo-o à prova cada vez mais e concedendo-lhe muitas aparições divinas. Diz William Ross: "Era preciso que Abraão conhecesse a Deus, pois esse conhecimento era a base de sua fé".[24]

---

[24] Ross, William. **Estudios en las Sagradas Escrituras**. v. 1, El pentateuco, 1955. p. 52.

1. Deus chama Abraão: primeira prova. Capítulo 12.1-9. A família de Abraão e provavelmente o próprio Abraão prestavam culto a vários deuses (Josué 24.2). Não obstante, as Escrituras insinuam que ainda assim tinham certo conhecimento do Senhor, pois Abraão em sua velhice enviou seu servo para buscar entre eles uma esposa para Isaque, seu filho. Seu motivo era religioso; queria ter uma nora que adorasse ao Senhor. Por isso, em meio à idolatria universal, Deus se manifestou a Abraão, chamando-o para uma vida de fé e separação.

As promessas pessoais feitas a Abraão são interessantes. Abraão seria famoso e reverenciado, não por sua própria virtude, mas pelo favor de Deus, que disse: "[...] abençoar-te-ei, e engrandecerei o teu nome". Abraão tinha a responsabilidade de ser um canal de bênção para outros: "[...] tu serás [deverás ser] uma bênção." (Deus nos abençoa para que sejamos bênção.) Finalmente, Deus prometeu abençoar ou amaldiçoar aos homens segundo a atitude que tivessem para com Abraão: "E abençoarei os que te abençoarem e amaldiçoarei os que te amaldiçoarem". Assim Deus o protegeria.

As transcendentais promessas feitas a Abraão e a seus descendentes são três:

a) Herdariam a terra de Canaã.

b) Chegariam a ser uma grande nação (a grandeza prometida significa muito mais do que uma população numerosa).

c) Por meio deles, todas as linhagens da terra seriam abençoadas (essa é a promessa messiânica).

A primeira prova à qual Deus submeteu Abraão foi a separação de sua pátria e de sua família. Ele tinha de voltar as costas para a idolatria a fim de poder ter comunhão com Deus. A vida de fé começa com a obediência e a separação: "Ou nossa fé nos separa do mundo, ou o mundo nos separa de nossa fé". Abraão foi o Cristóvão Colombo do Antigo Testamento, pois "saiu, sem saber para onde ia" (Hebreus 11.8). Tinha de confiar incondicionalmente no Senhor.

Parece que no princípio a obediência foi apenas parcial. Foi com Tera, seu pai, até Harã, centro de reunião de caravanas e também do impuro culto a Sin, a deusa da Lua. Tera havia renunciado a seu país, mas aparentemente não havia abandonado de todo a idolatria. Em Harã radicou-se para viver o restante de sua vida, mas depois Deus orientou Abraão a seguir rumo a Canaã, distante 650 km.

Por fim, chegou à terra que Deus lhe havia indicado. Agora vivia como estrangeiro e peregrino, viajando de um lugar para outro. Nunca foi dono de 1 metro quadrado de terra, a não ser o local de sua sepultura. Siquém, a encruzilhada da Palestina, situada 50 km ao norte de Jerusalém, foi sua primeira parada. Depois chegou ao carvalho de Moré, considerado centro de adivinhação e idolatria. Ali Deus apareceu a Abraão, assegurando-lhe de novo sua presença e confirmando-lhe que sua descendência herdaria Canaã. Assim, Deus o recompensou por sua obediência. Abraão respondeu construindo um altar e oferecendo culto público ao Senhor. Aonde quer que fosse, levantava sua tenda e edificava um altar. Segundo Stanley Horton, a expressão hebraica indica que Abraão invocou em alta voz o nome do Senhor, uma proclamação do nome, da natureza e do caráter de Deus.[25] Portanto, Abraão tinha comunhão com Deus, e ao mesmo tempo testificava perante o mundo.

Família semita chegando ao Egito (detalhe da tábua do príncipe egípcio Beni-Hasã — 1900 d.C.)

2. A fome: segunda prova. Capítulo 12.10-20. Por falta de fé, Abraão foi para o Egito. Deus não lhe havia ordenado sair da Palestina. Recorreu à mentira para escapar do perigo (ainda que houvesse um elemento de verdade no que disse; ver Gênesis 20.12).

---

[25] HORTON, Stanley. **El maestro**. 1º trimestre, 1966. p. 40.

"Não duvidou por incredulidade" das grandes promessas, porém tropeçou nas pequenas coisas. É de surpreender que Sara tenha sido considerada mulher atraente, já que tinha 65 anos; mas, como viveu 127 anos, naquela altura seria como uma mulher de hoje aos 40.

[Mapa: Viagens de Abraão — Ásia Menor, Mar Mediterrâneo, Babilônia, Deserto da Arábia, Egito, Golfo Pérsico, com cidades como Carquemis, Harã, Nínive, Cala, Alepo, Assur, Nuzu, Biblos, Sidom, Gatna, Mari, Damasco, Azor, Siquém, Lagashe, Susã, Zoã, Berseba, Ereque, Larsa, Ur, Mênfis, Om, Península do Sinai, Rio Nilo, Mar Vermelho, Rio Eufrates, Rio Tigre, Chipre]

Abraão não edificou nenhum altar no Egito. Saiu humilhado, reconhecendo que Deus é santo. Até a escrava egípcia Hagar e o aumento de gado obtido no Egito lhe causaram problemas mais tarde. Aprendeu o quanto é perigoso afastar-se de Deus. À semelhança do acontecido no episódio de Gênesis 20, Deus demonstrou sua fidelidade: trouxe juízo sobre os que ameaçavam o plano divino de que Sarai fosse a antecessora de Israel.

3. Contenda sobre pastagens: terceira prova. Capítulo 13. Ló, sobrinho de Abraão, acompanhava-o desde sua partida de Ur. Como seu tio, Ló havia adquirido muito gado e muitos servos. Surgiu uma contenda entre os pastores dos dois senhores, porque se tornava difícil encontrar água e pastos suficientes para os rebanhos de ambos. Pareceu melhor a Abraão separar-se antes que brigar. Apresentou seu argumento: "porque irmãos somos". Por direito de antiguidade, Abraão poderia ter escolhido sua parte da terra; não obstante, permitiu que seu sobrinho escolhesse, demonstrando assim a generosidade do homem que vivia pela fé. Ló escolheu egoisticamente, guiando-se pelas aparências, e teve de sofrer as consequências mais tarde. É exemplo do homem carnal que busca em primeiro lugar as coisas do mundo e no fim perde tudo. Por outro lado,

Deus recompensou Abraão: disse-lhe que olhasse em seu derredor, pois toda a terra ao alcance de sua vista seria sua, inclusive a parte de seu sobrinho Ló. Também devia percorrer a terra de Canaã no seu comprimento e na sua largura. "Significa que Abraão podia sentir-se tão livre na terra como se tivesse em suas mãos as escrituras legais."[26] Certamente ele deve ter-se alegrado pela fé no que Deus lhe havia dado. Além do mais, Deus prometeu que seus descendentes seriam inumeráveis. Quanto melhor foi para Abraão haver ocupado o segundo lugar, deixando seu futuro nas mãos de Deus!

4. Abraão liberta Ló. Capítulo 14. Uma vez que Ló escolheu a melhor terra de pastagem antes que a vontade de Deus, de imediato se encontrou em Sodoma. Essa cidade foi atacada mais tarde por forças inimigas e Ló sofreu o castigo de sua insensatez.

Os detalhes históricos do capítulo 14 concordam exatamente com o que a arqueologia tem descoberto acerca daquela região nessa época. A área de Canaã estava bem povoada e havia cidades-Estado governadas por xeques (senhores locais). De forma geral, eram vassalos de outros reis, os quais, por sua vez, eram vassalos de reis mais fortes. Elão, país ao oriente da Suméria, tinha domínio sobre a Babilônia e os demais países da região. As cidades ao sul do mar Morto eram seus vassalos. Os invasores tomaram o caminho real, descendo pelo leste do Jordão até o deserto e depois subindo rumo ao mar Morto. O vale de Sidim (14.3,10), ao sul do mar Morto, tinha poços de betume (14.10); agora estão cobertos pelas águas, mas o mar Morto, nessa área, ainda lança betume em quantidade.

Ao ser avisado do desastre militar que haviam sofrido as cidades do vale, Abraão armou seus 318 servos, conseguiu a ajuda de seus aliados amorreus e perseguiu os invasores. Recuperou os cativos e o despojo, mediante um ataque de surpresa à noite. Por um lado, a excessiva confiança que os vencedores tinham em si mesmos, nascida de seus fáceis triunfos anteriores, e, por outro, a resolução inesperada de Abraão e seus aliados influíram na vitória sobre o formidável exército. Não obstante, o elemento mais importante foi a intervenção de Deus (14.20).

---

[26] MEYER, F. B. **Abraham o la obediencia de la fé**. s.d. p. 64.

Nota-se que Abraão, o homem separado do mundo, não era indiferente aos sofrimentos dos que se encontravam ao seu derredor. Estava disposto a proteger seu indigno sobrinho e os de Sodoma. Isso demonstra que os que mantêm uma vida separada da pecaminosidade são os que atuam com mais prontidão e êxito em favor de outros no momento de crise.

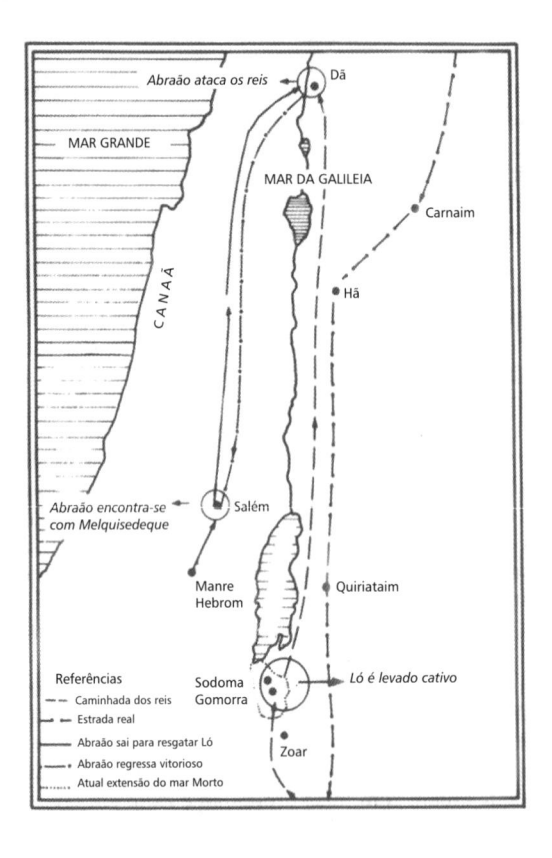

[Mapa: Abraão ataca os reis — Dã; Mar Grande; Mar da Galileia; Carnaim; Canaã; Hã; Abraão encontra-se com Melquisedeque — Salém; Manre Hebrom; Quiriataim; Sodoma Gomorra; Ló é levado cativo; Zoar. Referências: Caminhada dos reis; Estrada real; Abraão sai para resgatar Ló; Abraão regressa vitorioso; Atual extensão do mar Morto.]

O relato também salienta o prestígio e o poder de Abraão. O fato de que pudesse reunir uma força de 318 servos adestrados para travar batalha contra o inimigo indica que contava com amplos recursos (14.14). A frase de 12.5b: "toda a sua fazenda, que haviam adquirido, e as almas que lhe acresceram em Harã" mostra a abundância de suas riquezas. O servo de Abraão podia tomar dos camelos do patriarca uma caravana de dez para viajar à Mesopotâmia (24.10). O preço de um camelo ultrapassava as possibilidades de uma pessoa comum daquele tempo. Ademais, ia aumentando a quantidade de seus servos mediante compra, presentes e nascimentos (16.1; 17.23,27; 20.14). Vários senhores de Canaã reconheceram Abraão como príncipe e fizeram com ele alianças e tratados (14.13; 21.32; 23.6).[27] Como Deus o fazia prosperar!

Durante a viagem de regresso à sua terra, Abraão foi abençoado e fortalecido para fazer frente à tentação apresentada pelo rei de Sodoma (ver Gênesis 14.21-24). Pouco se sabe a respeito de Melquisedeque, que acolheu Abraão com alimentos. Embora pareça que fosse cananeu, servia ao Deus verdadeiro, *El Elyon* (Deus Altíssimo). Trata-se de uma das figuras proféticas mais extraordinárias de Cristo, por seu nome e posição como rei-sacerdote (Hebreus 7.1-3). Seu nome significa "rei de justiça" e era rei de Salém[28] (paz), isto é, também era "rei de paz". Considerando que a Bíblia não menciona sua genealogia, seu sacerdócio era singular em sua ordem. Não dependia de genealogia, mas de sua nomeação direta por Deus (Salmos 110.4; Hebreus 7.1-3,11,15-18) e simboliza um sacerdócio perpétuo. Assim, Melquisedeque prefigurava o Rei-sacerdote eterno. "E [Abraão] deu-lhe o dízimo de tudo" (14.20b). Conquanto seja esta a primeira vez que se encontra a ideia de dízimo na Bíblia, o relato já esboça os grandes princípios da doutrina:

a) Como sinal de adoração e submissão em reconhecimento a Deus, o Criador e dono de tudo. Os súditos trazem tributos e presentes a seu rei.

b) Também como sinal de gratidão, pois Deus havia entregado os inimigos de Abraão em suas mãos (14.20).

c) Finalmente, como sinal do fiel que serve ao Deus do céu de que ele reconhece e sustenta a seu representante na terra.

Fortalecido por seu encontro com Melquisedeque, Abraão negou-se a aceitar como despojo de guerra os bens de Sodoma que havia recuperado e, desse modo, deu bom testemunho ao rei de Sodoma. Segundo o costume daquele tempo, o libertador guardava para si o despojo quando resgatava a outros do inimigo; mas Abraão não quis

---

[27] SCHULTZ, Samuel. **Ley e historia del Antiguo Testamento**. 1971. p. 19.
[28] Salém é o nome abreviado de Jerusalém (ver Salmos 76.2).

que ninguém, exceto Deus, pudesse dizer que o havia enriquecido. Demonstrou que ele não dependia de um rei humano, mas do Rei do céu a quem havia "levantado a mão".

5. Deus faz aliança com Abraão. Capítulo 15. Por que o Senhor disse a Abraão: "Não temas"? Parece que Abraão se encontrava em um estado depressivo depois de chegar ao clímax de um testemunho intrépido. Voltariam os quatro reis para vingar-se dele? Havia sido néscio não aceitando o despojo de Sodoma, que bem lhe pertencia? Deus lhe deu confiança dizendo que ele próprio, Deus, seria seu defensor e o recompensaria grandemente. Mas Abraão se entristecia por não ter filho. Eliézer seria seu herdeiro? Naquele tempo, se um homem não tinha filhos, a herança podia recair sobre um servo fiel.[29] Entretanto, Deus lhe prometeu que ele teria um filho e que seus descendentes seriam inumeráveis como as estrelas do céu. Abraão reconheceu que a promessa era humanamente irrealizável, mas, "creu ele no Senhor, e foi-lhe imputado isto por justiça" (15.6). Esse é um dos versículos mais significativos da Bíblia. Diante da fé que Abraão tinha, Deus o aceitou como se fosse um homem justo. É a primeira indicação clara da doutrina da justificação pela fé. A frase "creu ele no Senhor" significa literalmente, em hebraico, "apoiou-se no Senhor". Era mais do que aceitar intelectualmente a promessa; refere-se a confiar incondicionalmente na pessoa de Deus e em sua promessa. Abraão colocou a si mesmo e seu futuro nas mãos de Deus. Esse é o tipo de fé que salva. Gálatas 3.6-8 ensina que Deus nos aceita em virtude de nossa fé, sem considerar as obras, como no caso de Abraão.

A seguir, Deus lhe prometeu uma terra que se estenderia desde o Nilo até o Eufrates. Israel nunca ocupou toda a terra que Deus lhe prometeu, e parece que a promessa se cumprirá plenamente no período do milênio. Não obstante, os hebreus ocuparam Canaã no tempo de Josué, e sua nação chegou ao apogeu quanto à extensão territorial na época de Davi.

---

[29] Tábuas encontradas em Nuzu, que datam aproximadamente de 1500 a.C., contêm leis que permitiam a um homem que não tinha filhos adotar um servo como filho. O servo teria plenos direitos de filho, incluindo o de receber a herança em troca do cuidado constante e da sepultura apropriada para seu amo na hora da morte.

Canaã está na encruzilhada entre três continentes: Europa, Ásia e África. Deus poderia ter colocado seu povo em um lugar mais protegido, porém escolheu uma terra estratégica onde os israelitas pudessem exercer maior influência no mundo.

Deus confirmou sua promessa fazendo uma aliança solene com Abraão segundo o costume da época (Jeremias 34.17-20). As partes contratantes se punham cada uma à extremidade do animal dividido e passavam por entre as metades. Assim expressavam que "se não cumprir minha parte do pacto, posso ser cortado em pedaços como esse sacrifício". Nesse caso, porém, somente o Senhor passou, em forma de um forno fumegante e uma tocha de fogo, pois sua aliança era unilateral, uma iniciativa divina, e somente ele poderia cumpri-la. O que cabia a Abraão era simplesmente aceitar a aliança e continuar crendo em Deus.

O cumprimento da aliança não começaria até que os descendentes de Abraão tivessem vivido 400 anos em terra alheia, onde seriam oprimidos e escravizados.[30] Seus opressores, porém, seriam julgados, e os hebreus sairiam com grande riqueza. Assim Deus preparou seu povo para suportar os padecimentos antes de apossar-se de Canaã. "[P]or muitas tribulações nos importa entrar no Reino de Deus" (Atos 14.22). O Novo Testamento também anima os cristãos com a esperança de que Deus julgará os maus para livrar os seus a tempo (ver 2Tessalonicenses 2.5-10; Apocalipse 13.5-10; 19.11-21). "Na vossa paciência, possuí a vossa alma" (Lucas 21.19).

Isto lança luz sobre o princípio divino de juízo dos ímpios. Deus demora pacientemente até que a corrupção humana amadureça. Os amorreus não seriam destruídos ainda, pois sua maldade não havia atingido o máximo (15.16). Teriam um prazo de mais de 600 anos para arrepender-se (ver 2Pedro 3.9).

---

[30] O temor de uma grande escuridão (15.12) que caiu sobre Abraão talvez se relacione com o aspecto sombrio da profecia atinente aos padecimentos de Israel no Egito. Possivelmente Deus se manifestasse como fogo para representar sua santidade e juízo cabal ("[O] Senhor [...] é um fogo que consome", Deuteronômio 4.24). As aves de rapina ou abutres também parecem relacionar-se com o juízo: "Pois onde estiver o cadáver, aí se ajuntarão as águias" (Mateus 24.28).

PERGUNTAS
Abraão. Capítulos 12–15

A. Sobre a Bíblia

1. a) Note a primeira e a última promessa de Gênesis 12.2,3. Qual é a relação entre essas promessas e a de 12.7?
   b) Quantos anos tinha Abraão ao sair de Harã? Que significado você vê em sua idade?
2. a) Qual foi a primeira prova pela qual Deus fez Abraão passar?
   b) Essa prova tem alguma semelhança com o apelo de Cristo à conversão? Mencione os aspectos comuns.
   c) Em sua opinião, que traço predominante de Abraão se vê no capítulo 12?
   d) Qual foi sua fraqueza?
   e) Que lição Abraão aprendeu no Egito? (Ou, em verdade, não aprendeu muito? Ver Capítulo 20.)
   f) Que lição podemos tirar do episódio no Egito que nos ajude na vida cristã?
   g) Que significado espiritual você encontra em 13.3,4? (Ver Apocalipse 2.5.)
3. a) Qual o motivo pelo qual Abraão estava disposto a ceder a oportunidade de escolha a seu sobrinho?
   b) Qual é a confiança que a pessoa deve ter para dispor-se a perder o que é material a fim de ganhar o espiritual?
   c) Como Deus recompensou a Abraão? (Ver Mateus 16.25.)
4. a) Que lição espiritual nos ensina a atitude de Abraão diante da captura de Ló e dos sodomitas? (Observe a atitude anterior de Abraão para com os pecadores.)
   b) Quais as duas observações que Melquisedeque faz com relação a Deus?
   c) Como essas observações prepararam Abraão para que ele pudesse enfrentar a tentação do rei de Sodoma?
   d) Descreve-se pela primeira vez em Gênesis 14 um ato de culto a Deus que tem grande significado. Qual é esse ato?
5. a) Qual era o maior desejo de Abraão, expresso no capítulo 15?
   b) Por que parecia impossível que Abraão tivesse um filho?

c) Que grande verdade do evangelho encontra-se no capítulo 15? (Ver Romanos 4 e Gálatas 3.6-8.)
d) Que revelação Deus concedeu a Abraão acerca do futuro de Israel?
e) Por que demoraria 400 anos a entrega da terra de Canaã aos descendentes de Abraão? Que verdade isso nos ensina quanto ao juízo de Deus?

B. Sobre o livro de texto

1 a) Qual é a importância transcendental do chamado de Abraão?
   b) Em que sentido muda aqui o método divino?
   c) Mencione três aspectos da importância de Abraão.
   d) Por que Abraão tinha de confiar implicitamente em Deus?
   e) Como Deus cultivou a fé que Abraão tinha?
2 a) Quais são as três grandes promessas feitas a Abraão e seus descendentes?
   b) Mencione o costume religioso de Abraão que sua fé nutria.
3 Como foi que o estratagema de Abraão pôs em perigo a redenção? Explique.
4 Que luz o capítulo 13 lança sobra o caráter de Ló?
5 a) O que influiu para que Abraão vencesse o poderoso exército inimigo que havia capturado Ló?
   b) Quem era Melquisedeque?
   c) O que significou o fato de Abraão dar o dízimo a Melquisedeque?
   d) Mencione alguns princípios permanentes acerca de dar o dízimo que se encontram aqui.
6 a) Qual foi a promessa do pacto que Deus fez com Abraão?
   b) Por que Deus escolheu a terra de Canaã e não outro lugar?
   c) Explique o ato de Deus em 15.17.

C. Projetos

1 Faça duas listas colocando em uma coluna as ordens de Deus a Abraão e na outra as promessas (12.1-3; 13.14-17; 15.1,4,5,7). Qual das duas é mais longa? Tire uma conclusão ou observação sobre esse fato.
2 Escreva um pequeno ensaio sobre o Deus de Abraão, baseando-se nos capítulos 12—15.

6. Hagar e Ismael. Capítulo 16. Uma das provas mais difíceis que Abraão e Sara tiveram de suportar foi a longa demora antes de receberem um filho. Por que tardou tanto tempo em cumprir-se a promessa? Deus queria que eles soubessem que o cumprimento da promessa não seria o resultado de esforços humanos, mas da pura graça, um milagre. Ao passar dez anos em Canaã sem ter filhos, Sara procurou ajudar Deus a cumprir a promessa. Segundo a lei mesopotâmica daquela época, uma esposa estéril podia dar a seu marido uma serva como mulher e reconhecer como seus os filhos nascidos dessa união. Abraão, em um momento de incredulidade, cedeu ao plano de Sara, porém as consequências foram tristes. Havia inveja e conflitos no lar. Hagar reagiu ante o tratamento duro de Sara conforme seu nome, pois a palavra Hagar significa "foge" (errante).

O trato de Deus para com Hagar contrasta com o que ela recebia de Sara e de Abraão. Haviam-na considerado tão só um objeto para levar a cabo o propósito deles, uma simples serva e nada mais. Deus, pelo contrário, considerava-a uma pessoa digna de sua atenção. Viu sua angústia e enviou o Anjo do Senhor para consolá-la e salvá-la de sua rebeldia e insensatez. Hagar queria evitar a disciplina e fugir do jugo, mas Deus lhe disse: "Torna-te para tua senhora e humilha-te debaixo de suas mãos" (16.9). Muitas vezes é assim com referência a nós: "venceremos, submetendo-nos. Escaparemos, voltando".[31] Quão necessária é essa lição para muitas pessoas!

A promessa de um filho e uma descendência numerosa deve ter sido motivo de grande júbilo. Hagar havia orado ao Senhor, e o nome de seu filho, Ismael (Deus ouve), lhe faria recordar que Deus a ouvira. Foi ocasião de formular um novo título para Deus: *El Roi*, "Deus da vista" (16.13). Significa que Deus vê a aflição de suas criaturas e atua com o intuito de ajudá-las.

A descrição de Ismael como "homem bravo" (literalmente jumento selvagem) é uma comparação muito apropriada para caracterizar Ismael e seus descendentes, os árabes (ver Jó 39.5-8). Através dos séculos, eles têm sido nômades do deserto, amantes da liberdade,

---

[31] Meyer, F. B. **Abrahan o la obediencia de la fe.** s.d. p. 102.

evitando toda sujeição, dispostos a pelejar contra quem quer que seja e prontos para lançar-se sobre os viajantes incautos.

Pela primeira vez menciona-se o Anjo do Senhor. É este meramente um anjo? Identifica-se com o "Senhor" (16.13), recebe culto como um ser divino e é o próprio Deus em forma visível que se manifesta aos homens (ver Gênesis 32.30; Êxodo 3.2; 14.19; 32.30 e Josué 5.13-15). Alguns creem que era a aparição da segunda pessoa da Trindade.

7. Selada a aliança com a circuncisão. Capítulos 17.1-18.15. Abraão tinha 75 anos quando saiu de Harã e agora estava com 99. Havia andado treze anos pela fé desde a última revelação divina. A perspectiva de ter um filho por meio de Sara parecia muito remota, e Gênesis 17.18 indica que Abraão já pensava em Ismael como substituto do filho prometido.

Deus apareceu a Abraão para fortalecer sua fé declinante, para dar-lhe uma suave repreensão e renovar o pacto. Revelou-se como *El 'Shaddai*. *El* significa "Deus" e ressalta seu poder; o significado exato de *Shaddai* é incerto; sabe-se, porém, que se refere à sua onipotência e suficiência. Assim, Deus animou Abraão mostrando-se como "o Deus Todo-poderoso", capaz de fazer tudo o que havia prometido. "Anda em minha presença e sê perfeito" (imaculado, desenvolvido em todos os aspectos) era a condição para que o pacto fosse cumprido. Abraão devia deixar de "racionalizar" as promessas e levar uma vida digna de sua elevada vocação.

Deus deu a Abraão dois sinais para confirmar a aliança: a mudança de nome e a circuncisão. Ele já não se chamaria Abrão (pai enaltecido), mas Abraão (pai de uma multidão). Aparentemente, a mudança de Sarai para Sara era simplesmente mudar de uma forma para outra palavras que têm o mesmo significado. Não obstante, a mudança elevou-a a uma posição de alta dignidade no pacto. Uma mudança de nomes é sinal do favor divino, mas como escarneceriam os cananeus das pretensões inerentes aos novos nomes desse velho casal! Deus denomina o que ainda não é como se já o fosse.

Embora a circuncisão fosse praticada por outros povos, aqui é dada como sinal da aliança entre o Senhor e seu povo. Também tinha grande significado simbólico. Os profetas falaram da circuncisão do coração e dos ouvidos, referindo-se à obediência à lei divina. Representava purificação e renovação do coração (Deuteronômio 10.16; 30.6; Jeremias 4.4; Romanos 2.29; Colossenses 2.11). De nada servia se não fosse acompanhada de fé e obediência. Assim como a circuncisão era o sinal no antigo pacto de ser membro do povo de Deus, o batismo é o sinal externo do novo pacto.

Ao ouvir a promessa de que Sara daria à luz um filho, Abraão riu, pondo em dúvida a capacidade geradora de si mesmo e de sua esposa, e exclamou: "Tomara que viva Ismael diante de teu rosto!" (17.18). Como ele se parece com muitos cristãos que desejam substituir o plano de Deus por seus planos e pelas obras da carne! Mas Deus é demasiado sábio e bondoso para conceder as petições erradas de seus filhos. Por fim, o patriarca creu firmemente e circuncidou todos os varões de sua casa.

O riso de Abraão seria seguido pelo riso de Sara (18.12). Portanto, Deus deu ao filho prometido o nome de Isaque, que significa "riso". Quando Isaque nasceu, o riso incrédulo de Sara converteu-se em riso de alegria: "Deus me tem feito riso" (21.6). Foi necessário que Deus repreendesse Sara a fim de que ela cresse. O cumprimento da promessa dependia da fé de ambos. "Haveria coisa alguma difícil ao Senhor?" (18.4). Como o nascimento de Isaque foi um caso sobrenatural, assim se deu com o de Jesus. Deus teve de operar um milagre. O Senhor teve muita paciência com o velho casal, pois eles lutavam contra fortes dúvidas pela longa demora do advento do filho.

Ao formoso relato de como o patriarca e sua esposa hospedaram o Senhor e os dois anjos sem sabê-lo, o Novo Testamento se refere como um exemplo da bênção que resulta de oferecer hospitalidade (Hebreus 13.2).

8. Destruição de Sodoma e livramento de Ló. Capítulos 18.16 —19.38. O pecado dos sodomitas havia chegado ao máximo e Deus estava prestes a castigá-los. O Senhor revelou a Abraão que havia resolvido destruir Sodoma e Gomorra.

Por que Deus comunicou seu plano a Abraão? Foi por Abraão haver-se feito amigo de Deus e por manter comunhão com ele que Deus lhe deu uma antecipação de seu propósito. Os amigos compartilham os segredos entre si (João 15.15) e "O segredo do Senhor é para os que o temem" (Salmos 25.14). Também era necessário que Abraão compreendesse que a destruição das cidades não era um acidente natural, mas o juízo divino sobre a repugnante imundícia dos pecadores que nelas habitavam, para poder inculcar em seus descendentes o temor de Deus (18.19), pois "o salário do pecado é a morte" (Romanos 6.23).

A intercessão de Abraão põe em relevo que o amigo de Deus era também amigo dos homens. Indiscutivelmente lhe daria asco a impureza dos habitantes dessas cidades ao sul do mar Morto e se sentiria como um estranho entre eles; não obstante, a comunhão com Deus havia despertado nele um profundo amor ao próximo.

Em sua intercessão, Abraão apresentou o problema de todas as épocas: como podia o justo Juiz castigar os bons juntamente com os maus? Uma nota na Bíblia de Jerusalém observa: "Sendo forte, no antigo Israel, o sentimento da responsabilidade coletiva, não cabe aqui a pergunta se os justos poderiam ser individualmente poupados". Visto que todos haveriam de sofrer a mesma sorte, Abraão perguntou se acaso a presença dos justos não afastaria o juízo dos culpados. Deus respondeu afirmativamente, porém não havia sequer dez justos em Sodoma.

A intercessão de Abraão pode servir-nos de modelo. O patriarca combinou nessa intercessão a intrepidez com reverência: considerou o caráter de Deus e sua justiça e persistiu intercedendo até obter a certeza de que Deus perdoaria a cidade se houvesse nela dez justos. Depois, deixou os resultados nas mãos de Deus. Embora Deus não tenha salvado Sodoma, respondeu libertando Ló e sua família.

O "justo Ló" foi afligido pela má conduta dos sodomitas (2Pedro 2.7,8). Não obstante, podia-se encontrá-lo sentado à porta da cidade, isto é, imiscuía-se nos negócios e ouvia as palavras obscenas do povo. Também permitiu que suas filhas desposassem homens de Sodoma. Assim, foi cedendo mais e mais. Não pôde convencer seus futuros genros de que Deus julgaria o pecado. Demorou e vacilou. Sentia-se tão apegado aos benefícios materiais que nem mesmo a ameaça do enxofre e do fogo o restaurou. Abraão, pelo contrário, havia aprendido a desfrutar das coisas materiais, mas sem esquecer-se da esperança espiritual.

Por que a esposa de Ló olhou para trás? Porque seu tesouro estava em Sodoma; ali também estava seu coração. Parece que se atrasou na planície de Sodoma e foi alcançada pela chuva destruidora. Provavelmente, formou-se sobre seu corpo uma crosta de sal e ficou ali convertida em estátua como advertência às pessoas cujo coração está no mundo (Lucas 17.31,32). A destruição de Sodoma é também uma advertência de que Deus não suporta indefinidamente a maldade.

Em ambos os lados do mar Morto, existem ainda jazidas de petróleo que se derrete e arde. Na mesma área, foi encontrada também uma camada de sal misturada com enxofre. Conjectura-se que Deus acendeu os gases para produzir uma explosão enorme e que, assim, sal e enxofre ardentes foram atirados sobre as cidades, de modo que literalmente choveu "enxofre e fogo, do Senhor desde os céus [...]" (Gênesis 19.24). Ainda há colunas de sal nas cercanias do extremo sul do mar Morto, as quais recebem o nome de "esposa de Ló". Atualmente, o local das cidades julgadas está coberto pelas águas do mar Morto.

Pobre Ló! Perdeu a esposa e o lar, suas filhas se corromperam e, mediante um truque por elas planejado, Ló veio a ser o antepassado incestuoso dos grandes inimigos de Israel: os moabitas e os amonitas. Esses povos se notabilizaram por suas ambições idólatras e constituíram um perigo de contágio para Israel através dos séculos (Números 25.1-3; 1Reis 11.7,33; Levítico 18.21; 2Reis 3.27). Ló é uma amostra do homem carnal que procura ganhar o mundo e ao mesmo tempo reter o espiritual. Perdeu tudo, salvo sua própria alma.

PERGUNTAS
Abraão. Capítulos 16–20

A. Sobre a Bíblia

1. a) Por que Sara pensou que Deus não lhe daria um filho próprio? (Ver 16.3.)
   b) Quantos anos tinha Abraão a essa altura?
   c) Quais foram as consequências do plano de Sara para ter um filho?
   d) Como se revela no episódio de Hagar o caráter de Deus? Aponte dois ou três traços divinos manifestados em seu trato com Hagar.

2. a) Em sua opinião, por que Deus se revelou a Abraão como "o Deus Todo-Poderoso" (17.1)? (Compare 16.16 com 17.1.)
   b) No capítulo 15, Deus não estipulou nenhuma condição para que se cumprisse seu pacto com Abraão. Qual é a condição que Deus estabelece agora?
   c) Como Deus selou a aliança com Abraão?
   d) Dê o significado dos nomes: Ismael, Abrão, Abraão, Sara e Isaque.
3. a) Como reagiu Abraão ao anúncio de que Sara seria mãe de nações?
   b) Por que Deus deu o nome de *Isaque* ao filho que nasceria? (Ver 17.17 e 18.12.)
4. a) Quem eram os três varões que visitaram Abraão? (Ver 18.1, 16,33; 19.1.)
   b) Por que Deus revelou a Abraão seu plano referente a Sodoma e Gomorra?
   c) Por essa intimidade, outros escritores inspirados tiraram uma conclusão acerca de Abraão. Como o chamavam? (Ver João 15.15.)
5. a) Quais são os traços do caráter de Abraão que vemos em 18.16-32?
   b) Para qual atributo de Deus apelou Abraão?
   c) Em que resultou a intercessão de Abraão?
6. a) Que lição prática você deriva do capítulo 20 quanto à natureza humana, mesmo de cristãos, e à maneira pela qual Deus opera diante da fraqueza dos seus?
   b) Que se diz acerca da cura divina? Faça no mínimo duas observações.

B. Sobre o livro de texto

1. a) Por que motivo Deus tardou tanto em dar a Abraão um filho?
   b) Que luz a arqueologia lança sobre o plano de Sara?
2. a) Em que sentido os descendentes de Ismael cumpriram a descrição de "homem bravo"?
   b) Quem era o Anjo do Senhor?

3 a) Por que Deus mudou o nome de Abraão?
   b) A circuncisão era sinal de quê?
   c) Qual era o significado espiritual da circuncisão?
4 Por que era necessário erguer a fé de Sara, repreendendo-a? Que parte desempenhava Sara no cumprimento da promessa?
5 a) Que efeito produziu em sua família a decisão de Ló de residir em Sodoma?
   b) Quais foram as tristes consequências na história de Israel resultantes do mundanismo de Ló? Faça uma aplicação prática.
6 Note o ardil de Abraão no capítulo 20.
   a) Abraão realmente mentiu a Abimeleque (20.12)? Se não, como você descreve o que Abraão fez? É um pecado tão grave como mentir?
   b) Quais foram as consequências do ardil de Abraão?
   c) Por que Deus chamou Abraão de "profeta"?

C. Projeto

Escreva um ensaio sobre Ló e os resultados de seu egoísmo. Assinale seus grandes privilégios, sua atitude diante da tentação, os passos descendentes, sua insensatez em não prestar atenção às lições da vida, sua ruína e as consequências em relação aos demais. Também é interessante notar o que diz o Novo Testamento com referência a Ló.

9. Abraão e Abimeleque. Capítulo 20. Abraão, movido pelo temor, recorreu ao engano como havia feito no Egito. Pôs assim em perigo o cumprimento do plano da redenção. Alguns creem que esse relato não se acha na ordem cronológica correta, pois a essa altura Sara teria 90 anos. É possível que haja ocorrido nos primeiros anos em que o casal se encontrava em Canaã. Deus chama Abraão de "profeta" (20.7) não no sentido de ser como os outros profetas do Antigo Testamento, mas porque tinha relações privilegiadas com Deus e era um poderoso intercessor. Neste capítulo, encontra-se a primeira referência à cura divina como resposta à oração (20.17).

10. Nascimento de Isaque; expulsão de Ismael. Capítulo 21. O Senhor recompensou grandemente a fé que Abraão demonstrou durante os vinte e cinco anos de sua peregrinação a Canaã. Também interveio milagrosamente para dar-lhe um filho. O nome Isaque, dado ao recém-nascido, que parecia uma censura ao riso incrédulo do velho casal, agora tem novo significado: era o riso de alegria por terem um filho.

A presença de Isaque no lar trouxe outra prova para o patriarca. Ismael, que teria aproximadamente 16 anos, demonstrou seu caráter zombando de Isaque. Parece que foi motivado por incredulidade e inveja. Sara percebeu que a natureza do rapaz não concordava com o espírito de fé prevalecente na família. As duas linhagens tinham de ser rigorosamente separadas. Sara pediu ao marido que expulsasse Ismael. Era penoso para Abraão fazê-lo, mas Deus o consolava dizendo-lhe que por meio de Isaque viria sua descendência. Além do mais, por amor a Abraão, Deus cuidaria do jovem, e sua descendência formaria uma grande nação.

Hagar e Ismael aprenderam que, embora expulsos das tendas e sem a proteção de Abraão, não estavam por isso alijados da solicitude de Deus. Ele estava com Ismael e cuidou dele em sua juventude, possibilitando assim o cumprimento da promessa que ele mesmo fizera de que, por meio de Ismael, faria uma grande nação. Não obstante, ao casar-se com uma egípcia e habitar em Parã, Ismael afastou-se da família de Abraão.

O apóstolo Paulo aponta o incidente da expulsão da serva e de seu filho como um exemplo alegórico da inimizade entre o que corresponde ao esforço e ao que vem da graça ou da promessa. Hagar representa o sistema pelo qual os homens procuram salvar-se, pelas obras da lei, e Sara representa a doutrina da graça. São incompatíveis entre si. Assim como era necessário que a escrava e seu filho fossem expulsos para dar lugar ao filho da mulher livre, é necessário abandonar o sistema das obras para herdar a graça (Gálatas 4.21-31).

O incidente pelo qual os filisteus fizeram aliança com Abraão demonstra claramente que este, com a bênção de Deus, se tornara uma personagem de grande importância e influência aos olhos dos senhores pagãos. Estes reconheceram que Deus estava com ele em tudo quanto fazia (21.22). Desejavam sua benevolência e ser seus aliados. O relato salienta também a importância dos poços naquela região, onde a quantidade de chuva chega a ser de 100 milímetros durante o mês de janeiro e diminui até chegar a nada nos quatro meses do verão. A posse dos poços seria no futuro motivo de rixas entre os filisteus e Isaque (Gênesis 26.17-33).

11. O sacrifício de Isaque. Capítulo 22. O pedido do Senhor de que Abraão oferecesse Isaque como sacrifício foi a prova suprema da fé do patriarca. Horton observa que isso lhe era difícil porque:

a) A alma de Abraão se desfazia ante o conflito de seu amor paternal e a obediência a Deus.

b) Parecia-lhe estranho, porque Abraão já sabia que não agradava a Deus o conceito pagão de ganhar o favor dos deuses sacrificando seres humanos.

c) Deus não lhe deu razão alguma que apoiasse seu pedido, como havia feito quando animou Abraão a expulsar Ismael.

d) O pedido era contrário à promessa de que somente por Isaque se formaria a nação escolhida.[32]

Diz MacLaren: "Parece que Deus estava contra Deus, fé contra fé e promessa contra ordem".[33]

O propósito da prova era aumentar a fé que Abraão tinha, dar-lhe a oportunidade de alcançar uma vitória maior e receber uma revelação mais profunda ainda de Deus e de seu plano. Deus não tentou a Abraão como algumas versões da Bíblia traduzem Gênesis 22.1. A tentação é do Diabo e tem o propósito de conduzir o homem ao pecado (Tiago 1.12-15). Ao contrário, Deus *prova* o homem para dar-lhe a oportunidade de demonstrar sua obediência e crescer espiritualmente. Antes de expor Abraão à prova final, Deus o havia submetido a uma longa preparação.

Embora Abraão não tenha entendido o motivo da ordem de Deus, obedeceu imediatamente. Parece que, enquanto caminhava para o monte Moriá, meditava sobre o conflito entre a ordem de sacrificar Isaque e as promessas de perpetuar a aliança por meio dele. Teria pensado que a solução era crer que, mesmo quando atravessasse com o cutelo o coração de Isaque e acendesse o fogo para que o corpo de

---

[32] HORTON, Stanley. **El maestro**. 1º trimestre, 1966. p. 58-59.
[33] MACLAREN, Alexander. **Expositions of Holy Scripture**. v. 1. s.d. p. 63.

seu filho fosse reduzido a cinzas, Deus ressuscitaria Isaque do montão de cinzas. Por isso, ao deixar seus criados, disse-lhes que *tornariam* a eles (22.5; Hebreus 11.19). Crer no poder divino para ressuscitar os mortos foi o auge de sua fé. Tal tipo de fé é indispensável ao cristão para alcançar a salvação (Romanos 10.9,10).

O que aconteceu depois mostra-nos que Deus não quer que lhe ofereçamos um corpo morto, mas um sacrifício vivo, uma vida consagrada a ele (Romanos 12.1). "[N]ão estendas a tua mão sobre o moço [...] porquanto agora sei que temes a Deus e não me negaste o teu filho, o teu único" (Gênesis 22.12). Tudo o que Deus queria era a rendição de Abraão, um sacrifício em espírito. Queria que Abraão mostrasse que amava mais a Deus que a seu próprio filho e as promessas feitas. Será que Deus exige de nós algo que ele próprio não esteja disposto a dar? Ele nos amou de tal maneira que "nem mesmo a seu próprio Filho poupou, antes, o entregou por todos nós" (Romanos 8.32). Abraão teve sua fé grandemente recompensada. Recebeu a seu filho simbolicamente dentre os mortos e dali em diante esse filho lhe foi mais precioso do que nunca. Da mesma forma, o que entregamos a Deus ele nos devolve muito mais enriquecido e elevado do que antes.

Abraão teve também uma revelação mais ampla de Deus e de seu plano. Chamou àquele lugar *Javé-Jiré*, que significa "o Senhor proverá". O novo título de Deus chegaria à sua expressão plena quando outro Filho, também prometido, sofreria a morte nas proximidades do monte Moriá.[34] Talvez Jesus se referisse a essa revelação ao dizer: "Abraão [...] exultou por ver o meu dia, e viu-o, e alegrou-se" (João 8.56). Provavelmente Abraão vislumbrou que Deus proveria um substituto, mas é evidente que não tinha a visão clara da pessoa de Jesus Cristo.

12. Morte e sepultura de Sara. Capítulo 23. Sara é a única mulher da Bíblia de quem se menciona a idade que tinha ao morrer. Por que se dedica tanto espaço a seu falecimento e sepultura? Ela tinha a mesma fé que Abraão e é a mãe dos crentes (1Pedro 3.6), por isso merece lugar de importância nas Escrituras.

---

[34] A Bíblia menciona o monte Moriá uma vez mais em 2Crônicas 3.1. Era o local onde Deus deteve a peste sobre Israel. Davi comprou-o e foi o lugar em que se edificou o templo de Salomão.

O principal significado deste capítulo reside no fato de que, ao comprar a sepultura para Sara, Abraão demonstrou que acreditava que seus descendentes herdariam Canaã. Não enviaria o corpo ao sepulcro familiar na Mesopotâmia, pois nesse caso seu túmulo não estaria na residência permanente dos descendentes.

A primeira propriedade que os patriarcas adquiriram em Canaã foi um cemitério. Ali foram sepultados Abraão, Isaque, Rebeca e Lia. Jacó, estando no Egito, expressou o desejo de ser sepultado em Hebrom (49.29-32); seu desejo foi acatado e seus filhos realizaram uma peregrinação especial àquele lugar. Foi por isso que Macpela veio a ser o centro da terra prometida, o símbolo da posse da terra pelo povo escolhido.

Todos os pormenores do negócio da compra do lote de Macpela correspondem exatamente às leis já conhecidas dos heteus: mencionam-se as árvores, pesa-se a prata segundo as medidas da época e as testemunhas anunciam a compra na porta da cidade. O costume heteu era enterrar os membros da família em uma cova ou em perfurações feitas na rocha. Atualmente, encontra-se uma mesquita muçulmana no local que tradicionalmente é atribuído à cova de Macpela.

13. Abraão procura esposa para Isaque. Capítulo 24. Chegada a hora em que Isaque devia casar-se, ocorreu na vida de Abraão outra oportunidade para exercitar sua fé. Segundo os costumes daquele tempo, cabia a Abraão fazer os arranjos para o casamento de seu filho.

Era muito importante que Isaque, como herdeiro da promessa, se casasse com uma mulher que valorizasse o pacto de Deus. Abraão queria que a futura esposa de Isaque fosse de sua parentela, e não uma das cananeias pagãs. Abraão não enviou Isaque à Mesopotâmia provavelmente porque não quis que seu filho fosse tentado a ficar ali e a abandonar a terra prometida. Portanto, enviou para lá seu criado mais antigo e fiel, que provavelmente era Eliézer (15.2). Nas palavras que Abraão diz a seu servo, nota-se a confiança implícita do patriarca em Deus: "[E]le enviará o seu anjo adiante da tua face, para que tomes mulher de lá para meu filho" (24.7). A história é tão importante, que no livro de Gênesis ocupa o capítulo mais longo.

William Ross assinala as lições práticas do capítulo para o matrimônio:

1) É responsabilidade dos pais procurar que seus filhos se casem no círculo da religião cristã e de acordo com a vontade de Deus.

2) Os cristãos não devem casar-se com os não-cristãos (Gênesis 24.3,4; 2Coríntios 6.14-17).

3) É importante escolher bem o lugar de sua residência (Gênesis 24.4-9,37-41); Ló enganou-se desastrosamente ao escolher a morada para sua família. Abraão insistiu em que seu mordomo trouxesse a esposa de Isaque para a terra prometida.

4) A oração deve ocupar um lugar importante ao procurar um matrimônio. Há amplos indícios de que Abraão e Isaque estavam orando.[35]

A oração do mordomo pedindo direção é muito instrutiva. Propôs um sinal que em si mesmo demonstraria se a jovem era uma pessoa digna. Rebeca era, em realidade, melhor do que ele havia pedido. Não era somente hospitaleira e bondosa, mas extraordinariamente bela e pura. Além disso, era uma mulher de caráter, que não vacilou quanto a fazer a vontade de Deus (24.58). Creu e de boa vontade se ofereceu a ir para um país distante a fim de casar-se com um homem que nunca tinha visto. Quando Rebeca divisou o que seria seu futuro lar, Isaque encontrava-se no campo meditando (talvez orando para que Deus desse êxito a seu servo na missão encomendada). Ela se aproximou de Isaque com humildade e respeito (24.65). Isaque recebeu-a com igual cortesia e respeito, dando-lhe o lugar de honra na tenda de sua mãe. Casaram-se, e Isaque amou-a. Foi um casamento planejado no céu.[36]

Vê-se um formoso paralelo entre a missão do servo de conseguir esposa para Isaque e a obra do Espírito em preparar uma noiva para Jesus Cristo. À semelhança do servo que não falou por si mesmo, o Espírito não fala por sua própria conta, mas fala acerca do Filho da promessa (João 16.13-15); da mesma forma que o servo presenteou Rebeca com coisas preciosas como uma antecipação das

---

[35] Ross, Wiliam. **Estudios en las Sagradas Escrituras**. v. 1, El pentateuco. 1955. p. 63.
[36] Não devemos supor que, se Deus guia uma pessoa a escolher seu cônjuge, o casal resultante não terá nenhuma dificuldade matrimonial. Não foi assim no caso de Isaque e Rebeca, pois não atuavam unidos em sua relação com os filhos (25.28; capítulo 27). Eram seres humanos com defeitos humanos. Para ter êxito no casamento, cada um dos cônjuges tem de fazer sua parte.

riquezas de Isaque, o Espírito concede dons e o penhor do Espírito à Igreja (2Coríntios 1.22); como Rebeca creu em Isaque e o amou sem havê-lo visto, o cristão crê em Cristo sem vê-lo, ama-o e se alegra com alegria inefável e gloriosa (1Pedro 1.8). Finalmente, na longa viagem que Rebeca tinha de fazer, vê-se a imagem da jornada do cristão para seu lar celestial.

14. Morte de Abraão. Capítulo 25.1-11. O fato de que Abraão, cujo corpo já estava "amortecido" (Romanos 4.19), tenha podido gerar mais seis filhos com Quetura indica que ele recebeu novos poderes procriadores ao gerar Isaque. Os filhos dessa união vieram a ser ascendentes de algumas tribos árabes, as quais se radicaram principalmente no norte e noroeste da Arábia. Assim, Abraão foi pai de muitas nações. O último ato de Abraão foi entregar a Isaque tudo quanto tinha, fazendo-o desse modo herdeiro das promessas.

Abraão morreu aos 175 anos. "[F]oi congregado ao seu povo. E sepultaram-no Isaque e Ismael [...] na cova de Macpela" (Gênesis 25.8,9). Como havia o povo de Abraão sido sepultado na Mesopotâmia, a frase "Foi congregado ao seu povo" não se refere ao local de sua sepultura, mas ao encontro com seus antepassados na habitação dos espíritos dos mortos, chamado Seol. Isso nos ensina que existia a esperança da imortalidade neste ponto da história bíblica.

Diz Halley: "Em termos gerais, Abraão foi o maior, o mais puro e o mais venerável dos patriarcas [...]. Era 'amigo de Deus' e 'pai dos crentes'; generoso, desprendido, um caráter magnífico e um homem cuja fé em Deus não tinha limites; e tudo isso nas proximidades do ambiente de Sodoma e Gomorra".[37]

Embora tecnicamente falando Isaque não seja uma figura profética[38] de Jesus Cristo, há pontos notáveis de comparação entre as duas pessoas. Como Jesus, Isaque tinha certas características:

---

[37] HALLEY, Henry. **Compendio manual de la Biblia.** s.d. p. 100.
[38] No Antigo Testamento encontram-se pessoas, instituições, lugares, cerimônias e acontecimentos que prefiguram pessoas, objetos etc. correspondentes no Novo Testamento. (Ver 1Coríntios 10.1-4; Hebreus 8.4,5; 9.8,9; 10.1-12.) Chamam-se tipos, símbolos ou figuras proféticas. Um símbolo profético reúne certas características:

1) Era o filho da promessa cujo nascimento foi miraculoso.
2) Foi chamado filho "único" e de seu pai "a quem amas" (Gênesis 22.2).
3) Foi apresentado como sacrifício por seu pai (João 3.16 e Romanos 8.32,34).
4) Foi um filho obediente e submisso (Hebreus 5.8 e Filipenses 2.7,8).
5) Foi ressuscitado em sentido figurativo (Hebreus 11.19).
6) Foi feito herdeiro de tudo o que seu pai possuía (Gênesis 25.5; Hebreus 1.2).

PERGUNTAS
Abraão. Capítulos 21.1–25.18

A. Sobre a Bíblia

1.
   a) De que forma Deus cumpriu sua promessa a Abraão (17.16)?
   b) Quantos anos transcorreram desde que Abraão e Sara chegaram a Canaã?
   c) O que significava o fato de Abraão circuncidar Isaque?
2.
   a) Qual foi a nova prova que surgiu no lar de Abraão?
   b) Qual foi o motivo pelo qual Deus o animou a renunciar a Ismael?
   c) Como Deus demonstrou que tinha solicitude por Hagar e Ismael?
3. Qual foi o testemunho acerca de Abraão que os príncipes cananeus expressaram?
4.
   a) Qual foi o motivo de Deus para pedir a Abraão que oferecesse seu filho em sacrifício? (Deus mesmo expressa o motivo da prova.)

---

1) Deve haver semelhança ou ponto notável de comparação entre o símbolo e o que este prefigura. 2) Tem de ser apontado como símbolo no Novo Testamento. Isto é, tem de haver uma alusão ou referência neotestamentária, tal como a declaração de Jesus: "Eu sou o pão da vida", indicando que ele foi o cumprimento simbólico do maná (João 6.31-35). Por outro lado, Isaque não é um símbolo autêntico de Cristo, pois não existe referência ou alusão a ele como tal, embora sirva de ilustração de Jesus. 3) Cada símbolo tem um único significado. Por exemplo, o castiçal ou candeeiro do tabernáculo prefigura a Igreja como lâmpada (Apocalipse 1.20), mas não a Igreja e Cristo ao mesmo tempo.

b) Que lição prática você encontra no pedido de Deus a Abraão? O que Deus quer de nós?
c) Que traço do caráter de Abraão evidencia o fato de que tenha saído cedo de manhã para ir ao monte Moriá?
d) Como o escritor da carta aos hebreus sabia que Abraão acreditava que Deus ressuscitaria Isaque (Hebreus 11.19)?
e) Que grande lição nos ensina a provisão de Deus de um cordeiro para o sacrifício (22.14)?
f) Que lição espiritual deveria Isaque ter aprendido de sua experiência no monte Moriá?

5 a) Você nota no capítulo 23 algum indício de que Abraão cria que seus descendentes ocupariam a terra de Canaã? Qual é? (Ver Hebreus 11.13.)
b) Descreva o caráter de Sara. Que aspectos tinha ela que as mulheres devem imitar? (Ver Hebreus 11.11 e 1Pedro 3.6.)

6 a) Qual foi a atitude do servo de Abraão para com seu senhor e para com a missão encomendada?
b) Como o servo de Abraão percebeu a vontade divina ao escolher a esposa para Isaque?
c) O que podemos aprender dele quanto a servir a Cristo? (Mencione alguns aspectos do serviço do servo.)

7 a) Indique pelo menos quatro traços do caráter de Rebeca.
b) Que luz o capítulo 24 lança sobre o caráter de Isaque?
c) Retire desse capítulo três lições práticas quanto ao matrimônio.

8 a) Em que sentido Abraão foi "congregado ao seu povo", ao morrer? (Note bem os termos de 25.8-10.)
b) Como sabemos que isso não significa ser sepultado com seus antepassados?
c) No seu entender, que grande verdade essa passagem nos ensina?

B. Sobre o livro de texto

1 a) Que novo significado do nome *Isaque* (riso) Sara indicou ao dá-lo à luz?
b) Como Paulo emprega o incidente da expulsão de Hagar e Ismael para ensinar uma verdade espiritual? Temos o mesmo direito de fazer alegorias das histórias do Antigo Testamento?

2   Por que a posse dos poços era frequentemente causa de discórdias no livro do Gênesis?
3   a) Mencione as razões pelas quais era tão difícil para Abraão sacrificar Isaque.
    b) Qual foi o auge da fé de Abraão? (A que conclusão chegou o patriarca ao meditar sobre a impossibilidade do cumprimento da aliança se seu filho morresse?)
    c) Como se relaciona esse elemento de fé com a salvação (Romanos 10.9,10)?
    d) Em que sentido Abraão viu o dia de Jesus Cristo (João 8.56)?
    e) Qual era o sacrifício que Deus realmente queria?
4   a) Por que é importante que Abraão tenha enviado seu servo à Mesopotâmia a fim de buscar esposa para Isaque em vez de dar-lhe uma cananeia? Como essa determinação se relaciona com a fé que Abraão tinha?

C. Projetos

1   Faça uma comparação entre o episódio do monte Moriá e o do monte Calvário. Inclua referências do Novo Testamento.
2   Note o motivo e as consequências das decisões de Abraão e Sara (Gênesis 12—25).
    Faça um diagrama de três colunas: a) as decisões; b) os motivos; c) os resultados.

B. Isaque e Jacó. Capítulos 25.19–36.43

Isaque passou a maior parte de sua vida no sul da Palestina, nas cercanias de Gerar, Reobote e Berseba. Era homem dado à meditação, conciliador, tranquilo e até passivo. Sua vida parece ser "apenas um eco da de seu pai". Cometeu seus mesmos erros, porém buscou a Deus. Com exceção do capítulo 26, Isaque sempre ocupa lugar secundário no relato do Gênesis. Não obstante, foi homem de fé e obediência. Cumpriu o propósito de Deus para sua vida, sendo guardião de suas promessas e transmitindo-as a Jacó. Foi "um elo necessário" para cumprir o pacto feito com Abraão.

1. Nascimento de Jacó e Esaú e a rivalidade entre ambos.

Capítulo 25.19-34. Rebeca era estéril. Ao comparar o versículo 20 com o 26, vê-se que transcorreram vinte anos entre o casamento de Isaque com Rebeca e o nascimento de Esaú e Jacó. À semelhança do nascimento de José, de Sansão e de Samuel, o dos gêmeos ocorreu depois de um longo período de tristeza e oração. Foi dada a Rebeca a profecia de que os dois filhos seriam fundadores de duas nações antagônicas: a nação que descenderia do mais velho serviria à nação que surgiria do mais novo, ou dela dependeria. Nesse caso, Deus trocou o costume daquele tempo que favorecia o filho mais velho.

"Esaú" significa "cabeludo" e é o mesmo patriarca que depois foi chamado "Edom", ou seja, *vermelho*, por haver comido um guisado avermelhado (25.30). Esaú foi o antepassado dos edomitas, que ocuparam a região ao oriente de Judá. A palavra "Jacó" significa "o que segura pelo calcanhar", porém mais tarde Esaú o interpretou como "suplantador" (27.36). Esaú converteu-se em hábil caçador, seguindo uma vocação aloucada de emoções e aventuras. Era impulsivo e até generoso, mas sem domínio próprio e incapaz de apreciar os valores espirituais. É uma amostra do caráter do homem natural. Em notável contraste com Esaú, Jacó era homem pacífico, que amava a vida do lar, eficiente no manejo dos assuntos da família, porém interesseiro, ardiloso e astuto no trato com os demais. Apesar disso, preocupava-se com a vida espiritual. A diferença entre os dois acentuava-se pelo fato de os pais mostrarem parcialidade, cada qual por um dos filhos, e não atuarem como "uma só carne". O casamento planejado no céu não foi um êxito absoluto na terra porque os esposos falharam.

A venda da primogenitura por um prato de lentilhas revela que Esaú não atribuía valor nenhum a ela, porque não tinha ideais fora da satisfação física e imediata. Posteriormente, desprezou o conceito de separação que seus pais tinham e se casou com uma pagã heteia (26.34). É denominado "profano" (Hebreus 12.16), que significa carente de espiritualidade. Por outro lado, Jacó ansiava pelo espiritual, mas se enganou ao supor que era preciso algum ardil humano para colaborar com Deus no cumprimento de sua promessa. Os direitos e privilégios do primogênito em geral abrangiam uma porção dupla da herança e da chefia da família durante a guerra e no culto. Neste caso, incluía velar pelo pacto e perpetuar a linha messiânica.

Tábuas encontradas em Nuzu indicam que naquele tempo a primogenitura era transferível, e, em um contrato dessa natureza, um irmão pagava três ovelhas para receber uma parte da herança.

2. Isaque abençoado em Gerar. Capítulo 26. Esse capítulo registra três tentações que Isaque teve de enfrentar: abandonar a terra prometida em um período de fome, simular que Rebeca não era sua esposa em um momento de perigo e reagir violentamente à provocação dos filisteus. Falhou em uma das provas (a segunda), porém saiu vitorioso nas outras duas. Por que Deus permitiu que ele fosse tentado da mesma maneira que Abraão fora? Deus quis dar-lhe a oportunidade de demonstrar se dependia da fé que seu pai tinha ou estava disposto a confiar ele mesmo, implicitamente, em Deus. Tinha de aprender as lições de fé e consagração. Cada nova geração tem de aprender por experiência própria o que Deus pode fazer por ela.

O mesmo temor de uma fome terrível em Canaã, que apanhara Abraão de surpresa na geração anterior, por pouco não afligiu Isaque e o tentou a seguir o exemplo de seu pai. Mas o Senhor apareceu a Isaque e advertiu-o de que não se mudasse para o Egito. As promessas que lhe fez eram principalmente uma repetição das já feitas a Abraão (26.2-5). Rejeitaria Isaque a perspectiva de beneficiar-se da abundância do Egito para alcançar as bênçãos invisíveis do futuro distante? Estaria disposto a perder as riquezas que seu pai havia acumulado? Atribuiria valor supremo ao espiritual?

Isaque demonstrou que tinha a mesma índole de fé que Abraão, morando como estrangeiro na terra prometida (Hebreus 11.9,10). Sem dúvida alguma, perdeu muitas riquezas, mas Deus empregou tais perdas para ensinar-lhe lições espirituais. Depois da prova, o Senhor o enriqueceu com uma colheita extraordinária e o abençoou (26.12,13).

Como Salomão, Isaque podia dizer: "A bênção do Senhor é que enriquece" (Provérbios 10.22).

Na segunda prova, Isaque cometeu o mesmo pecado em que seu pai havia caído, ao fingir que Rebeca era sua irmã. Abimeleque descobriu-o brincando com sua esposa, e esse descuido foi a evidência que Deus usou para proteger Rebeca. O Abimeleque deste relato não era o Abimeleque da época de Abraão, pois parece que esse nome era um título dinástico dos filisteus da região.

Os filisteus eram um povo comerciante do mar Mediterrâneo. Invadiram o Egito no século XII a.C., mas foram repelidos com grande matança. Depois se radicaram na costa oriental do Mediterrâneo; a Palestina derivou deles o seu nome. Os filisteus da região de Gerar estão provavelmente entre os primeiros habitantes que se estabeleceram em Canaã e não eram tão belicosos quanto os filisteus que viveram ali posteriormente.

O relato no qual se manifesta a inveja dos filisteus lança luz sobre o caráter de Isaque. O patriarca demonstrou o espírito do Sermão do Monte dois mil anos antes que este fosse pronunciado. Os filisteus consideravam-no um estranho e intruso. Reclamaram para si o território. Entupir os poços era um ato de grande provocação, já que a água era de vital importância por ser elemento escasso naquela parte da Palestina. Isaque poderia ter-se defendido, porque era "muito mais poderoso" do que os filisteus (26.16), mas preferiu ceder a brigar, considerando que mais vale a paz com os homens e a bênção divina do que a água. Não obstante, chamou aos poços Eseque ("contenda") e Sitna ("inimizade"), como uma suave repreensão. Por fim, os filisteus se cansaram de persegui-lo.

A paciência de Isaque foi grandemente recompensada por Deus. Teve a paz que desejava, não no estreito vale onde encontrou o primeiro poço, mas em um vale amplo e extenso onde havia muito território para ocupar. Deus apareceu-lhe, confirmando o pacto. Isaque enriqueceu sua vida espiritual edificando um altar e invocando o nome do Senhor. Seus velhos inimigos procedentes de Gerar viram que o Senhor o estava abençoando. Chegaram procurando fazer aliança com ele e deram um extraordinário testemunho desse pacificador (26.28). O relato nos mostra, pois, que Deus permite que seus filhos sofram perdas para dar-lhes algo melhor e para que seu caráter se destaque no caráter deles.

3. Jacó suplanta a Esaú. Capítulo 27.1-40. O complô de Isaque para entregar a bênção a Esaú e a contra-artimanha de Rebeca e Jacó põem em relevo a carnalidade da família toda. Cegado pelos impulsos carnais e pela parcialidade, Isaque estava decidido a dar a Esaú o que ele sabia não pertencer ao filho mais velho, segundo a profecia (25.23). Esaú, por sua vez, estava disposto a receber o que havia vendido por um prato de lentilhas. Rebeca e Jacó não estavam dispostos a deixar a situação nas mãos de Deus, nem a confiar que ele fosse capaz de cumprir a promessa, mas quiseram contribuir com seus métodos carnais para a solução do problema. Como resultado, todos sofreram. Ao compreender que Deus havia prevalecido sobre seus planos, Isaque estremeceu. Esaú desiludiu-se e se amargurou contra Jacó. Devido às ameaças formuladas por Esaú, Jacó teve de imediatamente abandonar o lar que ele tanto amava e dirigir-se a uma terra estranha. Ali sofreu muito sob a mão corretora do Senhor. Rebeca, por sua vez, teve de despedir-se do filho amado para não mais vê-lo: morreu antes que ele voltasse.

É interessante analisar as três bênçãos que Isaque pronunciou:

a) A bênção transmitida a Jacó (27.27-29) revela que Isaque pensava na parte material que Esaú desejava, pois não mencionou as promessas mais importantes que Deus havia feito a Abraão. Pediu somente a riqueza que nasce dos campos, o senhorio sobre seus irmãos e sobre os cananeus.

b) A bênção dada a Esaú (27.39,40) referia-se principalmente a seus descendentes: os edomitas. Estes habitariam onde era difícil cultivar a terra, fora da Palestina fértil. Transformariam suas relhas de arado em espadas para viver da rapina como bandoleiros. Caso se submetessem a Israel, seriam libertados dessa situação. Historicamente, tal fato se cumpriu, pois Israel dominou Edom desde a monarquia em diante (ver Números 24.18; 2Samuel 8.13,14; 1Reis 11.15,16), e Edom se livrou de Israel pouco a pouco (2Reis 8.20-22; Ezequiel 35.3).

c) A bênção que Isaque transmitiu a Jacó quando este estava para dirigir-se a Padã-Arã (28.3,4) foi a verdadeira bênção de Abraão, porque incluiu tanto a terra como a descendência. Na visão de Betel, Deus mesmo acrescentou a promessa messiânica (28.14). Desde esse tempo, Jacó foi o herdeiro da aliança.

4. Jacó vai para a Mesopotâmia. Capítulos 27.41-28.22. Motivada em parte pelo medo do que Esaú pudesse fazer a Jacó se este permanecesse em casa, e em parte pelo interesse de que Jacó não se casasse com uma cananeia, Rebeca animou Isaque a enviar Jacó à casa de Labão em Padã-Arã. Quando Jacó deixou a casa, Isaque animou-o, comunicando-lhe a bênção da aliança e aconselhando-o a buscar uma esposa que fosse digna de compartilhar as bênçãos divinas.

No caminho para a casa de Labão, Deus deu a Jacó um sonho maravilhoso a fim de animá-lo e firmar sua fé para que não vacilasse nos longos e duros anos vindouros. Na visão, a escada simbolizava que existia uma comunicação entre o céu e a terra. Jacó tinha o céu aberto. Deus ouviria suas orações e o ajudaria. Os anjos subiam e desciam pela escada como mensageiros e ministros do governo de Deus sobre a terra. Jesus aludiu a essa visão dizendo aos seus discípulos que veriam "o céu aberto e os anjos de Deus subirem e descerem sobre o Filho do Homem" (João 1.51); de modo que a escada prefigurava Jesus, o verdadeiro Mediador entre o céu e a terra. Somente por meio dele o crente tem acesso ao Pai (João 14.6).

O Senhor confirmou a Jacó as promessas da aliança que seu pai havia feito ao abençoá-lo. Prometeu-lhe que o acompanharia, guardaria e traria de volta à terra prometida. Estaria com ele de forma ativa e contínua. Isto não significava que o Senhor aprovaria tudo quanto Jacó fizesse, mas que o acompanharia para levar a cabo completamente seu elevado propósito nele. A revelação divina em Betel era por pura graça (favor imerecido). Jacó falhou muitas vezes; não obstante, havia algo nele que respondia a Deus e algo que Deus podia mudar.

Ao despertar, Jacó teve medo, pensando que havia chegado por casualidade à habitação terrena de Deus e à porta do céu. Depois seu temor se converteu em surpresa, pois reconheceu, de forma reverente, a presença de Deus. Ungiu uma pedra como um ato de culto a Deus e também para deixar um monumento recordatório do local que a visão santificou. Parece que Jacó procurou negociar com o Senhor (28.20,21), mas é pouco provável que fizesse tal coisa, pois foi movido por temor, reverência e gratidão. Além do mais, tudo o que foi mencionado por Jacó em 28.20,21 Deus já lhe havia prometido em termos gerais (28.15). Admirado, Jacó respondeu às promessas divinas dizendo que, se Deus ia fazer tudo isso por ele, não lhe restava nada mais senão adorá-lo.

PERGUNTAS
Isaque e Jacó. Capítulos 25.19–28.22

A. Sobre a Bíblia

1. a) Que problema semelhante ao de Abraão e Sara tiveram Isaque e Rebeca?
    b) Como foi resolvido? (Note a atividade de Isaque.)
    c) Quantos anos transcorreram entre o casamento de Isaque e Rebeca e o nascimento dos gêmeos? (Compare 25.20 com 25.26.) O que isso ensina acerca da oração de Isaque?
2. a) Indique os traços de caráter de Jacó e de Esaú manifestados no incidente em que Esaú vendeu sua primogenitura.
    b) Que lição o escritor de Hebreus extrai da conduta de Esaú (Hebreus 12.14-17)?
3. a) Quais foram as três provas de Isaque, que se sobressaem no capítulo 26? Como reagiu ele diante de cada uma?
    b) Em sua opinião, por que Isaque fracassou (ao mentir quanto a Rebeca) imediatamente depois de haver recebido as promessas de Deus?
    c) Como Deus recompensou Isaque por haver vencido a primeira e a terceira provas?
    d) Que fez Isaque, depois da segunda aparição, que não havia feito ao ouvir a voz de Deus pela primeira vez? (Ver 26.24,25; Salmos 116.12-14.)
    e) Que aplicação se pode fazer quanto aos poços espirituais que nossos pais cavaram? Que devemos fazer para desentupi-los?

4 a) Que motivo tinha Isaque para dar a bênção a Esaú?
    b) Se Jacó não houvesse enganado seu pai, teria sido herdeiro da aliança? Explique suas razões. (Analise bem a bênção que Isaque pensava dar a Esaú em 27.27-29.)
    c) Quais foram os dois motivos que impulsionaram Rebeca ao mandar Jacó para Padã-Arã?
5 a) No seu entender, por que Deus se manifestou a Jacó em Betel?
    b) Por que Jacó ficou assustado ao despertar?
    c) Jacó quis negociar com Deus? Explique.

B. Sobre o livro de texto

1 Qual era o propósito de Deus para a vida de Isaque?
2 a) Qual é o significado da profecia dada a Rebeca? (25.23).
    b) Apesar de suas grandes falhas de caráter, Jacó tinha um desejo muito bom. Qual era?
    c) Qual era o fator no casamento de Isaque e Rebeca que contribuía para a discórdia dos gêmeos?
    d) Quais eram os privilégios que geralmente a primogenitura incluía?
    e) Qual era o privilégio peculiar na primogenitura recebida dos patriarcas Isaque e Jacó?
3 a) Que lição espiritual se pode extrair do fato de que Isaque foi tentado da mesma forma que seu pai?
    b) Que traço admirável do caráter de Isaque vem à luz em sua reação ante a inveja dos filisteus contenciosos?
    c) Que lição prática se pode extrair desse incidente?
4 a) No capítulo 27, qual era o mal de cada uma das três pessoas?
    b) Demonstre como se cumpriu a verdade de Números 32.23 na vida das três.
    c) Quando foi que Isaque comunicou a Jacó a verdadeira bênção do pacto abraâmico?
    d) Como se cumpriu a profecia da bênção de Esaú?
5 a) À luz dos acontecimentos posteriores na vida de Jacó, qual é o grande benefício da visão da escada?
    b) O que prefigurava a escada?

C. Projetos

1 Indique as semelhanças e diferenças entre Abraão e Isaque.
2 Escreva as semelhanças entre o caráter de Esaú e o do homem natural. (Ver 1Coríntios 2.14.)

5. Jacó na casa de Labão. Capítulos 29 e 30. Os vinte anos que Jacó passou na casa de Labão foram difíceis. Labão empregou contra Jacó a velha arma do engano que o próprio Jacó anteriormente havia utilizado. Deus usou as experiências desses anos como uma escola para disciplinar e preparar Jacó a fim de que ele fosse herdeiro das promessas da aliança.

Na providência de Deus, o primeiro membro da família com que Jacó se encontrou foi a formosa Raquel. Parece que ele a amou desde o primeiro momento de seu encontro. Como Jacó não tinha dinheiro para comprá-la como noiva, pagaria seu preço com o trabalho. O grande valor que Jacó atribuía a Raquel, o trabalho de sete anos que "foram aos seus olhos como poucos dias" (v. 20) e a intensidade de seu amor lançam luz sobre o caráter do patriarca. Pelo fato de ser enganado por Labão, Jacó certamente compreendeu como Esaú se sentiu ao reconhecer que havia perdido a bênção que considerava caber-lhe; Jacó não protestou muito, provavelmente porque viu nisso a retribuição de Deus. Em vez de receber a amada Raquel, havia-se casado com Leia, que era menos atraente. Depois de uma semana, também Raquel lhe foi dada por esposa, mas teve de trabalhar mais outros sete anos sem receber salário.

O casamento com as duas irmãs trouxe consigo dificuldades, ciúmes e conflitos. Tais matrimônios não eram proibidos até a promulgação da lei de Levítico 18.18. Da união polígama saíram os pais das doze tribos de Israel. Deus demonstrou seu desagrado pelo tratamento que Jacó deu a Leia, fazendo Raquel estéril e Leia, fecunda. À desprezada esposa devem sua origem seis das tribos e, entre elas, a de Judá. O que a Jacó parecia um ardil cruel era realmente um grande meio de bênção.

A rivalidade entre Leia e Raquel explica os nomes de seus filhos, já que estes foram dados de acordo com as circunstâncias ou com os sentimentos das mães:

Nome	Significado
Rúben	eis um filho
Simeão	ouviu
Levi	unido
Judá	louvor
Dã	juiz ou julgou
Naftali	minha luta
Gade	afortunado
Aser	bem-aventurança ou feliz
Issacar	galardão
Zebulom	morada
José	acréscimo
Benjamim	filho da mão direita

Os últimos dois filhos foram de Raquel; Benjamim nasceu anos mais tarde, na terra de Canaã (35.16-20).

Durante os quatorze anos que Jacó serviu a Labão para conseguir Raquel, Deus abençoou Labão por causa de seu genro. Jacó quis voltar a Canaã, porém o sogro insistiu com ele para que ficasse, prometendo pagar-lhe como ele quisesse. Impressionou-o o fato de que o Senhor estava com Jacó, porém ele próprio não buscou a Deus, antes pensou em beneficiar-se da relação entre seu genro e o Senhor. Jacó pediu para si o gado anormal (ovelhas negras e cabras malhadas), pois a cor normal das ovelhas era branca e a das cabras, preta (Cantares 4.2; 6.6; 4.1). Labão acreditou estar fazendo um bom negócio e agiu com astúcia e prontidão, mandando para longe os animais que proporcionariam a Jacó um aumento de salário. Nos anos seguintes mudou repetidamente a forma de pagamento (31.7), mas, com a ajuda do Senhor, Jacó ia tomando o pagamento de seu sogro. Jacó atribuiu a um sonho divino a ciência de como fecundar o gado para produzir mais com o qual Labão lhe havia atribuído (31.10-12), porém é melhor considerar que Deus operou um milagre para frustrar a espertezа de Labão e abençoar a Jacó. Assim foi que Jacó prosperou grandemente a expensas de seu sogro e este minguou.

6. Jacó volta à terra prometida. Capítulos 31.1—33.17. Depois de passar vinte anos na casa de Labão, Jacó viu que era tempo de sair de Padã-Arã. Como Jacó prosperava, Labão e seus filhos começaram a sentir inveja. Deus interveio e ordenou a Jacó que voltasse à terra prometida. Raquel e Leia deram seu consentimento à decisão de Jacó. Lembraram-se de que Labão havia exigido quatorze anos de trabalho de Jacó como preço de suas filhas e não havia dado a elas o dote correspondente às noivas; elas já não estimavam Labão. Antes de partir, Raquel furtou algumas pequenas imagens familiares (terafins) pertencentes a seu pai mediante as quais esperava reclamar sua herança, segundo o costume da época.[39] Parece que Raquel não respeitava muito os terafins, pois se sentou sobre eles, havendo-os escondido debaixo da albarda de seu camelo (31.34). Jacó se esquivou clandestinamente, por temor. Preocupado principalmente com o furto dos ídolos, Labão o perseguiu, mas o Senhor advertiu-o de que não fizesse mal algum ao genro.

O pacto que Labão e Jacó fizeram demonstra que não confiavam um no outro. Levantaram uma pedra como sinal que servisse de limite entre os dois, juntaram pedras em um montão que serviria de testemunho do pacto e invocaram a Deus para que atuasse como sentinela, vigiando por um e por outro enquanto estivessem separados.

Jacó não estava em condições de voltar à terra prometida e receber as promessas do pacto de seu pai Isaque; apesar disso, Deus o abençoou no caminho e animou-o com uma visão de anjos protetores. Jacó chamou ao lugar "Maanaim", palavra que significa "dois acampamentos"; um era seu próprio e indefeso acampamento e o outro, do Senhor, que rodeava o de Jacó com sua presença e poder. O lugar de Maanaim correspondeu mais tarde ao limite entre Manassés e Gade e foi uma cidade de refúgio (Josué 21.38).

Jacó assustou-se ao ouvir que seu irmão ofendido vinha ao seu encontro com 400 homens (supõe-se que vinham armados). Não podia fugir, pois seus filhos e esposas o acompanhavam. Tomou precauções para que, em caso de ataque, não fossem destruídos. Enviou mensagens amistosas e depois mandou astutamente presentes para apaziguar a ira de Esaú, porém seu irmão não lhe respondeu nem uma palavra sequer. Ao que parece, Jacó estava entre a cruz e a caldeirinha. Orou de maneira correta, lançando mão das promessas de Deus, reconhecendo sua própria indignidade e a fidelidade divina, mas não reconheceu a causa

---

[39] Segundo as tábuas de Nuzu, o principal herdeiro recebia os terafins. Ao possuidor concediam-se vantagens legais, e ele podia reclamar nos tribunais a herança da família.

fundamental de suas dificuldades. Quis ver-se livre de Esaú, porém seu verdadeiro inimigo era ele próprio, Jacó. Foi Jacó que havia enganado e levantado obstáculos em seu próprio caminho. Deus quis livrá-lo de seu espírito egoísta e carnal antes de permitir-lhe entrar na terra prometida.

Na luta com o anjo junto ao ribeiro de Jaboque, aprecia-se em conjunto a vida de Jacó até esta altura. Sempre confiou em suas próprias forças, em sua astúcia e nas armas carnais e saíra vencedor. Agora isso de nada lhe servia. Bastou um toque do anjo para que Jacó ficasse coxo e incapaz de continuar lutando. Lançou-se nos braços de Deus, não pedindo livramento de seu irmão nem nenhuma outra coisa material, mas pedindo a bênção de Deus. Mudou as armas carnais pelas de rendição, oração e confiança em Deus. Confessou que foi um "Jacó", que foi um "suplantador". Sua vitória foi a submissão a Deus.

O Anjo do Senhor mudou-lhe o nome, o que indica mudança de caráter (João 1.42; Gênesis 17.5,15). Agora ele é "o que luta com Deus", e o significado de seu novo nome dá a norma de seu método para vencer. Daqui para a frente, não era o enganador lutando astutamente com os homens, mas o homem que obtinha vitórias com Deus por meio da fé. Seu novo nome foi transmitido a seus descendentes, os quais foram chamados "israelitas", e a nação da aliança foi chamada "Israel". Sua coxeadura simbolizava a derrota do próprio eu, um "espírito quebrantado" e "um coração quebrantado e contrito" (Salmos 51.17).

Jacó estava agora preparado para entrar em Canaã. Possivelmente Deus tenha usado a anomalia de Jacó para tocar o coração de seu irmão Esaú de modo que este, ao vê-lo manquitolando, mudasse de atitude; parece que assim foi, porque toda a sua ira e ressentimento desapareceram. Os dois abraçaram-se e choraram. Ilustra-se a verdade de Provérbios 16.7. "Sendo os caminhos do homem agradáveis ao Senhor, até a seus inimigos faz que tenham paz com ele." Não obstante, Jacó prudentemente rejeitou a escolta oferecida por Esaú e foi por outro lado. Embora os dois irmãos se tenham reconciliado, eram muito diferentes em espírito e caráter; um era homem do mundo, e o outro, um servo de Deus. Convinha que estivessem separados.

7. Jacó e sua família na terra prometida. Capítulos 33.18—36.43. Jacó havia prometido a Deus que voltaria a Betel (Gênesis 28.21), porém foi somente até Siquém. Ali comprou uma propriedade bem perto da cidade cananeia e se radicou comodamente durante quase dez anos. Também edificou um altar, talvez para dar testemunho de que Deus havia sido fiel ao permitir-lhe regressar a Canaã e para expressar sua fé na promessa de possuir a terra da Palestina. Contudo, edificar um altar não compensava o descumprimento de não regressar a Betel.

Jacó pagou um elevado preço por não cumprir o voto. Sua filha Diná foi violada, e, pela influência cananeia, seus filhos Simeão e Levi converteram-se em seres cruéis, traidores e vingativos. É de estranhar que Jacó permitisse a união de seus filhos com as filhas dos cananeus, porque eles deviam permanecer separados, visto que eram o povo escolhido de Deus. A pouca autoridade que ele exercia em sua casa naquele tempo fica demonstrada pela forma de falar e atuar. O ultraje perpetrado contra os indefesos habitantes da cidade encheu o coração de Jacó com o temor de uma vingança coletiva dos cananeus, e isso o despertou para ouvir a voz de Deus, que lhe ordenou voltar a Betel.

O patriarca respondeu imediatamente à ordem divina exortando sua família a remover todo indício do culto idólatra. Os pendentes às vezes indicavam determinado estado social ou elevado posto. Alguns tinham a figura de uma divindade e eram considerados amuletos. Jacó não podia obedecer a Deus e adorá-lo de todo o coração enquanto esses símbolos pagãos não fossem sepultados. Depois voltou a Betel. O Senhor interveio semeando terror nos corações dos cananeus e protegendo assim a família de Jacó da vingança dos pagãos. Em Betel, Jacó edificou um altar efetuando novamente suas primeiras obras (Apocalipse 2.5). Deus manifestou-se a ele e lhe confirmou seu novo nome e as promessas do concerto. Depois, ele se foi para Hebrom, lar de seu pai Isaque. Ali, teve comunhão com Deus e algumas experiências tristes que o fizeram amadurecer espiritualmente, tornando-o assim digno de seu nome, "Israel". Raquel, sua amada esposa, morreu no caminho para Hebrom. Rúben, seu filho mais velho, trouxe vergonha ao pai, cometendo incesto; por isso perdeu sua preeminência entre as tribos hebreias, a qual passou para Judá (49.3-5). Isaque, seu velho pai, morreu também depois de haver vivido alguns anos com Jacó. Finalmente, José foi vendido enquanto Jacó residia em Hebrom.

Jacó e Esaú são vistos juntos pela última vez no enterro de seu pai Isaque. Esaú e seus descendentes ocuparam a terra de Seir (vale entre o mar Morto, o golfo de Acaba e a região montanhosa situada em ambos os lados do vale). Assim se formou a nação de Edom. Depois do capítulo 36 já não se fala de Esaú. Ao longo da história da nação de Israel, os edomitas foram seus perpétuos inimigos (Obadias 10-14), e até foi edomita (idumeu) o rei Herodes, que viveu no tempo em que Jesus nasceu.

8. A importância de Jacó. As lições que tiramos da vida de Jacó são as seguintes:

a) Exemplificam magnificamente a graça de Deus. A eleição de Jacó para continuar a linhagem messiânica e o concerto abraâmico não dependiam do mérito humano, mas da vontade de Deus (Romanos 9.10-12). Era filho mais novo e tinha graves falhas de caráter. Deus operou na vida de Jacó revelando-se a ele, tirando-o da casa de Labão (Gênesis 31.13), protegendo-o de Labão (31.24) e, por fim, transformando-o em Peniel. Tudo foi feito pela graça.

b) Mostram que Deus usa os homens, tais quais eles são, para cumprir seus propósitos. Parece que Deus tem de fazer o melhor possível com o material que usa. Lançou mão de Jacó com todas as imperfeições deste e fez dele um de seus grandes servos.

c) A luta com o anjo em Peniel ensina-nos que as vitórias espirituais não são ganhas por meios duvidosos, tais como a força e a astúcia, mas aceitando a própria impotência e lançando-se nas mãos de Deus.

d) Ilustram a lei inexorável da semeadura e colheita. Jacó enganou a seu velho e cego pai, porém foi enganado por Labão e, depois, da forma mais cruel, por seus filhos, quando fizeram José desaparecer.

e) Demonstram a grandeza do plano messiânico. Mediante a poligamia de Jacó, com muitos incidentes vergonhosos, Deus formaria a nação messiânica e escolhida pela qual viria o Salvador do mundo.[40] Nas famílias de Abraão e de Isaque somente uma pessoa foi herdeira das promessas em cada uma delas. Mas não houve eliminação de pessoas na de Jacó. Todos os filhos eram herdeiros da promessa e vieram a ser pais das doze tribos.

---
[40] HALLEY, Henry. **Compendio manual de la Biblia**. s.d. p. 102.

PERGUNTAS
Jacó. Capítulos 29–36

A. Sobre a Bíblia

1. a) Que traço de caráter peculiar a Jacó se nota também em Labão?
   b) Não se menciona Deus em 29.1-30, mas, nesta passagem, que evidência se pode notar de que Deus estava operando na vida de Jacó?
   c) Qual era o desígnio de Deus ao agir assim?
   d) Que luz o trecho de 29.20,28 lança sobre o caráter de Jacó?
2. a) Que pontos você vê em 29.31—30.24 que nos ensinam os males da poligamia?
   b) Como Deus desaprovou a atitude de Jacó para com Léia?
   c) O que isso nos ensina com respeito ao caráter de Deus?
   d) Qual das esposas foi antepassada de Jesus Cristo?
   e) Qual foi o fator principal na escolha dos nomes dos filhos de Jacó?

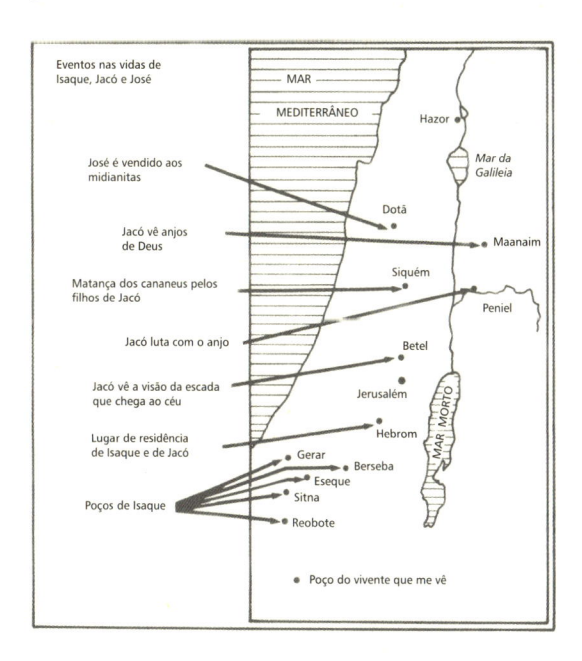

Eventos nas vidas de Isaque, Jacó e José

- José é vendido aos midianitas
- Jacó vê anjos de Deus
- Matança dos cananeus pelos filhos de Jacó
- Jacó luta com o anjo
- Jacó vê a visão da escada que chega ao céu
- Lugar de residência de Isaque e de Jacó
- Poços de Isaque

MAR MEDITERRÂNEO
Hazor
Mar da Galileia
Dotã
Maanaim
Siquém
Peniel
Betel
Jerusalém
Hebrom
Gerar
Berseba
Eseque
Sitna
Reobote
MAR MORTO
Poço do vivente que me vê

3   a) Por que Labão queria que Jacó continuasse trabalhando para ele depois de este haver cumprido os quatorze anos de trabalho?
    b) Em sua opinião, como se pode explicar o êxito de Jacó ao usar métodos que são em realidade inúteis quanto à reprodução de animais?
    c) Qual foi a causa das tensões entre Labão e Jacó?
    d) Que traço do caráter de Labão se vê também em Raquel? (Mencione o incidente em que ele se revela.)
    e) Apesar das falhas de caráter de Jacó, ele tinha algumas virtudes notáveis. Quais são (31.6,38-42)?

4   a) No seu entender, por que Deus deu a Jacó a visão do acampamento de anjos ao seu derredor (32.1,2)?
    b) Deus lutou com Jacó antes que este tivesse entrado na terra prometida. Você vê o propósito divino na luta com Jacó? (Que mudança Deus queria operar em Jacó?)
    c) Como Jacó prevaleceu contra Deus? (Foi uma vitória de sua própria força ou da fé?) (Ver Oseias 12.3-6.)
    d) Na sua opinião, que novo traço de caráter simbolizava a coxeadura de Jacó (Salmos 51.17)?
    e) Qual é a importância do novo nome que Jacó deu a Deus (33.20)? Observe como Jacó se havia referido a Deus até este ponto (31.5,42,53; 32.9).

5   a) A seu ver, quem se portou mais honradamente no capítulo 34: Siquém e seu pai ou os filhos de Jacó? Explique. (Ver 1Pedro 2.12; 4.15.)
    b) O que ensina este relato quanto ao domínio que Jacó tinha sobre seus filhos?

6   a) No seu entender, por que Deus mandou que Jacó fosse para Betel? (Comparar 35.1 com 28.22.)
    b) Como Jacó preparou sua família para voltar a Betel? Faça uma aplicação prática.
    c) O que fez Deus quando Jacó lhe obedeceu?
    d) Mencione as tristes experiências de Jacó em Canaã descritas no capítulo 35.

B. Sobre o livro de texto

1. a) Como Deus utilizou os vinte anos difíceis que Jacó passou na casa de Labão?
   b) Ao ser enganado a primeira vez por Labão (29.25), o que teria sentido Jacó?

2. a) Que luz a arqueologia lança sobre o motivo que Raquel teve ao furtar os ídolos da casa de seu pai?
   b) Qual foi o principal motivo pelo qual Labão perseguiu seu genro?

3. a) Por que Jacó não estava em condições de entrar na terra prometida? Qual foi a causa principal de suas dificuldades?
   b) Como se pode aplicar a situação de Jacó à de muitos cristãos atuais?
   c) Em que Deus usou Esaú a fim de preparar Jacó para herdar a terra prometida?
   d) Que mudança de armas houve pela qual Jacó conseguiu a vitória na luta com o anjo?
   e) Que mudança Deus efetuou em Esaú?
   f) Por que Jacó e Esaú não permaneceram juntos?

4. a) Como Jacó expressou sua fé em Deus ao chegar a Siquém?
   b) O que despertou Jacó para ouvir a voz do Senhor enviando-o a Betel?

5. a) Como Deus aproveitou as penosas experiências de Jacó em Hebrom?
   b) Qual foi o castigo de Rúben por haver trazido vergonha a seu pai?
   c) Que importância histórica tem Esaú?
   d) Em que se diferencia o modo de herdar as promessas na família de Jacó do método que Deus usou para as famílias de Abraão e de Isaque?
   e) Que importância messiânica tem a família de Jacó?

6. A seu ver, qual é a lição mais importante da vida de Jacó?

C. Projeto

Explique os princípios da direção divina vistos na partida de Jacó da casa de Labão (31.1-16). (A coordenação do desejo, as circunstâncias favoráveis e a Palavra do Senhor.)

C. José. Capítulos 37–50

1. Introdução. José é um dos mais atraentes personagens da Bíblia. Ross observa que ele era um "idealista prático", o qual, no início de sua vida, teve sonhos que o animaram e guiaram pelo resto da existência.[41] Ele manifestou, talvez, o caráter mais cristão de todas as pessoas descritas no Antigo Testamento. Nota-se a importância de José no fato de que a ele é dedicado quase tanto espaço no Gênesis quanto a Abraão. José é importante porque foi o elo entre a vida nômade dos hebreus em Canaã e sua vida sedentária no Egito.

Deus havia revelado a Abraão que sua descendência passaria quatro séculos em terra alheia (Gênesis 15.13-16). A paciência de Deus esperaria até que a maldade do amorreu chegasse ao ponto máximo antes de destruí-lo e entregar Canaã aos hebreus. É evidente também a necessidade de que Israel fosse para o Egito. A aliança matrimonial de Judá com uma cananeia e sua conduta vergonhosa descrita no capítulo 38 indicam-nos o perigo que havia em Canaã de que os hebreus se corrompessem por completo e perdessem seu caráter essencial. No Egito, os hebreus não seriam tentados a casar-se com mulheres egípcias nem a se misturar com os egípcios, pois estes desprezavam os povos pastores (Gênesis 46.34). Além do mais, tão logo reconhecessem os planos dos israelitas de estabelecer-se permanentemente em Canaã e de assenhorar-se da terra, os cananeus os teriam exterminado. Tal coisa não sucederia em Gósen. Ali, sob a proteção do poderoso Egito, os hebreus poderiam multiplicar-se e desenvolver-se até chegar a ser uma nação numerosa.

Deus usou José como instrumento para levar a cabo o plano de transferir seu povo para o Egito. Em toda a vida de José destaca-se a providência divina. A palavra "providência" deriva do latim *providere*: *videre* significa "ver" e *pro*, "antes". Portanto, quer dizer "ver com

---

[41] Ross, William. **Estudios en las Sagradas Escrituras**. v. 1, El pentateuco. 1955. p. 78.

antecedência" ou "prever". Deus prevê, e com isso também prepara os passos necessários para realizar tudo aquilo que ele prevê. O dicionário *Aulete* define providência como "condução divina dos eventos do mundo", e mais adiante: "O próprio Deus, como árbitro do universo". O dicionário *Aurélio* diz: "A suprema sabedoria com que Deus conduz todas as coisas" e por extensão, "o próprio Deus". Em nenhum outro relato da Bíblia brilha mais a providência de Deus do que nessa história. Ele lança mão dos desígnios distorcidos dos homens e os converte em meios para efetuar seus planos (Gênesis 50.20). Dispõe todas as coisas para o bem dos que o amam (Romanos 8.28).

2. José vendido por seus irmãos. Capítulo 37. O primeiro passo para situar José no Egito foi ele ser vendido como escravo por seus irmãos invejosos, que o odiavam por vários motivos:

a) José comunicou a seu pai o mal que se propalava a respeito de seus irmãos. Aos 17 anos, foi enviado a seus irmãos para aprender a pastorear ovelhas. A irreverência e a baixa moralidade deles escandalizaram-no. Os filhos mais velhos de Jacó haviam cedido a certas práticas pagãs, fato que se vê na conduta de Judá relatada no capítulo 38. Parece que entre os filhos de Jacó somente José manteve em alta conta as elevadas normas da religião do Senhor. Se José tivesse participado das conversações imundas e da conduta mundana, eles o teriam aceitado como um deles.

b) Jacó amava-o mais do que a seus outros filhos, pois José nasceu na velhice de Jacó e era o primogênito de sua esposa predileta, Raquel. Expressou abertamente seu favoritismo presenteando José com uma túnica de cores que lhe chegava até os calcanhares e mangas que iam até as palmas das mãos. Esse tipo de vestimenta era usado pelos governantes, sacerdotes e por outras pessoas de distinção que não tinham de trabalhar manualmente. A túnica dos operários e pastores não tinha mangas e mal chegava até os joelhos. Os irmãos teriam perguntado entre si: "Não se dará o caso de que nosso pai entregue a primogenitura a José, fazendo-o nosso chefe no culto e na guerra?". Jacó provocou, pois, a inveja de seus filhos mais velhos.

c) Ingenuamente, José contou os sonhos que profetizavam que o restante de sua família se inclinaria diante dele da mesma forma que as pessoas prestavam homenagem aos reis naquele tempo. Em geral, não convém contar tais revelações até que se veja de que forma Deus as executará ou até que Deus mostre que devem ser contadas (ver Mateus 7.6). Qual foi o propósito de Deus ao dar-lhe esses sonhos? Os sonhos deram a José a convicção de que Deus tinha algum alto propósito para sua vida e, mais tarde, esses sonhos o sustentariam em seus longos anos de prova.

Ao enviar José para obter informação acerca do bem-estar de seus irmãos, Jacó deu a estes a oportunidade que esperavam. Percebe-se, porém, que a mão de Deus o guiava mesmo no meio das más paixões de seus irmãos. Haviam-se transferido de Siquém para Dotã, situada 18 quilômetros ao norte. *Dotã* é uma palavra que significa "poços gêmeos", e existe até hoje em Dotã excelente abastecimento de água. A importância da transferência deles reside em que Dotã estava na rota das caravanas que se dirigiam ao Egito. Rúben se interpôs com a intenção de salvar José dos planos assassinos de seus irmãos. Como filho mais velho, era responsável pela vida de José e parece haver tido maior consideração por seu pai do que os demais. Não obstante, por contemporizar com seus irmãos, Rúben perdeu a oportunidade de salvar José. Os ismaelitas[42] chegaram no momento oportuno. Desta forma, Deus operou usando homens maus para levar José ao Egito.

A forma pela qual os irmãos atuaram mostra como a inveja e o ódio podem endurecer a consciência humana. Não deram atenção à angústia e aos rogos do jovem (42.21) e sentaram-se tranquilamente para comer pão após lançar José na cisterna. Depois de vendê-lo, felicitavam a si mesmos, sem dúvida por sua misericórdia e bom tino para negócios. Mais tarde, enganaram cruelmente ao velho pai. Ao apresentar a túnica manchada de sangue, disseram-lhe insensivelmente: "Conhece agora se esta será ou não a túnica de *teu* filho" (grifo do autor), como se José não fosse irmão deles. O fato de as Escrituras relatarem com franqueza os detalhes negativos dos fundadores das

---

[42] Os mercadores árabes costumavam levar especiarias de Damasco para Dotã e seguiam a costa rumo ao sul. Surge uma dificuldade, visto que os mercadores são chamados de "ismaelitas" em 37.25 e "midianitas" em 37.28, embora neste mesmo versículo sejam de novo chamados de "ismaelitas". Parece tratar-se de termos intercambiáveis, equivalentes a mercadores nômades, pois assim se usam os termos em Juízes 8.28.

tribos de Israel é evidência de sua autenticidade e inspiração. As lendas de outros povos sempre atribuem a seus fundadores características heroicas, porém não reconhecem falhas neles.

A angústia inconsolável do velho pai não está à altura de um homem que havia lutado com Deus e prevalecido. Embora não seja errado expressar o pesar, pois o próprio Jesus chorou (João 11.35), a recusa de ser consolado revela falta de submissão à providência de Deus. Parece que Jacó se esqueceu dos sonhos de José e não buscou o consolo divino. Pelo contrário, Jacó sentiu a perda do único filho que havia prezado o espiritual e que o havia consolado com sua presença e amor após a trágica morte de sua querida esposa Raquel.

3. José na casa de Potifar. Capítulo 39.1-20. Os midianitas não venderam José a uma pessoa desconhecida que vivia em um lugar obscuro e distante da civilização. Em vez disso, levaram-no à própria capital do Egito e o venderam a Potifar, capitão da guarda real, pessoa de influência na corte de Faraó. Assim, José foi colocado onde lhe seriam oferecidas as melhores oportunidades de conhecer os costumes dos egípcios, de ser iniciado na arte de governar e, sobretudo, de ser introduzido na presença de Faraó.

A sorte de um escravo era muito dura, pois, uma vez feito escravo, permanecia escravo para sempre. Fora isso, José deve ter sofrido dolorosamente a saudade da casa e a falta do carinho de seu pai. Não obstante, uma vez levado, não deu sinais de protesto. Consagrou-se de boa vontade a cumprir seus deveres de escravo. Destacou-se como jovem consciencioso, sagaz e digno de confiança. Quatro vezes se diz no capítulo 39: "o SENHOR estava com José". F. B. Meyer observa: "O sentido da presença e proteção do Deus de seu pai penetrava em sua alma e a tranquilizava, e o guardava em perfeita paz".[43] Reconhecendo que Deus fazia José prosperar, Potifar fê-lo administrador de sua casa.

A integridade que José manteve diante da tentação apresentada pela esposa de Potifar contrasta notavelmente com a conduta de Judá registrada no capítulo anterior. Judá era livre e de sua própria vontade incorreu no pecado em um lugar que ele pensava ser um

---

[43] MEYER, F. B. **José el amado**. s.d. p. 26.

santuário cananeu.[44] Por sua parte, escravo, longe do lar, José tinha todo o pretexto para ceder à tentação, porém lançou mão de duas armas: a divina e a humana. "[C]omo, pois, faria eu este tamanho mal e pecaria contra Deus?" (v. 9). Considerou esse ato de imoralidade pecado contra seu senhor, contra a senhora, contra seu próprio corpo e, sobretudo, contra seu Deus. Também usou a arma humana ao afastar-se dela e, por fim, fugiu, quando a tentação se tornou forte. Ao ser caluniado, não reagiu acusando a mulher, nem ainda defendendo a si próprio. Parece que Potifar havia duvidado da verdade da acusação e se irou principalmente porque havia perdido um escravo tão bom. Em vez de matá-lo, que seria o castigo correspondente ao delito, Potifar impôs a José a pena mais leve possível em tais circunstâncias.

4. José na prisão. Capítulos 39.2-40. Depois de haver trabalhado com tanto afinco, sem queixas, e de haver chegado a um lugar de prestígio incomparável, José foi objeto de calúnias e caiu ao ponto mais baixo e a uma situação de escravo. Mas José guardou silêncio, confiando sua causa às mãos de Deus e trabalhando serena e diligentemente. Por que Deus permitiu que José fosse encarcerado? Ali aprenderia muito dos altos personagens que compartilhavam a prisão com ele. Também o pesar e a privação, o jugo sofrido na juventude, tudo contribuiu para formar um caráter firme, paciente e maduro, a fim de que José prestasse grandes serviços a Deus e aos homens quando chegasse o momento oportuno. Por último, sua estada no cárcere e sua faculdade de interpretar sonhos puseram-no no devido tempo em contato com Faraó.

Como deve ter brilhado o caráter de José no meio dos presos ressentidos e desanimados! Ele tinha consciência de que Deus o acompanhava, e este era o segredo de seu êxito. O chefe da prisão notou sua engenhosidade e responsabilidade e o encarregou do cuidado de toda a prisão e dos presos. No caso dos dois funcionários do rei presos, vemos que José não permitiu que sua triste situação pessoal despojasse seu coração de solicitude por outros ou o cegasse para as necessidades deles. Por sua comunhão com um Deus amoroso, estava cheio

---

[44] A palavra traduzida por "prostituta" (38.21) equivale no hebraico a "santa" ou "sacerdotisa". Atos imorais eram parte do culto cananeu, de modo que Judá pensou que Tamar fosse uma prostituta sagrada da religião cananeia.

de compaixão. Interrogou o copeiro e o padeiro, que estavam perturbados, e então lhes afirmou que Deus tinha a interpretação de seus sonhos. Embora as interpretações divinamente dadas a José se cumprissem ao pé da letra, ele viu frustradas suas esperanças de que o copeiro intercedesse por ele perante Faraó. A demora é, com frequência, parte da disciplina divina. Por isso Deus demorou também a libertar José, para proporcionar-lhe um cumprimento maior dos sonhos que lhe dera muitos anos antes.

5. José chega ao posto de primeiro-ministro. Capítulo 41. Ao contar 30 anos de idade e depois de treze anos de disciplina e preparação (37.2 e 41.46), Deus permitiu que José chegasse ao lugar onde podia honrá-lo. O Senhor deu a Faraó sonhos tais que nem os magos nem os sábios versados na antiquíssima sabedoria egípcia podiam interpretar. Então o principal copeiro lembrou-se de que José havia interpretado seu sonho na prisão. Faraó mandou chamar José. É de notar que José se negou a atribuir a si próprio qualquer mérito na interpretação de sonhos; pelo contrário, testificou abertamente acerca de Deus perante Faraó. Apesar de José não ter visto ainda o cumprimento de seus próprios sonhos e de haver passado longos e difíceis anos como escravo e depois preso, não havia perdido sua confiança em Deus. Interpretou o sonho de Faraó como uma predição de sete anos de boas colheitas seguidos de sete anos de fome. Aconselhou também que se escolhesse uma pessoa prudente para fazer os preparativos necessários a enfrentar a fome, mas não sugeriu que fosse ele o escolhido; provavelmente não suspeitava que o designado seria ele.

De imediato, Faraó nomeou José como vizir ou primeiro-ministro do Egito. Apoiava-o com a plena autoridade real, colocando-lhe no dedo seu próprio anel de selo, com o qual todos os decretos e documentos oficiais eram legalizados e entravam em vigor. Ordenou que todos se ajoelhassem diante de José como se ele próprio fosse Faraó. Para que José tivesse posição social, Faraó concedeu-lhe um nome egípcio e lhe deu por esposa a filha do sacerdote de On (Heliópolis), o centro do culto ao Sol, cujo sacerdócio tinha grande importância política. Foi assim que José se aparentou com a mais alta nobreza do Egito.

José não se envaideceu de sua posição nem se aproveitou pessoalmente de sua autoridade; antes, reconheceu que foi levado para desempenhar um trabalho em benefício de outros, trabalho que ele empreendeu imediatamente. Pensava mais em sua responsabilidade do que em sua dignidade. Primeiro percorreu toda a terra do Egito para inspecionar seus recursos e organizar o trabalho. Depois cumpriu de maneira sistemática as instruções prudentes que Deus lhe havia dado.

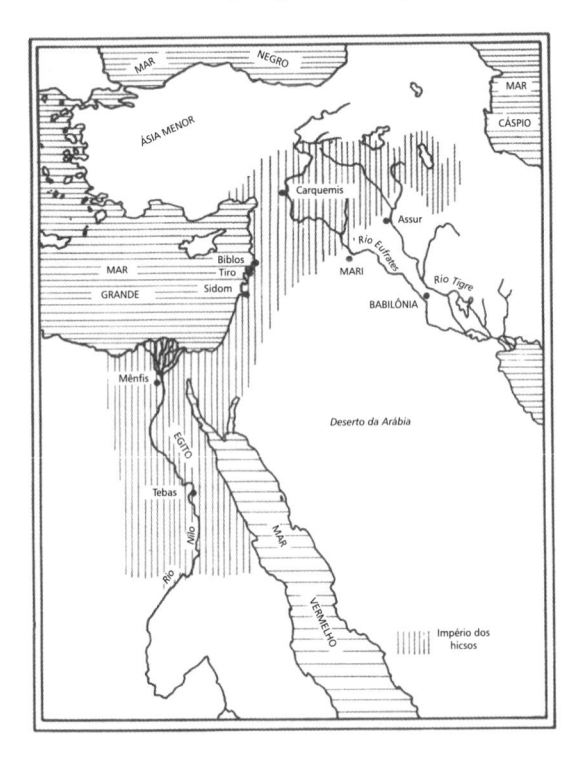

Os nomes que José deu a seus filhos indicavam que Deus lhe havia mostrado seu favor. O nome *Manassés* (o que faz esquecer) demonstra que José havia vencido a amargura. Era um testemunho de que Deus o havia feito esquecer todo o trabalho dos longos anos de provação e de saudade de seu lar em Canaã. Foi, talvez, a maior vitória de sua vida. Depois chamou a seu segundo filho "Efraim" (fértil). Deus faz que frutifiquem os que sabem perdoar e esquecer.

Anos mais tarde, Jacó declarou que José era como um ramo frutífero junto a uma fonte (49.22). José podia frutificar porque tinha suas raízes em Deus, mantendo-se mediante a comunhão com ele.

Os críticos liberais têm duvidado de que Faraó elevasse ao posto de primeiro-ministro do Egito um escravo estrangeiro, sob condenação e sem prestígio algum. Mas o relato deixa claro que Faraó e seus servos foram de grande maneira impressionados pelo fato de que o Espírito de Deus residia em José, de modo que a sabedoria do jovem hebreu não era humana, mas uma operação sobrenatural de Deus (41.38). Supõe-se que a ascensão de José foi facilitada porque também nesse período ocupava o trono do Egito uma dinastia de reis asiáticos, os hicsos ou reis-pastores. Os hicsos invasores tomaram o trono do Egito em 1720 a.C. e reinaram por aproximadamente 140 anos. Eram semitas e às vezes nomeavam semitas para ocupar postos importantes. Seria natural que um rei dos conquistadores do Egito acolhesse os hebreus e os colocasse no melhor da terra. Não há que estranhar que não se encontre menção alguma a José nos monumentos existentes no Egito, pois os egípcios odiavam os hicsos. Ao expulsá-los do Egito, os egípcios procuraram erradicar toda marca de ocupação estrangeira de seu país, a tal ponto que os arqueólogos têm tido dificuldade para reconstruir os detalhes dos hicsos.[45] Contudo, a arqueologia confirma que muitos pormenores mencionados no relato acerca de José concordam com os costumes daquele tempo. Por exemplo, encontraram-se os títulos de "copeiro-mor" e "padeiro-mor" (40.2) em escritos egípcios. Outro dado confirmado é que se conheceram tempos de fome no Egito. Um Faraó, segundo um escrito da época ptolomaica (2700 a.C.) disse: "Estou desolado porque o rio Nilo não transborda em um período de sete anos, falta grão, os campos estão secos e o alimento escasseia". Desde a Antiguidade, o Egito era o celeiro de Canaã em tempo de escassez. Na Pedra Roseta há um escrito que indica que Faraó tinha o costume de pôr em liberdade alguns presos no dia de seu aniversário, tal como fez no caso do copeiro-mor (40.20). Outro dado é fornecido pelas figuras egípcias nos monumentos antigos, porque indicam que os homens

---

[45] KYLE, M. G. Joseph. In: ORR, James (redator). **The International Bible Encyclopaedia**. v. 3, 1949. p. 1738.

não usavam barba, e assim explicam a razão pela qual José se barbeou antes de comparecer perante Faraó (41.14). A cena da investidura de José é nitidamente egípcia. Faraó deu a José seu anel de selo, fê-lo vestir-se com roupa de linho finíssimo e pôs um colar de ouro em seu pescoço (41.42), os três itens mencionados nas inscrições egípcias que descrevem investiduras. Além disso, os nomes Zafnate-Paneá, Asenate (pertencentes à deusa Neit) e Potífera (presente do deus Sol, Rá), são nomes egípcios.[46]

PERGUNTAS
José. Capítulos 37–41

A. Sobre a Bíblia

1. a) O que demonstra Gênesis 37.2 acerca do contraste entre o caráter de José e o de seus irmãos? (Ver também o capítulo 38.)
b) Havia três coisas que provocavam a inveja dos outros filhos contra José. Quais eram?
c) Como agiu José no assunto de seus sonhos? Convém-nos relatar nossos sonhos e visões pessoais a outros? Faça uma aplicação acerca das revelações pessoais.
d) No seu entender, por que Deus deu a José tais sonhos? Com o transcorrer do tempo, qual seria o valor dos sonhos na vida de José? (Ver Atos 9.15,16.)
e) Descreva o rol de males desencadeados pela inveja desenfreada dos irmãos de José (ver Tiago 3.16).
f) Se Deus estava dispondo tudo, por que os filhos de Jacó foram de Siquém para Dotã? (37.14-17).
g) Note o pesar de Jacó ao receber a notícia do desaparecimento de José. Considerando que Jacó cria em Deus, o que há de censurável em seu pesar?

2. a) Descreva o caráter de Judá segundo se vê no capítulo 38.
b) Na sua opinião, à luz do capítulo 38, que perigo corria a família de Jacó vivendo entre os cananeus?
c) Note o lugar de Tamar na linha messiânica (Mateus 1.3). Que expressão da natureza divina se ressalta nesse fato?

---

[46] WOOD, Leon. **A survey of Israel's history**. 1971. p. 78-79.

3 a) A seu ver, por que Deus dispôs que José fosse vendido a Potifar em vez de ser vendido a um desconhecido agricultor do Egito? (O que José aprendeu na casa de Potifar?)
    b) Quais qualidades de José se salientam durante sua estada na casa de Potifar e mais tarde na prisão?
    c) Que frase se encontra várias vezes no capítulo 39, reveladora do segredo do êxito de José?
    d) O que aprendeu José na prisão que mais tarde o ajudou ao ser elevado a uma posição de autoridade?

4 a) A que fonte José atribuiu, diante de Faraó, sua habilidade de interpretar sonhos?
    b) O que Faraó observou em José que o impressionou tanto a ponto de fazê-lo seu primeiro-ministro?
    c) Quanto tempo transcorreu entre a venda de José por seus irmãos e sua ascensão ao posto de primeiro-ministro? (37.2; 41.46). Que importância tem o fator tempo na preparação de José? (Ver Salmos 25.4,5; 40.1-3.)
    d) Que significado você nota no nome que José deu ao seu primeiro filho? (Que mal se vê com frequência nos que sofrem pelas injustiças de outros?)
    e) Se Cristo é o pão da vida e muitas pessoas ao nosso derredor morrem de fome espiritual, qual é a lição que se observa em 41.54-57?

B. Sobre o livro de texto

1 a) Que grande propósito tinha Deus para a vida de José?
    b) Cite as razões pelas quais foi preciso que os hebreus fossem colocados no Egito.
    c) Por que o Egito era o lugar ideal para o desenvolvimento do povo hebreu?
    d) Que atividade de Deus se destaca na história de José? Explique qual é.
    e) Ao presentear a José com uma túnica especial, provavelmente Jacó manifestou uma intenção censurável em relação a seus outros filhos. Qual foi?

    f) Qual poderia ter sido o motivo de Rúben ao procurar salvar José? Por que falhou?

2 a) Que dois aspectos maus do adultério viu José na tentação da esposa de Potifar?

    b) A que conclusão você chega acerca da recompensa da parte de Deus e dos homens por José haver resistido à tentação? É imediata? Por quê?

3 a) Que luz a história secular lança sobre o fato de que um Faraó egípcio elevasse um hebreu ao cargo de primeiro-ministro e a seguir desse a parte mais fértil do Egito aos israelitas? (Note que os egípcios desprezavam os povos pastoris, 46.34.)

    b) Por que não se acha nenhuma referência a José nos monumentos egípcios?

    c) Mencione algumas evidências arqueológicas da veracidade do relato bíblico.

C. Projeto

Faça uma lista dos passos providenciais mediante os quais Deus efetuou a transferência de seu povo para o Egito durante a vida de José.

6. José põe seus irmãos à prova. Capítulos 42—45. Ao ver os dez homens da família de Jacó que chegaram ao Egito para comprar alimento, José reconheceu de imediato seus irmãos, porém eles não o reconheceram. Por fim, cumpriram-se os sonhos de José. Por que ele os tratou com severidade? Queria prová-los para ver se estavam arrependidos do crime cometido havia mais de vinte anos. Haviam transferido sua inveja para Benjamim? José sabia que uma reunião sem comunhão constituiria um escárnio. Se ainda guardavam inveja e ressentimento, ele não poderia desfrutar de sua companhia, nem eles da companhia de José. Por outro lado, há certos aspectos do trato de José com seus irmãos que demonstram que ele estava animado de profunda solicitude por eles. Também os nomes que deu a seus filhos atestam que não guardava ira nem desejo de vingança em seu coração.

Os três dias na prisão fizeram os irmãos compreender a sorte a que haviam exposto José (42.21,22). O fato de que José mandou prender Simeão em vez de Rúben, o primogênito, que se opusera a maltratar José havia vinte anos, infundiu neles a sensação de que a justiça divina os estava alcançando. Seu temor aumentou quando encontraram o dinheiro nas bolsas. Nesse momento, chegaram à conclusão de que Deus estava acertando contas com eles. A oferta de Rúben de entregar à morte seus dois filhos em troca parecia indicar uma mudança de coração, mas em realidade carecia de profundidade, pois Rúben sabia que Jacó não entregaria à morte seus netos. Não obstante, mostrando uma mudança de atitude, os dez irmãos não se ressentiram com a preferência que José revelava em relação a Benjamim. A mudança de coração evidenciou-se, sem dúvida alguma, quando o copo de prata foi encontrado no saco de Benjamim. Todos os irmãos se ofereceram como escravos e se negaram a partir quando José exigiu de novo que somente Benjamim ficasse como escravo. Demonstraram que estavam mais preocupados por Benjamim do que por si mesmos. A intercessão comovente de Judá, saturada de compaixão e amor para com seu irmão e pai, convenceu José de que seu arrependimento era verdadeiro, e não podia fazer outra coisa senão revelar-se a eles. Perdoou-lhes e até mesmo os consolou dizendo-lhes que havia sido a mão de Deus que o enviara ao Egito, e não eles. Disse: "Pelo que Deus me enviou diante da vossa face, para conservar vossa sucessão na terra e para guardar-vos em vida por um grande livramento" (45.7).

José não somente perdoou a seus irmãos, mas proveu amplamente para satisfazer-lhes as necessidades. Mandou que trouxessem suas famílias e Jacó para o Egito, onde habitariam na melhor região daquele país. Deus operou no coração de Faraó a fim de que concedesse gratuitamente a Jacó e a sua família a parte do Egito denominada Gósen. Assim, demonstrou sua gratidão a José por haver salvado o Egito da fome. Gósen era a região nordeste do delta do Nilo, separada geograficamente do restante do Egito, mas a 20 quilômetros da sede central de José, Tanis. Era um lugar rico e ideal para que os israelitas levassem uma vida separada dos egípcios. Podiam ali viver juntos, multiplicar--se, conservar seus costumes e falar seu próprio idioma. Também seu trabalho como pastores ficava protegido da influência egípcia, pois os egípcios menosprezavam os pastores (46.34). Muito tempo antes, Deus havia revelado que seu povo viveria em terra estranha (15.13-16). Agora isso estava por cumprir-se. José foi o instrumento escolhido para transferir os israelitas para o Egito.

7. Jacó e sua família descem ao Egito. Capítulos 46.1—47.26. Daqui até o capítulo 49, Jacó é a pessoa que mais sobressai, e nota-se que já era um patriarca digno do novo nome que lhe fora dado em Peniel. Havia passado pela escola do sofrimento, incluindo sua fuga de Esaú, suas dificuldades com Labão, a morte de sua amada Raquel, a humilhação de Diná e os muitos anos de solidão, durante os quais guardou luto por José. Quase não podia crer na notícia de que José não havia morrido e que era o governador do Egito. Ao ver os carros enviados por Faraó, o patriarca adquiriu ânimo. Deus confirmou-lhe a visão na qual lhe havia indicado ir para o Egito. Por isso, não foi para a terra dos Faraós como um refugiado, mas como chefe de uma família que, segundo a promessa de Deus, se converteria em uma nação. A cena do reencontro do velho pai com seu nobre filho é comovente. Para Jacó, era como receber um morto ressuscitado. Para José, significava o ponto culminante da aprovação de Deus por sua fé e paciência.

A seguir, José apresentou uma delegação de cinco de seus irmãos perante Faraó. Embora este houvesse convidado toda a família a vir para o Egito, José queria estar seguro de que não seria uma decisão passageira de Faraó. Era conveniente que os egípcios soubessem também que Faraó estava perfeitamente de acordo com que se radicassem no Egito.

A forma pela qual José apresentou seu velho pai a Faraó demonstra o profundo respeito que sentia por Jacó e que desejava expressar-lhe a honra mais marcante. Apresentou-o ao rei do Egito como se apresentasse um monarca. O rústico e velho pastor demonstrou sua fé e dignidade nessa ocasião. Não se prostrou ante o grande potentado cercado do esplendor da corte egípcia, mas invocou a bênção do Senhor sobre ele. "O menor é abençoado pelo maior", diz Hebreus 7.7. Suas palavras a Faraó, "poucos e maus foram os dias dos anos da minha vida",[47]

---

[47] Jacó considerava que seus 130 anos eram "poucos" em comparação com os 175 de Abraão e os 180 de Isaque. Eram "maus" no sentido de que estavam cheios de tristeza.

contrastam marcadamente com as palavras proferidas no final de sua carreira: "o Deus que me sustentou, desde que eu nasci até este dia, o Anjo[48] que me livrou de todo o mal [...]" (47.9; 48.15,16). Entre as duas ocasiões, Jacó viu a mão de Deus operar mediante as circunstâncias, e consequentemente a autoavaliação de sua vida mudou de forma radical.

8. Jacó contempla o futuro abençoando seus descendentes e profetizando. Capítulos 47.27—50.26. Embora Jacó, junto com sua família, desfrutasse do melhor do Egito, nunca perdeu a visão do futuro. À semelhança de Abraão e de Isaque, Jacó considerava sua vida terrena uma peregrinação (47.9), pois "esperava a cidade [...] da qual o artífice e construtor é Deus" (Hebreus 11.10). Tampouco se esqueceu das promessas da aliança de que Israel seria uma nação e herdaria a terra de Canaã (48.3,4). A confiança, tanto de José como de Jacó, de que os israelitas voltariam à terra prometida se observa nas instruções que deram quanto à sua sepultura. Jacó ordenou a seus filhos que o sepultassem no cemitério de Macpela, onde se encontravam os restos de seus pais, avós e também de Leia, sua esposa. José pediu-lhes que levassem seus ossos para Canaã porque "Deus certamente vos visitará e vos fará subir desta terra para a terra que jurou a Abraão, a Isaque e a Jacó" (50.24).

O escritor da carta aos Hebreus escolheu como máximo exemplo da fé do patriarca Jacó a bênção comunicada aos filhos de José (Hebreus 11.21). Adotou Efraim e Manassés como filhos próprios (48.16) e, assim, distinguiu José com o privilégio de ser progenitor de duas tribos. Aos filhos de José, Jacó deu a bênção da primogenitura. (Rúben, o primogênito, perdeu essa bênção por seu incesto narrado em 35.22.) O fato de Jacó colocar a mão direita sobre Efraim, o filho mais novo, indicava que seria este quem tomaria o lugar de proeminência; em realidade, Efraim veio a ser a mais importante das tribos situadas no norte de Canaã. Embora o direito de primogenitura ficasse estabelecido como de José (Efraim e Manassés), foi Judá quem veio a ser o maior dos doze irmãos (1Crônicas 5.2). A rivalidade

---

[48] Na frase "o Deus que me sustentou", Jacó reconhece que Deus era seu Pastor. A expressão "o Anjo" sugere os encontros visíveis de Deus com Jacó nos momentos de crise, especialmente em Peniel.

entre a poderosa tribo de Efraim e a de Judá através dos séculos da história de Israel pode ter sido um dos fatores que finalmente causaram a divisão do reino hebreu após a morte de Salomão.[49]

Ao abençoar seus filhos que foram constituídos pais das tribos de Israel, Jacó profetizou com assombroso discernimento as características das doze tribos. Rúben, por seu caráter impetuoso e instável, não cumpriu seu alto desígnio e, por sua impureza moral, fez-se indigno da proeminência. Sua tribo caracterizou-se pela indecisão na época de Débora (Juízes 5.15,16), e mais tarde parece ter sido eclipsada por Gade. Por outro lado, de tempos em tempos foi devastada por Moabe.

Os violentos filhos de Simeão e de Levi foram amaldiçoados por seu aleivoso ataque contra Siquém, quando vingaram sua irmã Diná, que fora violada (Gênesis 34). Em pouco tempo ficariam dispersos entre as demais tribos de Israel. A de Simeão, no meio de Judá (Josué 19.1), foi absorvida principalmente por essa tribo. Por outro lado, a dispersão de Levi converteu-se em grande bênção, já que essa tribo foi honrada com a função sacerdotal, e a espada da violência foi substituída pelo cutelo do sacrifício. A mais importante bênção e a profecia mais transcendente do capítulo é a que se refere à tribo de Judá (49.8-12). O erudito evangélico Derek Kidner observa que essa profecia apresenta em miniatura o esquema bíblico da história.[50] Compara-se Judá ao leão por sua valentia, força irresistível e supremacia sobre as outras tribos. Historicamente, Judá foi posta à cabeça do acampamento israelita na peregrinação pelo deserto (Números 2.2-9; 10.14); foi divinamente designada para ser a primeira em retomar a guerra contra os cananeus após a morte de Josué (Juízes 1.1,2); seu exército no período de Davi representava mais de um terço da totalidade dos soldados israelitas (2Samuel 24.9). "O cetro [insígnia real ou de comando] não se arredará

---

[49] A liderança de Efraim entre as tribos do norte foi fortalecida pelo fato de que os centros de culto e assembleias políticas, Siló e Siquém, se encontravam em seu território, além dos grandes líderes Josué e Samuel, que eram efraimitas. Manifestou-se às vezes o orgulho de Efraim, consciente de ter a proeminência (Juízes 8.1; 12.1-6). Nunca se conformou com a ideia de passar o cetro à tribo de Judá sob a casa de Davi (2Samuel 2.1-11). A insensatez da política de Salomão e a teimosia de Roboão ao não responder às exigências das tribos do norte precipitaram a rebelião da tribo de Efraim e outras tribos contra Judá. Depois, Efraim ficou com a indisputada supremacia no Reino do Norte.

[50] KIDNER, op. cit., p. 218.

de Judá" (Gênesis 49.10). A Judá foi concedida a grande honra de ser o progenitor da dinastia real, a casa de Davi.

Pela fé Jacó olhou para o futuro longínquo e contemplou a vinda do Messias. Judá exerceria a autoridade real sobre as outras tribos "até que venha Siló". Não é claro o significado da palavra "Siló" no idioma hebraico, porém muitos estudiosos da Bíblia a interpretam como "pacificador" ou "aquele a quem pertence o direito real". A última interpretação indicaria que o cetro ou símbolo de autoridade real estaria em mãos de sucessivos reis de Judá até que viesse o Rei a quem Deus reservava o direito de reinar e a quem as nações renderiam homenagem ("até que o tributo lhe seja trazido e que lhe obedeçam os povos", 49.10b, *Bíblia de Jerusalém*). Ezequiel 21.26,27 parece confirmar que Gênesis 49.10 deve ser considerada claramente uma passagem messiânica. Essa profecia antecipou o grande fato histórico de que a linhagem real de Davi chegaria a ser eterna em Jesus Cristo. Cristo, o Leão de Judá e Príncipe da Paz, não constitui somente a culminância da dinastia de Davi, mas também sua mais ampla expressão.

Alguns comentaristas julgam que Gênesis 49.11,12 se refere à abundância de vinhas no território de Judá, porém outros creem que o texto fala em sentido figurado da exuberante abundância do reino universal do Messias, cujo advento é profetizado no versículo anterior.

É interessante notar como Jacó empregava outros símbolos de animais para caracterizar certas tribos. Issacar é comparado a um jumento forte que não perdeu seu vigor. À semelhança de muita gente, a tribo de Issacar estava disposta a ceder sua liberdade a fim de obter segurança econômica e uma vida sem riscos nem responsabilidade. Em vez de lutar para submeter os cananeus, aceitou ser submetida por eles. A comparação de Dã a uma serpente venenosa, que ataca sem aviso, talvez se refira profeticamente à tomada de Laís de surpresa por essa tribo (Juízes 18.7-9). Naftali seria como uma cerva solta; efetivamente estabeleceu-se em território fértil e tranquilo. Nos capítulos 19 e 20 de Juízes nota-se algo da violência de um lobo na conduta dos benjamitas. Assim, Jacó previu com exatidão algo do caráter e destino das tribos hebraicas. As bênçãos sobre seus filhos constituíram uma conclusão apropriada do período patriarcal.

9. Lições da vida de José. O livro do Gênesis termina com as palavras "num caixão no Egito". José deixou o mundo dando testemunho de sua fé na promessa de que Israel voltaria a Canaã, pois ordenou que seu corpo fosse embalsamado a fim de ser levado para a Palestina. Para os israelitas que estavam no Egito, o caixão era um símbolo de esperança.

Podemos aprender muito estudando a história de José. Eis algumas das lições que Ross extrai dessa personagem:

a) Pureza pessoal. Se não fosse a vida religiosa de José e sua convicção quanto à importância da pureza, teria sido arrastado por paixões carnais e cedido à tentação. Mas resolvera levar uma vida pura e se conservou imaculado.

b) A prosperidade nos negócios é possível para o servo fiel de Deus. Deus fez José prosperar e ele é um exemplo para nós.

c) A importância de cuidar de nossos pais.

d) Por meio da cruz, obter a coroa. José sofreu como escravo e depois como preso durante os anos de sua juventude. Foi perseguido pelos irmãos, caluniado pela mulher de Potifar e esquecido pelo copeiro. Tudo sofreu com paciência. Mas seus sofrimentos foram meios que o levaram a alcançar a coroa de autoridade no Egito.

e) Toda a vida de José é um exemplo da providência divina. Deus guiou todos os passos de José, encaminhando a maldade dos homens e os contratempos da vida para sua meta divina.[51]

M. G. Kyle diz: "José destaca-se entre os patriarcas com preeminência em alguns aspectos. Sua nobreza de caráter, sua pureza de coração e vida, sua grandeza de alma como governador e irmão fazem dele, mais do que qualquer outra personagem do Antigo Testamento, um exemplo vivo daquele modelo de homem que Cristo daria ao mundo em perfeição suprema. Não se encontra José como símbolo de Cristo entre as pessoas mencionadas nas Escrituras, mas nenhum outro exemplifica melhor a vida e obra do Salvador. José obteve a salvação para os que o atraiçoaram e rejeitaram, humilhou-se, perdoou aos que o maltrataram, e a ele, como ao Salvador, todos tinham de ir em busca de socorro, ou então perecer".[52]

---

[51] Ross, op. cit., p. 87-89.
[52] KYLE, op. cit., p. 1.737.

PERGUNTAS
José e Jacó. Capítulos 42–50

A. Sobre a Bíblia

1 a) Você encontra alguma evidência, no capítulo 42, de que José já havia perdoado a seus irmãos? Indique os detalhes do relato que apoiam sua resposta.
   b) Em sua opinião, por que José não se deu a conhecer de imediato a seus irmãos e os tratou com aspereza? (Deus não emprega métodos semelhantes? Hebreus 12.6-11; Jeremias 31.18,19.)
   c) Que resultado produziu a estada dos filhos de Jacó na prisão?
   d) Por que Jacó não quis que Benjamim acompanhasse seus irmãos ao Egito (35.16-18; 44.20,27)?
   e) Observe o erro da atitude de Jacó (42.36). Que lição ensina esse relato, que podemos aplicar quando nos pareça que todas as coisas estão contra nós (ver Salmos 43.5; Romanos 15.13)?

2 a) Por que Jacó acedeu finalmente ao pedido de Judá de que Benjamim acompanhasse os irmãos ao Egito (capítulo 43)?
   b) Na sua opinião, por que José deu a Benjamim uma porção cinco vezes maior que qualquer das porções dos outros irmãos? Era por afeição a Benjamim ou para provar se seus irmãos ainda eram invejosos (ver 37.4)?

3 a) Ao ler o capítulo 44, como sabemos que os filhos de Jacó se haviam arrependido do mal que fizeram contra José e agora eram homens transformados? (Faça um contraste com a atitude deles para com seu irmão mais novo e para com seu pai, segundo os capítulos 37—44.)
   b) Observe a intercessão de Judá (44.16-34). Judá é o porta-voz de seus irmãos na segunda viagem ao Egito. Suas palavras atuais contrastam com as de 37.26,27. A quem se assemelha Judá agora, em certo aspecto (João 10.15)?

4 Em que versículos dos capítulos 45 e 50 José reconhece a providência de Deus?

5 a) Quem Jacó enviou realmente ao Egito, segundo o capítulo 46?
   b) No seu entender, por que Faraó tratou tão generosamente os irmãos de José? Há neste incidente um paralelo entre José e Cristo (Efésios 1.6)?

c) Observe o contraste entre as duas apreciações retrospectivas da vida de Jacó (47.9 e 48.15,16). Que lição prática se encontra na comparação?
6 a) Qual dos últimos atos de Jacó revela que ele era um grande homem de fé?
   b) Como Jacó mostrou sua preferência por José?
   c) Como José demonstrou que acreditava firmemente que os israelitas algum dia voltariam a Canaã?

B. Sobre o livro de texto

1 a) Qual é a pessoa que mais sobressai nos capítulos 46 e 47?
   b) Por que Deus revelou a Jacó que ele devia descer ao Egito?
   c) Como Jacó demonstrou sua dignidade a Faraó? Como devemos considerar-nos a nós mesmos quando estivermos diante de grandes políticos?
   d) Qual era a vantagem de os hebreus estarem todos juntos, separados dos egípcios?
2 a) A quem Jacó comunicou a primogenitura? Por quê?
   Alguns comentaristas acham que o pão da proposição prefigurava Cristo, "o pão da vida" (João 6.35). A comparação é interessante, mas não está de acordo com o propósito original de tais pães. É óbvio que os pães representavam uma oferta a Deus da parte das doze tribos, pois se ofereciam doze (se representassem uma dádiva de Deus aos homens, provavelmente teria sido de um único pão). Além disso, eram oferecidos com incenso e vinho, acompanhantes comuns dos sacrifícios. Cristo é "o pão da vida" não pelo simbolismo dos pães da proposição, mas porque nele se cumpre o simbolismo do maná (João 6.31-35).
   b) Que significado tinha o fato de pôr a mão direita sobre Efraim, sendo este o menor? (Observe a importância futura de Efraim.)
3 a) Qual é a bênção mais importante do capítulo 49? Por quê?
   b) Qual é o significado de 49.10?

C. Projeto

   Faça uma comparação entre José e Jesus Cristo.

CAPÍTULO 3

Êxodo

INTRODUÇÃO

1. Título. Êxodo significa "saída", e a versão grega deu ao livro esse título porque ele narra o grande evento da história de Israel: a saída do povo de Deus do Egito.

2. Relação com os demais livros de Moisés. Êxodo é o elo indispensável que une de forma inseparável o Pentateuco. Continua a história dos hebreus iniciada em Gênesis no mesmo estilo inigualável deste e acentuando o elemento pessoal. É a figura de Moisés que domina quase todo o relato de Êxodo. Os assuntos do sistema sacerdotal e da lei de santidade iniciados em Êxodo, por sua vez, se desenvolvem em Levítico. Também a história da caminhada de Israel para a terra prometida, a qual constitui a maior parte de Números, encontra seu princípio em Êxodo. Finalmente, acha-se em Deuteronômio um eco tanto de Números como de Êxodo. Por isso, o livro de Êxodo é chamado "o coração do Pentateuco".

3. Egito. A antiga terra dos Faraós abrangia o estreito vale do rio Nilo. Ao norte, iniciava-se sua extensão desde Asmã, perto das primeiras cataratas, até o delta, onde o Nilo desemboca no mar Mediterrâneo; ocupa 950 quilômetros. A agricultura do Egito dependia da regadura do Nilo e do sedimento que suas águas transbordantes deixavam ao retirar-se depois de inundar o vale. Em cada lado desse vale há um deserto desprovido de quase toda forma de vida.

A história do Egito remonta aproximadamente ao ano 3000 a.C., quando o reino do vale do Nilo e o reino do delta foram unificados pelo brilhante rei Menés. Trinta dinastias ou famílias reais reinaram durante os anos 3000 até 300 a.C. A cidade de Mênfis, situada entre o delta e o vale do Nilo, foi capital do reino até que se transferiu o governo da região do sul para Tebas, na época do Novo Reino (1546-1085 a.C.).

A época clássica da civilização egípcia chama-se Antigo Reino (2700-2200 a.C.). As enormes pirâmides, edificadas como túmulos reais, e a grande esfinge de Gizé foram construídas nesse período. Depois, houve dois séculos de decadência seguidos pelo Reino Médio (2000-1780 a.C.). Surgiu um poderoso governo centralizado sob a duodécima dinastia que trouxe projetos de irrigação, exploração mineira de cobre na península do Sinai e a construção de um canal entre o mar Vermelho e o rio Nilo. O comércio egípcio estendeu-se às terras marítimas da parte oriental do mar Mediterrâneo. Floresceram a educação e a literatura. Essa época brilhante foi seguida, por sua vez, de dois séculos de decadência e de governo fraco.

No século XVIII, os hicsos invadiram o Egito e estabeleceram sua capital em Tânis (Zoã Avaris). Os invasores procediam provavelmente da Ásia Menor e utilizaram carros puxados por cavalos e o arco composto, armas que os egípcios desconheciam. Contudo, os hicsos permitiram que os egípcios mantivessem um governo secundário em Tebas e no Baixo Egito. Em 1570 a.C., os egípcios, dirigidos por Amósis I, expulsaram os odiados hicsos e estabeleceram o Reino Novo (1546-1085 a.C.). Os hebreus estiveram no Egito nesse tempo. Tebas tornou-se capital do Egito. Ainda existem as grandiosas ruínas dessa cidade. Diz Halley: "Nenhuma cidade tinha tantos templos, palácios e monumentos de pedra inscritos em ricas cores, brilhantes e resplandecentes de ouro".[1] Sem dúvida, muitos dos magníficos monumentos das cidades egípcias representam o trabalho, o suor e o sangue de incontáveis milhares de escravos.

O mais famoso conquistador egípcio e fundador do império do Egito na época do Novo Reino foi Tutmés III (Tutmósis III), que reinou entre 1500 e 1450 a.C. Dirigiu 18 campanhas militares mediante as quais subjugou a Etiópia, a Palestina e a Síria, estendendo o domínio egípcio até o rio Eufrates. Construiu uma frota e acumulou grandes riquezas. Costuma-se compará-lo a Alexandre Magno ou a Napoleão, no sentido de que foi o fundador de um grande império. Também Tutmés III fomentou a construção de edifícios públicos, ampliando o grande

---

[1] HALLEY, Henry. **Compendio manual de la Biblia**. s.d. p. 114.

templo de Carnaque e levantando numerosos obeliscos. Não obstante, Amenotepe IV (Akhenaton), que reinou depois, desde 1369 até 1353 a.C., descuidou do império egípcio, pois se dedicou a estabelecer o culto ao deus solar Áton como única divindade do Egito. Enfrentou grande oposição e, consequentemente, o Egito perdeu muito de seu domínio sobre Canaã e a Síria. Seti I (1302-1290 a.C.) procurou reconquistar os territórios perdidos, e seu filho Ramsés II (o Grande) seguiu seus passos, mas teve de contentar-se com um pacto de não agressão com a Síria.

Ramsés II (1290-1224 a.C.), considerado o Faraó do êxodo por muitos estudiosos, destacou-se por seus projetos de construção em Tebas e por continuar levantando as cidades-armazém Pitom e Ramessés. Alguns estudiosos pensam que essas cidades foram fundadas por seu pai, Seti I, mas outros acreditam que foram construídas originariamente por Tutmés III. Foi encontrado um papiro daquela época que descreve os trabalhos para construir a porta de um templo de Ramsés II. Cita operários que faziam sua cota de tijolos cada dia e oficiais que não tinham homens nem palha para produzir os tijolos.

A religião do Egito era politeísta. Prestava-se culto às forças da natureza, tais como o Sol, a Luz e o rio Nilo e também a certos animais e aves. Deificavam animais como o touro, o gato, o crocodilo, a rã e a serpente. Por seu turno, cada deus tinha uma função. Os egípcios atribuíam aos deuses a fertilidade da terra e dos animais, a vitória ou a derrota na guerra e as enchentes do Nilo. Alguns deuses foram elevados à proeminência nacional por meio de decretos de estado. O deus Hórus, com cabeça de falcão, foi constituído como deus do estado já nos albores da história egípcia. A quinta dinastia apoiava o culto ao deus solar Rá, cujo centro de adoração era Heliópolis (On), e Amom por pouco foi constituído deus nacional durante o Reino Médio e o Reino Novo. Para essa divindade, foram construídos magníficos templos em Carnaque e Lúxor. Todavia, de forma geral, o povo comum não prestava culto aos deuses nacionais, mas adorava as divindades locais.

Os egípcios criam na imortalidade, e seu deus Osíris simbolizava essa esperança. Se uma pessoa levava uma vida boa, poderia ressuscitar, mas primeiro teria de ser julgada pelo tribunal do mundo subterrâneo. Os sacerdotes embalsamavam por um processo complicado os cadáveres de personagens e de pessoas endinheiradas com a esperança de que voltassem a viver no futuro. Assim foi o ambiente no qual viveram os hebreus durante um período de mais de 400 anos.[2]

4. A data do êxodo. Não há dúvida alguma de que os israelitas saíram do Egito no lapso compreendido entre 1450 e 1220 a.C. Israel já estava radicado em Canaã no ano de 1220 a.C., pois um monumento levantado pelo Faraó Mereptá faz alusão ao combate entre egípcios e israelitas na Palestina, naquela data. Não obstante, faltam evidências conclusivas quanto à data precisa do êxodo.

Há duas opiniões principais a respeito dessa questão. De acordo com a primeira, o êxodo dataria mais ou menos de 1440 a.C. Conforme a segunda opinião, teria ocorrido no reinado de Ramsés II, entre

---

[2] O Senhor revelou a Abraão que os hebreus morariam em "terra que não é sua" (Egito) durante quatrocentos anos (Gênesis 15.13). Contudo, Êxodo 12.40,41 diz que passaram "quatrocentos e trinta anos" no Egito. Há contradição entre as duas cifras? Considera-se exata a segunda cifra e em números redondos a cifra que o Senhor revelou ao patriarca.

1260 e 1240 a.C. Se a data anterior é correta, Tutmés III, o grande conquistador e construtor, foi o opressor de Israel, e Amenotepe II foi o Faraó do êxodo. Há evidências de que Tutmósis IV, o sucessor de Amenotepe II, não foi o filho primogênito deste, fato que concordaria com a morte do primogênito do Faraó do êxodo. Os que são a favor da data anterior acreditam que os invasores de Canaã durante o século XIV, mencionados como *habiru* nos documentos históricos, outros não são senão os hebreus que, sob Josué, invadiram a Palestina. Nas famosas cartas de Tel-el-Amarna, escritas por chefes das cidades-Estado de Canaã dirigidas aos Faraós Amenotepe III e Amenotepe IV no século XIV, há indicações de que a Palestina estava em perigo de perder-se nas mãos dos *habiru*. Os chefes cananeus clamaram por ajuda egípcia, mas Amenotepe IV estava tão ocupado estabelecendo o culto a seu deus Áton, que não deu ouvidos a seus rogos.

5. Propósito e mensagem do livro. O livro de Êxodo relata como a família escolhida em Gênesis veio a ser uma nação. Registra os dois acontecimentos transcendentes da história de Israel: o livramento do Egito e a entrega do pacto da lei no Sinai. O livramento do Egito possibilitava o nascimento da nação; o pacto da lei modelava o caráter da nação a fim de que fosse um povo santo.

O livro descreve, em parte, o desenvolvimento do antigo concerto com Abraão. As promessas que este recebeu de Deus incluíam um território próprio, uma descendência numerosa que chegaria a ser uma nação e bênção para todos os povos por meio de Abraão e sua descendência. Primeiro, Deus multiplica seu povo no Egito, depois, o livra da escravidão e, a seguir, constitui uma nação.

Êxodo é um livro de redenção. O redentor Javé não somente livra seu povo da servidão egípcia mediante seu poder manifesto nas pragas, mas também o redime por sangue, simbolizado no cordeiro pascoal. A Páscoa ocupa lugar central na revelação de Deus a seu povo, tanto no Antigo Pacto como no Novo, pois o cordeiro pascal é símbolo profético do sacrifício de Cristo. Por isso a Festa da Páscoa converteu-se na comemoração de nossa redenção (Lucas 22.7-20).

O Senhor provê para seu povo redimido tudo de que ele necessita espiritualmente: os israelitas precisam de uma revelação do caráter de Deus e da norma de conduta que ele exige; ele lhes dá a lei, mas também faz aliança com eles, estabelecendo uma relação incomparável e fazendo-os seu especial tesouro. Os hebreus, acusados de pecado pela lei, necessitam de purificação, e o Senhor lhes proporciona um sistema de sacrifícios. Necessitam aproximar-se de Deus e prestar-lhe culto, e Deus lhes dá o tabernáculo e ordena um sacerdócio. Tudo isso tem a finalidade divina de que sejam uma nação santa e um reino de sacerdotes.

Êxodo lança luz sobre o caráter de Deus. No livramento de seu povo, vê-se que ele é misericordioso e poderoso. A lei revela que ele é santo; o tabernáculo revela que ele é acessível mediante sacrifício aceitável.

É evidente o paralelo entre o livramento dos escravos israelitas e um maior êxodo espiritual efetuado pela obra e pessoa de Jesus Cristo. O Egito vem a ser um símbolo do mundo pecaminoso; os egípcios, símbolo de pecadores escravizados; Moisés simboliza o redentor divino que livra seu povo mediante poder e sangue e o conduz à terra prometida.

6. Assunto. Deus redime seu povo e o transforma em uma nação.

7. Estrutura. O conteúdo do livro de Êxodo é representado por meio de três montanhas altas e um vale. Na história hebraica, as montanhas são: o livramento do Egito, a concessão da lei e a revelação do plano do tabernáculo. O vale sombrio é o episódio do bezerro de ouro. Divide-se o livro assim:

I. Israel é libertado (1.1—15.21)
   A. Deus suscita um líder (1—4)
   B. O conflito com Faraó (5—11)
   C. Israel sai do Egito (12.1—15.21)
II. Israel vai para o Sinai (15.22—18.27)
   A. Provações no deserto (15.22—17.16)
   B. Jetro visita Moisés (18)
III. Israel no Sinai (19—40)
   A. O pacto da lei (19—24)
   B. O pacto violado e renovado (31.18—34.35)
   C. O tabernáculo (25.1—31.17; 35.1—40.38)

I. ISRAEL É LIBERTADO. Capítulos 1.1–15.21
A. Deus suscita um líder. Capítulos 1–4

1. Servidão no Egito. Capítulo 1. Transcorreram aproximadamente trezentos anos desde a morte de José. Os 70 hebreus que se haviam radicado no fértil delta do rio Nilo multiplicaram-se em centenas de milhares. Mas o povo israelita, outrora objeto do favor de Faraó, é agora escravo temido e odiado do rei egípcio.

A situação política mudou radicalmente no Egito. Os hicsos, povo que havia ocupado o país durante quase dois séculos, foram expulsos, e o Alto Egito e o Baixo Egito voltaram a unificar-se. O Egito chegou ao apogeu de seu poderio militar e se inicia um grande programa de construção de cidades de depósito. Uma nova família de Faraós assenta-se no trono egípcio, e os serviços que José prestou ao Egito constituem apenas uma modesta lembrança do regime odiado que desapareceu. Não há gratidão para com os hebreus nos corações egípcios. Veem alarmados o assombroso e sobrenatural crescimento da população israelita. Será que Gósen se converteria em uma via de entrada para conquistadores estrangeiros? Será que os israelitas e invasores se aliariam para derrotar os egípcios? Por outro lado, Faraó não quer que os hebreus se retirem. Com dureza os obrigará a servir como escravos e, desse modo, os diminuirá em número; ao mesmo tempo se valerá deles para realizar a construção de obras públicas. Faraó organiza os hebreus em grupos sob capatazes para tirar barro e fazer tijolos, construir edifícios, canais e preparar fossos para irrigação.

Por que o Senhor permitiu que seu povo fosse tão cruelmente oprimido? Queria que nascesse neles o desejo de sair do Egito. É provável que os israelitas estivessem tão contentes em Gósen que se houvessem esquecido do concerto abraâmico pelo qual Deus lhes havia prometido a terra de Canaã. Além disso, alguns dos israelitas, apesar de viverem em Gósen separados dos egípcios, começaram a praticar a idolatria (Josué 24.14; Ezequiel 20.7,8). Tão grande foi sua decadência espiritual que o Egito se converteu em símbolo do mundo e os israelitas chegaram a representar o homem não regenerado. Era preciso algo drástico para sacudi-los, a fim de que desejassem retornar à terra prometida.

Não obstante, Deus frustra o plano de Faraó. Quanto mais os egípcios oprimem os hebreus, mais se multiplicam e crescem. A tentativa de exterminar os hebreus matando os recém-nascidos do sexo masculino faz-nos lembrar da matança dos meninos em Belém (Mateus 2.16-18). Foi intento de Satanás frustrar o plano de Deus de proporcionar um libertador. Os egípcios pouparam a vida das meninas, pensando que elas se casariam com egípcios e, assim, perderiam sua identidade racial. A situação dos israelitas tornou-se grave. Para sobreviver como raça, necessitavam de um libertador.

2. A preparação de Moisés. Capítulo 2. Moisés figura junto a Abraão e Davi como um dos três maiores personagens do Antigo Testamento. Libertador, dirigente, mediador, legislador, profeta, foi sobretudo um grande homem de Deus. Diz Gillis:

Quase se pode dizer que o livro de Êxodo é a história de um homem, do homem Moisés que representa o ponto central em torno do qual gira a crise do plano da redenção. No coração dele verifica-se o conflito. Ele recebe a comunicação de Deus para o povo e sobre ele pesa toda a carga das peregrinações. É ele quem recebe o golpe da crítica do povo, pois se acha como mediador entre o povo e Deus e intercede perante Deus a favor deles.[3]

Moisés narra o começo de sua história com tanta simplicidade e modéstia que nem mesmo menciona o nome de seus pais. Contudo, eles se encontram entre os grandes heróis da fé enumerados no capítulo 11 da epístola aos Hebreus. Pela fé interpretaram a formosura do menino como sinal do favor divino e do seu destino extraordinário (Hebreus 11.23). Portanto, arriscaram suas vidas para salvar Moisés. São notáveis os fatores que Deus empregou para livrar o futuro libertador mediante a pequena arca: o amor perspicaz de Joquebede, a mãe, o choro do nenê, a compaixão da princesa e a sagacidade de Miriã, irmãzinha de Moisés. A seguir, Deus fez mais do que os pais esperavam, pois lhes devolveu o menino para que o criassem, e a mãe foi paga por seu trabalho.

Deus preparou Moisés para ser líder e libertador de seu povo. A mão divina evidencia-se passo a passo:

---

[3] GILLIS, Carroll O. **Historia y literatura de la Biblia**. v. 1. 1954. p. 171.

a) Moisés foi criado em um lar piedoso, pelo menos durante os primeiros cinco ou sete anos de sua vida, e assim aprendeu a ter não somente fé em Deus, mas também simpatia e amor por seu povo oprimido. Halley comenta, falando acerca de Joquebede, mãe de Moisés: "Mas que mãe! Infundiu-lhe de tal maneira, em sua infância, as tradições de seu povo, que todos os atrativos do palácio pagão jamais puderam apagar aquelas primeiras impressões".[4]

b) Foi educado no palácio do Egito. Põe-se em relevo a providência divina, segundo a qual, por meio do decreto de matança, Moisés foi conduzido ao palácio. Ali recebeu a melhor educação que o maior e mais culto império daquele tempo oferecia. A permanência no palácio não somente contribuiu para fazê-lo "poderoso em suas palavras e obras" (Atos 7.22), mas também o livrou do espírito covarde e servil de um escravo. A filha de Faraó era possivelmente Hatsepute, que, segundo a tradição judaica, era casada, mas não tinha filhos e desejava ardentemente ter um.

c) Adquiriu experiência no deserto. Aos 40 anos de idade, Moisés identificou-se com o povo israelita e procurou libertá-lo por suas próprias forças. Mas nem Moisés estava preparado para libertá-lo nem o povo para ser libertado. Parece que Moisés dava mostras de arrogância, provocando a pergunta: "Quem te tem posto a ti por maioral e juiz sobre nós?" (Êxodo, 2.14). Como pastor, Moisés aprendeu muitas lições que o ajudariam a governar com paciência e humildade os hebreus, pois estes, como as ovelhas, eram embrutecidos, indefesos e não sabiam cuidar de si mesmos. Conheceu também o deserto através do qual guiaria Israel em sua peregrinação de quarenta anos. Além disso, teve comunhão com Deus e chegou a conhecê-lo pessoalmente. Ali aprendeu a confiar nele e não em sua própria força.

3. Chamamento e comissão de Moisés. Capítulos 3 e 4. Moisés foi chamado enquanto pastoreava ovelhas no sopé do monte Horebe ou Sinai. O fogo na sarça simbolizava a presença e a santidade purificadora de Deus (Gênesis 15.17; Deuteronômio 4.24), e a sarça talvez representasse Israel em sua baixa condição. Como a sarça ardia sem consumir-se, assim Israel não foi consumido no forno da aflição. Deus revelou a

---

[4] HALLEY, op. cit., p. 116.

Moisés a compaixão que sentia pelo povo oprimido e depois delineou os pormenores de seu plano para libertá-lo. Mandou que ele reunisse os anciãos de Israel e os avisasse do que o Senhor ia fazer.

No entanto, o Senhor advertiu Moisés de que Faraó não deixaria os israelitas ir a não ser forçado pela poderosa mão de Deus (3.19). Depois os israelitas despojariam os egípcios e sairiam vitoriosos. Assim procede Deus. Primeiro informa a seu servo acerca de seus planos e depois confirma sua palavra.

Moisés estava pouco disposto a aceitar a comissão de Deus. Respondeu com quatro desculpas:

1) "Quem sou eu, que vá a Faraó?" (3.11). Moisés conhecia melhor que ninguém o orgulho do rei egípcio e o poderio do Egito; já tentara livrar Israel fazia quarenta anos e havia fracassado. Deus respondeu-lhe: "Certamente eu serei contigo" (v. 12). Não seria uma luta de Moisés *versus* Faraó, mas de Moisés apoiado pelo Senhor *versus* Faraó. Anteriormente, Moisés teve de aprender a não confiar em si mesmo. Agora tinha de aprender a confiar em Deus. O Senhor deu-lhe um sinal de que o apoiaria: os israelitas adorariam a Deus no mesmo local onde Moisés se encontrava nesse momento: no monte Sinai.

É bom que o obreiro cristão compreenda suas limitações para reconhecer ao mesmo tempo o poder ilimitado de Deus que o sustenta, porém não deve ocultar-se atrás de sentimentos de indignidade como desculpa para não fazer a obra para a qual o Senhor o chama.

2) "[...] O Deus de vossos pais me enviou a vós; e eles me disserem: Qual é o seu nome? Que lhes direi?" (3.13). Talvez Moisés sentisse que, se não tivesse o apoio da autoridade do nome de Deus, não seria aceito pelos israelitas, ou talvez desejasse ter uma nova revelação do caráter divino, pois os nomes de Deus revelam o que ele é. Deus revelou-se como "EU SOU O QUE SOU".[5] O nome indica que Deus tem existência em si mesmo e não depende de outros. Ele tem

---

[5] "Eu Sou"; a mesma expressão no hebraico se traduz por "eu serei" em 3.12. Estritamente falando, o idioma hebraico não tem tempos, portanto não há presente, passado e futuro. A palavra *Yahweh* (Javé) procede da mesma raiz etimológica do verbo "ser" ou "existir". Mas o contexto (3.13-16) indica a ideia do verbo como indo além de "existir"; significa também "ser ativamente presente". Yahweh é o Deus do pacto ativamente presente no meio de seu povo para redimi-lo, sustentá-lo e derrotar os seus inimigos.

existência sem restrições. É como o fogo na sarça, que ardia, mas não se consumia. Seus recursos são inesgotáveis e seu poder é incansável. Ele dá, mas não se empobrece; trabalha, mas não se cansa. Sustenta sempre o que faz com o que é, de maneira que seu povo pode depender dele, e é suficiente para enfrentar todas as necessidades deles.

3) "Mas eis que me não crerão, nem ouvirão a minha voz, porque dirão: O Senhor não te apareceu" (4.1). Em resposta, o Senhor concedeu-lhe três sinais miraculosos que seriam suas credenciais. Cada sinal era significativo: a serpente fazia parte da coroa dos Faraós e era símbolo de poder no Egito; a lepra era considerada pelos hebreus sinal do juízo de Deus (Números 12.10,11; 2Crônicas 26.19); e a água representava o rio Nilo, deus do Egito, fonte de sua vida e poderio.

4) "Eu não sou homem eloquente" (4.10). Deus fez seu servo compreender que alegava impotência ante o Deus onipotente. Acaso não podia Deus facilitar-lhe a capacidade de falar bem? Não lhe havia criado a boca? Não obstante, o Senhor designou Arão, irmão de Moisés, como seu porta-voz.[6]

Contestadas suas desculpas, Moisés aceitou seu chamado e nunca mais olhou para trás. De imediato, deu início à sua missão, voltando ao Egito. O acontecimento segundo o qual Deus quis matar Moisés (4.24-26), provavelmente fazendo-o adoecer com risco de morrer, explica-se como uma advertência para circuncidar seu filho. Deus não faz acepção de pessoas, e os grandes servos de Deus devem obedecer-lhe tanto como os demais. "Se Moisés se tivesse apresentado perante o povo israelita sem haver circuncidado seu filho, sem haver cumprido o Antigo Concerto, teria anulado sua influência junto deles."[7]

Arão uniu-se a Moisés no caminho; juntos, trouxeram aos anciãos a promessa de livramento e lhes demonstraram os sinais. Acendeu-se a fé entre os hebreus, e em pouco tempo outras pessoas de Israel receberam as notícias (possivelmente em reuniões secretas) e se inclinaram perante Deus em louvor e adoração.

---

[6] Motyer, J. A. Los nombres de Dios. In: Alexander, David; Alexander, Pat (redatores). **Manual bíblico ilustrado**. p. 157.
[7] Gillis, op. cit., p. 184-185.

PERGUNTAS
Deus suscita um líder. Capítulos 1–4

A. Sobre a introdução

1. a) Qual é o significado da palavra "êxodo"?
   b) Por que se dá ao livro de Êxodo o título de coração do Pentateuco?
2. a) Quais são os três períodos em que se divide a história do Egito?
   b) Em qual deles os hebreus estiveram no Egito?
   c) Quais foram os eventos históricos e seculares mais importantes dessa época?
   d) Se foi Tutmés o Faraó da opressão dos hebreus, em que se assemelha seu caráter ao do Faraó descrito em Êxodo 1?
   e) Se foi Ramsés o Faraó da opressão, que atividade sua corresponderia à do Faraó de Êxodo 1?
   f) Quais eram os objetos de culto no Egito?
   g) Indique como o estudo da história do Egito ajudou você a entender melhor o relato de Êxodo.
3. Mencione duas datas possíveis da saída do Egito.
4. Mencione três propósitos do livro de Êxodo.
5. a) Qual é o tema do livro de Êxodo?
   b) Quais são as principais divisões do livro?
   c) Qual é o vale escuro que encontramos?

B. Sobre a Bíblia

1. a) Em que mudou a situação dos israelitas? Compare-a com a do final de Gênesis.
   b) Como se explica que os hebreus se tenham multiplicado tanto (Gênesis 15.5)?
   c) Por que os egípcios temiam?
   d) Qual foi o efeito da escravidão sobre os israelitas?
   e) Que lição prática você tira daí?
2. a) Que fator importante motivou os pais de Moisés a não cumprirem o decreto de Faraó (Hebreus 11.23)?
   b) Como foram recompensados?

c) Que luz o Novo Testamento lança sobre o motivo de Moisés ao matar um egípcio? (Ver Hebreus 11.24-26.)
   d) Ao fracassar, Moisés perdeu seu desejo de defender os outros? (Ver 2.16,17.)
   e) Que traço do caráter de Deus sobressai em 2.23-25? (Note-se os quatro verbos que descrevem a atitude de Deus.)
   f) Indique o elo entre Gênesis e Êxodo que essa passagem estabelece.
3 a) Por que Deus ordenou a Moisés que se descalçasse ante a sarça ardente?
   b) Em sua opinião, por que Moisés não quis aceitar a incumbência que Deus lhe dava?
   c) A primeira desculpa de Moisés demonstra que ele não notou algo importante quanto à obra de Deus. Que foi (2Coríntios 3.5; Romanos 12.3)?
   d) Qual foi o nome de Deus revelado a Moisés? Como esse nome se relaciona com Jesus (João 6.35; 8.12; 10.7)?
   e) Quais sinais foram dados a Moisés como credenciais de sua autoridade? A quem convenceriam (4.1-5)?
   f) Como reagiram os anciãos de Israel ao verem os sinais?
C. Sobre o livro de texto
1 a) De que maneira Deus utilizou a opressão egípcia para efetuar o livramento dos israelitas? Faça uma aplicação prática relacionada com a conversão de um pecador.
   b) Como se relacionou o decreto do rei (1.22) com a preparação de Moisés como libertador?
2 Mencione a importância de Moisés tendo em conta os papéis que ele desempenhava.
3 Em poucas palavras, indique os três passos providenciais pelos quais Moisés se preparou para ser o líder de seu povo. Como cada fase de sua vida contribuiu para sua formação?
4 a) Por que o Senhor advertiu a Moisés de que Faraó não deixaria os israelitas sair senão forçado pelo poder de Deus? Você nota um paralelo com o obreiro espiritual na igreja e a comissão divina atualmente (Atos 26.16-18)?

b) Que significa o título "EU SOU O QUE SOU"? Como se relaciona com o nome do Senhor?

5 a) Explique o ocorrido no capítulo 4.24-26.

b) Que ensino isso nos traz?

D. Projeto

Faça uma comparação entre as desculpas que Moisés apresentou ao ser comissionado por Deus e as desculpas que costumamos apresentar.

B. O conflito com Faraó: Capítulos 5–11

1. A dureza de Faraó. Capítulos 5.1—7.7. Com intrepidez, Moisés e Arão se apresentaram na sala de audiências de Faraó e lhe comunicaram a exigência do Senhor.

Por que Deus exigiu de Faraó somente a permissão de que seu povo fosse ao deserto para celebrar uma festa por três dias, quando pensava em efetuar sua saída permanentemente? Deus provou o rei com uma petição pequena conhecendo com antecedência a dureza de seu coração. Faraó respondeu com arrogância: "Quem é o SENHOR, cuja voz eu ouvirei?" (5.2). Os Faraós eram vistos como filhos de Rá, o deus solar do Egito, de maneira que Faraó se considerava um deus. Não tardou em comunicar a Moisés e a Arão que nem eles nem Deus lhe inspiravam respeito algum. Escarneceu deles dizendo que a única razão pela qual desejavam celebrar a festa era estar demasiado ociosos e tornou mais pesado o trabalho dos hebreus, negando-lhes a palha necessária para produzir tijolos.[8]

A atitude de Faraó não somente deixou os hebreus mais desejosos de sair do Egito, mas também os ajudou a perceber que somente o poder de Deus poderia livrá-los. Com frequência, quando Deus começa a emancipar o homem do pecado, o efeito imediato é o aumento de dificuldades. Assim, os primeiros feitos de Moisés só pioraram a situação, pois Satanás não se dá por vencido sem lutar tenazmente.

---

8 Segundo o costume daquele tempo, misturava-se a palha com o barro para torná-lo mais fácil de trabalhar e mais maleável. Cerca de 18 quilômetros ao oeste do Canal de Suez os arqueólogos descobriram tijolos, parte dos quais haviam sido fabricados sem palha.

Os hebreus culparam amargamente Moisés e este, por sua vez, protestou perante o Senhor. Foi Faraó quem disse: "Quem é o Senhor?". Contudo, Faraó e os egípcios não eram os únicos que necessitavam ver a natureza de Deus. Israel necessitava, e Moisés também. Deus respondeu a seu desanimado servo reiterando-lhe as promessas feitas aos patriarcas e de novo prometeu livrar seu povo.

Em Êxodo 6.3 lemos que Deus havia aparecido aos patriarcas como o "Deus Todo-Poderoso" (*El Shaddai*), mas que não se havia dado a conhecer com o nome de "Senhor". Isso quer dizer que ele não se havia revelado com o nome de "Senhor" e que o fez aqui pela primeira vez? Parece que não. Refere-se, antes, ao fato de que os patriarcas, embora conhecendo o nome do Senhor, não sabiam o pleno significado desse título.[9] Deus dá a conhecer esse nome para revelar seu próprio caráter ao povo. Nesta ocasião, ele repetiu uma e outra vez "Eu sou o Senhor", como uma nova afirmação de que o ser e a natureza de Deus sustentavam suas promessas. "Eu [...] vos livrarei da sua servidão [...] vos resgatarei [...] vos levarei à terra" (6.6). Em breve Israel saberia quem e que tipo de Deus é o Senhor. Abraão sabia por experiência que Deus é o Deus onipotente, porém não havia experimentado o significado do nome do Senhor como aquele que cumpre seu concerto. Recebeu a promessa de herdar Canaã, mas não se assenhoreou dela. Somente podia contemplar de longe o futuro e crer que Deus cumpriria suas promessas. A Moisés foi revelado o significado pleno do nome Senhor, o Deus que cumpre o seu pacto (ver 3.14,15) pois o pacto começou a cumprir-se nesse período.

Os israelitas encontravam-se tão desanimados depois da negativa de Faraó que não quiseram sequer ouvir Moisés quando ele lhes transmitiu o que o Senhor lhe havia revelado. Era óbvio que, se Deus os salvava, tinha de fazê-lo por pura graça. Somente depois que Israel veio a sentir-se completamente impotente foi que Deus começou a revelar-se por meio das pragas. O Senhor mandou Moisés dizer a Faraó que deixasse o povo hebreu sair. Prometeu fazer de Moisés um operador de prodígios, de modo que Faraó o visse como um deus, e Arão, porta-voz de Moisés, fosse visto como profeta.

---

[9] Horton, Stanley. **El maestro**. (Revista de Escola Dominical). Springfield, Missouri: Vida, 3º trimestre, 1961. p. 17 e 19.

2. As pragas. Capítulos 7.8—11.10. Uma das palavras hebraicas que se traduzem por "praga" no Êxodo significa *dar golpes* ou *ferir*. Outras duas palavras descrevem as pragas como "sinais" e "juízos". De modo que as pragas foram tanto sinais divinos que demonstraram que o Senhor é o Deus supremo como atos divinos pelos quais Deus julgou os egípcios e libertou seu povo.

Algumas pessoas procuram demonstrar que as pragas foram somente açoites naturais bem conhecidos no Egito e que o ministério de Moisés carecia de elemento milagroso. Reconhecemos que muitas das pragas foram fenômenos da natureza, como a saraiva e os gafanhotos, porém esses açoites sobrevieram pela intervenção sobrenatural de Deus. Ocorreram na hora predita por Moisés, tinham uma intensidade extraordinária e só foram removidos pela intervenção de Moisés. Além disso, Deus fez distinção entre os egípcios e os israelitas, não castigando aos hebreus com as últimas sete pragas. Fenômenos naturais sem nenhum elemento sobrenatural jamais teriam convencido os escravos hebreus e muito menos o Faraó. Observa um escritor: "Afirmar que Moisés realizou sua obra sem milagres seria afirmar um grande milagre, o maior de todos".[10]

As pragas foram a resposta de Deus à pergunta de Faraó: "Quem é o Senhor, cuja voz eu ouvirei?" (veja 7.17). Cada praga foi, por outro lado, um desafio aos deuses egípcios e uma censura à idolatria. Os egípcios prestavam culto às forças da natureza tais como o rio Nilo, o Sol, a Lua, a Terra, o touro e muitos outros animais. Agora as divindades egípcias davam evidente demonstração de sua impotência perante o Senhor, não podendo proteger os egípcios nem intervir a favor de ninguém.

A ordem das pragas é a seguinte:

1) A água do Nilo converteu-se em sangue (7.14-25). Foi um golpe contra Hapi, o deus das inundações do Nilo.

2) A terra ficou infestada de rãs (8.1-15). Os egípcios relacionavam as rãs com os deuses Hapi e Ecte.

3) A praga dos piolhos (talvez mosquitos, 8.16-19). O pó da terra, considerado sagrado no Egito, converteu-se em insetos muito importunadores.

---

[10] Introducción a Exodo. Biblia **Nácar-Colunga**. p. 83.

4) Enormes enxames de moscas encheram o Egito (8.20-32). Deve ter sido um tormento para os egípcios.

5) Morreu o gado (9.1-7). Amom, o deus adorado em todo o Egito, era um carneiro, animal sagrado. No Baixo Egito eram adoradas diversas divindades cujas formas eram de carneiro, de bode ou de touro.

6) As cinzas que os sacerdotes egípcios espalhavam como sinal de bênção causaram úlceras dolorosas (9.8-12).

7) A tempestade de trovões, raios e saraiva devastou a vegetação, destruiu as colheitas de cevada e de linho e matou os animais do Egito (9.13-35). Esse tipo de tempestade era quase desconhecido no Egito. O termo "trovão" em hebraico significa literalmente "vozes de Deus", e aqui se insinua que Deus falava em juízo. Os egípcios que escutaram a advertência misericordiosa de Deus salvaram seu gado (9.20).

8) A praga dos gafanhotos trazida por um vento oriental consumiu a vegetação que havia sobrado da tempestade de saraiva (10.1-20). Os deuses Ísis e Seráfis foram impotentes, eles que supostamente protegiam o Egito dos gafanhotos.

9) As trevas que caíram sobre o país foram o grande golpe contra todos os deuses, especialmente contra Rá, o deus solar (10.21-29). Os luminares celestes, objetos de culto, eram incapazes de penetrar a densa escuridão. Foi um golpe direto contra o próprio Faraó, suposto filho do Sol.

10) A morte dos primogênitos (capítulos 11 e 12.29-36). O Egito havia oprimido o primogênito do Senhor e agora eles próprios sofriam a perda de todos os seus primogênitos.

3. Observações sobre as pragas. Calcula-se que o período das pragas tenha durado pouco menos de um ano. As primeiras três pragas, sangue, rãs e piolhos, caíram tanto sobre Israel como na terra egípcia, pois Deus quis ensinar a ambos os povos quem era o Senhor. Mas os sete açoites seguintes castigaram somente os egípcios, para que soubessem que o Deus que cuidava de Israel era também o soberano do Egito e mais forte do que seus deuses (8.22; 9.14). As pragas foram progressivamente mais severas até que quase destruíram o Egito (10.7).

As nove primeiras pragas podem ser divididas em três grupos de três pragas cada um. O primeiro grupo, água convertida em sangue, rãs e piolhos, causou asco e repugnância. O segundo grupo, as moscas que picavam, a peste sobre o gado e as úlceras sobre os egípcios, caracterizou-se por causar muita dor. O último grupo, a saraiva, os gafanhotos e as trevas, foi dirigido contra a natureza e produziu grande consternação. A morte dos primogênitos foi o golpe esmagador.

Os feiticeiros egípcios imitaram os dois primeiros açoites, mas, quando o Egito foi ferido de piolhos, confessaram que o poder de Deus era superior ao deles e que essa praga era realmente sobrenatural (8.18,19). Os magos não poderiam reproduzir a praga de úlceras porque eles próprios estavam cheios delas desde os pés até a cabeça. Não puderam livrar a si mesmos dos terríveis juízos, muito menos a todo o Egito.

Em resumo, as pragas cumpriram os seguintes propósitos:

a) Demonstraram que o Senhor é o Deus supremo e soberano. Tanto os israelitas como os egípcios souberam quem era o Senhor.

b) Derrotaram as divindades do Egito.

c) Castigaram os egípcios por haver oprimido aos israelitas e por lhes ter amargado tanto a vida.

d) Efetuaram o livramento de Israel e o prepararam para conduzir-se em obediência e fé.

4. Endurecimento do coração de Faraó. As imitações dos primeiros milagres de Arão e Moisés por parte dos feiticeiros desacreditaram o poder do Senhor aos olhos de Faraó. Mas a vara de Arão devorou as dos feiticeiros, o que constituiu indício da vitória final. O apóstolo Paulo usa esse fato para ilustrar o florescimento do poder oculto nos últimos dias (2Timóteo 3.8).[11]

Faraó destaca-se por sua teimosia ao enfrentar os juízos de Deus. Seu arrependimento foi superficial, transitório e motivado apenas pelo medo, não pelo reconhecimento da necessidade que tinha de Deus. Embora se mantivesse obstinado, quebrando sua promessa toda vez

---

[11] Moisés não cita os nomes dos magos egípcios no livro de Êxodo, mas o apóstolo Paulo os designa como "Janes e Jambres", nomes fornecidos pela tradição judaica.

que uma praga era suspensa, ia cedendo mais e mais às exigências de Moisés. Primeiro, permitiu que os israelitas oferecessem sacrifícios dentro dos limites do Egito (8.25); depois, fora do Egito, mas não muito longe (8.28); mais tarde, no deserto, distante, porém com a condição de que fossem somente os homens (10.11); e, por fim, permitiu que todos pudessem ir longe para sacrificar, mas deixando seu gado no Egito (10.24).

O texto bíblico mostra claramente que o Senhor ia endurecer o coração de Faraó (4.21), mas é evidente que o coração do rei já estava obcecado e cheio de orgulho quando Moisés se apresentou perante ele pela primeira vez (5.2). As três palavras empregadas para indicar a atitude de Faraó (7.13—13.15) denotam a intensificação de um sentimento que já existia.[12] Deus endureceu o coração de Faraó pela primeira vez após a sexta praga (9.12). O Senhor fez de Faraó o que este queria ser: o opositor de Deus (ver Romanos 1.21; 2Tessalonicenses 2.10-12). Apesar de tudo, o endurecimento do coração de Faraó deu a Deus a oportunidade de manifestar seu poder cada vez mais até que causasse uma impressão profunda e duradoura não somente nos egípcios e israelitas, mas também nas nações distantes, tais como os filisteus (1Samuel 4.7,8; 6.6).

PERGUNTAS
O conflito com Faraó. Capítulos 5–11

A. Sobre a Bíblia

1 a) Como reagiu Faraó à petição moderada de Moisés e Arão?
   b) O que isso nos ensina acerca de Faraó? E acerca do conflito iminente?
   c) Como reagiram os israelitas ante o agravamento do trabalho? Compare 5.21 com 4.31. O que isso nos ensina acerca do caráter do povo?
   d) Como respondeu o Senhor ao protesto de Moisés? Note a repetição de uma frase (6.2,7,8) e compare-a com a pergunta de Faraó (5.2).

---
[12] SCHULTZ, Samuel. **The Old Testament speaks**. 1960. p. 51.

e) Note as sete promessas descritivas do que o Senhor faria (6.6-8). Agora compare 6.7 com 7.5. De acordo com esses dois versículos, dê as duas razões pelas quais Deus operaria maravilhas.

f) Por que os israelitas não prestaram atenção à mensagem do Senhor? Faça uma aplicação prática acerca dos inconversos carregados de problemas.

g) Que desculpa Moisés apresentou a Deus para não falar a Faraó? (6.12,30). Qual era a verdadeira razão de Moisés? Em que havia ele posto sua confiança?

h) Que faria Deus para obrigar Faraó a prestar atenção a Moisés (7.1)?

i) Em que sentido Moisés seria um deus para Faraó e Arão seria seu profeta?

j) Em sua opinião, por que Deus revelou a Moisés que Faraó seria endurecido, mas que também seria vencido (7.1-5)?

2 Que paralelo relacionado ao panorama da redenção você encontra aí (Apocalipse 12)?

3 a) Em que poder Faraó confiava a fim de resistir ao Senhor (7.11,12,22,23)?

b) De que forma se manifesta hoje a oposição contra Deus (2Timóteo 3.1-9)?

4 a) Quais eram as razões pelas quais Deus mandou as pragas (7.3, 4; 8.2,10,22; 9.14-16; Isaías 45.22-25)? Observe as palavras que descrevem as pragas.

b) Como foram derrotados os magos? Que confissão fizeram? Que observação você faz acerca do poder das trevas?

c) Depois de qual praga, dizem as Escrituras, Deus endureceu o coração de Faraó? Quem lhe endureceu o coração antes que acontecesse essa praga? A que conclusão chega você quanto ao endurecimento do coração do rei egípcio?

d) Como reagiram os egípcios ante as pragas? Faça uma comparação com as diferentes atitudes das pessoas que veem a demonstração do poder de Deus.

e) À luz da breve história do Egito na Introdução, qual era a relação entre as pragas e as divindades do Egito?

5 a) Que lição espiritual podemos tirar da firmeza de Moisés ao contender com Faraó?
  b) Qual foi a consequência que Faraó sofreu por haver rejeitado cada vez mais as advertências de Deus? (Ver Provérbios 29.1; Isaías 30.12-14.)

B. Sobre o livro de texto

1 a) Por que o Senhor não pediu a Faraó, desde o princípio, que deixasse Israel sair do Egito em caráter permanente?
  b) Quais foram os bons resultados do agravamento da opressão egípcia?
2 a) Em que sentido Deus deu uma nova revelação de seu nome? (6.3).
  b) Qual é o significado pleno do nome "Senhor"?
3 a) Dê um dos significados da palavra "praga".
  b) Em que sentido as pragas foram sinais?
  c) Dê quatro evidências de que as pragas foram atos sobrenaturais de Deus.
  d) Por que se diz que a nona praga foi um golpe contra o próprio Faraó?
  e) Mencione cinco efeitos produzidos pelas pragas.
4 Como se pode explicar o fato de que Deus endurecesse o coração de Faraó e depois o castigasse por sua obstinação?

C. Projeto

Observe as reações de Faraó diante das pragas. Note o processo que cada praga seguia e compare-o com as reações do homem não convertido diante da obra do Espírito Santo.

C. Israel sai do Egito. Capítulos 12.1–15.21

1. A Páscoa. Capítulos 12.1—13.16. A Páscoa é para Israel o que o dia da independência é para um país, e mais ainda. O último juízo sobre o Egito e a provisão do sacrifício pascal possibilitaram o livramento da escravidão e a peregrinação do povo para a terra prometida. A Páscoa é, segundo o Novo Testamento, um símbolo profético da morte de Cristo, da salvação e do andar pela fé a partir da redenção (1Coríntios 5.6-8). Além do livramento do Egito, a Páscoa se constituiu em primeiro dia do ano religioso dos hebreus e o começo de sua vida nacional.[13] Ocorreu no mês de *Abibe* (chamado *Nisã* na história posterior), que corresponde aos nossos meses de março e abril.

A palavra "páscoa" significa "passar de largo", pois o anjo destruidor passou de largo as casas onde havia sido aplicado o sangue nas ombreiras e na verga da porta. Os detalhes do sacrifício e as ordenanças que o acompanhavam são muito significativos.

a) O animal para o sacrifício devia ser um cordeiro macho de um ano, isto é, um carneiro plenamente desenvolvido e na plenitude de sua vida. Da mesma forma, Jesus morreu quando tinha 33 anos aproximadamente. O cordeiro tinha de ser sem mácula. Para assegurar que assim fosse, os israelitas o guardavam em casa durante quatro dias. De igual maneira, Jesus era impecável e foi provado durante quarenta dias no deserto.

b) O cordeiro foi sacrificado pela tarde como substituto do primogênito. Por isso morreram os primogênitos das casas egípcias que não creram. Aprendemos que "o salário do pecado é a morte", porém Deus proveu um substituto que "foi ferido pelas nossas transgressões".

c) Os israelitas tinham de aplicar o sangue nas ombreiras e na verga das portas, indicando sua fé pessoal. No cristianismo não basta crer que Cristo morreu pelos pecados do mundo; somente quando o sangue de Jesus é aplicado pela fé ao coração da pessoa, ela está salva da ira de Deus. O anjo exterminador representa essa ira.

d) As pessoas tinham de permanecer dentro de casa, protegidas pelo sangue. "[C]omo escaparemos nós, se não atentarmos para uma tão grande salvação?" (Hebreus 2.3).

e) Tinham de assar a carne do cordeiro e comê-la com pão sem fermento e ervas amargas. O fato de assar em vez de cozer o cordeiro exemplifica a perfeição do sacrifício de Cristo e que ele deve

---

[13] Assim começou o calendário religioso dos hebreus. O ano civil, distinto do ano religioso, começava no mês de *tisri*, no outono, depois da colheita, mas a Páscoa, celebrada na primavera, marcava o início do ano religioso.

ser recebido por completo (João 19.33,36). Assim como os hebreus comeram a carne que lhes daria força para a peregrinação, por meio da comunhão com Cristo o cristão recebe força espiritual para segui-lo. O pão sem fermento simbolizava a sinceridade e a verdade (1Coríntios 5.6-8), e as ervas amargas provavelmente representavam as dificuldades e as provações que acompanham a redenção.

f) Os israelitas deviam comê-lo em pé e vestidos como viajantes, a fim de estar preparados para o momento da partida (12.11).[14] Assim o cristão deve estar pronto para o grande êxodo final, quando Jesus vier (Lucas 12.35).

Visto que Deus desejava que seu povo se lembrasse sempre da noite de seu livramento, instituiu a Festa da Páscoa como comemoração perpétua. A importância da Páscoa é demonstrada pelo fato de que na época de Cristo era a festa por excelência, a grande festa dos judeus. O rito não só se reportava retrospectivamente para aquela noite no Egito, mas também antecipadamente para o dia da crucificação. A Santa Ceia é algo parecido com a Páscoa e a substitui no cristianismo. De igual maneira, ela olha em duas direções: atrás, para a cruz, e adiante, para a segunda vinda (1Coríntios 11.26).

Dali para a frente, os israelitas haviam de consagrar ao Senhor, para serem seus ministros, os primogênitos dentre seus filhos e também os de seus animais, pois pela provisão da páscoa o Senhor os havia comprado com sangue e pertenciam a ele. Os que nasciam primeiro dentre os animais se ofereciam em sacrifício, exceto o jumento, que era resgatado e degolado, e assim também os animais impuros em geral (13.13; Levítico 27.26, 27). Os primogênitos do homem eram sempre resgatados; depois os levitas seriam consagrados a Deus em substituição a eles (Números 3.12,40-51; 8.16-18). A aplicação espiritual ensina que Deus nos redime para que o sirvamos: "Ou não sabeis [...] que não sois de vós mesmos? Porque fostes comprados por bom preço; glorificai, pois, a Deus no vosso corpo e no vosso espírito, os quais pertencem a Deus" (1Coríntios 6.19,20).

---

[14] Os hebreus deviam cingir a cintura levantando a fralda da peça de roupa exterior e prendendo-a no cinturão para deixar livres as pernas para andar. Também deviam calçar os sapatos, pois, ao que parece, os orientais não usavam sapatos dentro de casa.

2. A partida dos israelitas. Capítulo 12.29-51. Foi necessária a terrível praga da morte dos primogênitos para que Faraó voltasse à razão e permitisse que os israelitas se retirassem. Os egípcios receberam justa retribuição por haverem matado milhares de meninos do povo hebreu, por haverem oprimido cruelmente os escravos israelitas e pela obstinação cega de seu rei. Faraó estava agora quebrantado. Permitiu que os israelitas saíssem sem impor-lhes nenhuma condição. Mais ainda, reconheceu ao Senhor, pedindo a Arão e a Moisés que o abençoassem.

Os egípcios entregaram suas joias, ouro e prata aos hebreus, quando estes lhes pediram, pois sentiam que estavam sob sentença de morte. Rogaram-lhes que se retirassem rapidamente. Os longos anos de trabalho sem remuneração dos hebreus foram compensados em parte pelos tesouros que os egípcios lhes entregaram. Não era um engano o seu pedido, pois os egípcios sabiam que os hebreus jamais retornariam. Poucos meses depois, os tesouros do Egito foram utilizados na construção do tabernáculo. Dessa maneira, os israelitas partiram em completa liberdade como se fosse um exército de conquistadores com seus despojos, não como escravos que fugiam do cativeiro (ver Gênesis 15.14; Êxodo 3.21; 7.4; 12.51). Saiu do Egito uma multidão de 600 mil homens com suas famílias. Nem todos eram israelitas, pois outras pessoas, provavelmente egípcios e seus súditos, uniram-se a Israel, profundamente impressionados com o poder do Senhor demonstrado nas pragas sobre o Egito e na bênção dos hebreus. O fato de que se unissem à multidão israelita alguns estrangeiros suscitou inconformidade ou, pelo menos, murmuração (Números 11.4). Contudo, o antigo pacto não excluía os gentios.

Tracemos um paralelo entre o êxodo do Egito e a salvação proporcionada por Jesus Cristo. Pode comparar-se o Egito ao mundo, Faraó a Satanás, a escravidão à servidão do pecado, os meios de livramento e a Páscoa ao poder convincente do Espírito e ao sangue de Cristo, respectivamente. Além do mais, assim como os não israelitas que acompanhavam os hebreus no êxodo, pessoas não convertidas que se juntam aos cristãos logo causam dificuldades na igreja.

3. A travessia do mar Vermelho. Capítulos 13.17—15.21. Deus mesmo se constituiu em guia de seu povo, manifestando-se em uma coluna de nuvem e de fogo. Por que ele não conduziu Israel pela rota curta ao longo da linha costeira do mar Mediterrâneo? Porque nessa rota havia fortes guarnições egípcias, e na Palestina os esperavam os belicosos filisteus. Se os israelitas seguissem por ali, teriam de lutar imediatamente. Como escravos recém-libertos, os hebreus não estavam preparados para lutar nem para entrar na terra prometida. Necessitavam ser organizados e disciplinados na escola do deserto, receber o pacto da lei e o desenho do tabernáculo. Além do mais, o Senhor os levou ao sul, para o mar Vermelho (possivelmente o mar de Canas)[15] a fim de levar Faraó à sua derrota final e, desse modo, destruir a ameaça egípcia e libertar para sempre os israelitas do Egito.

Deus colocou os hebreus em uma situação muito perigosa. Estavam encerrados por montanhas, pelo deserto e pelo mar, e de repente viram o exército egípcio que se aproximava deles; Deus quis revelar-se como o único guerreiro da batalha e protetor de seu povo dando-lhe um livramento inesquecível (14.4,14-18). Ao verem os egípcios, os israelitas perderam a confiança e começaram a lançar culpa sobre Moisés, porém Moisés sabia a quem recorrer em busca de ajuda. O fato de o mar Vermelho se abrir foi milagroso. Embora o Senhor tenha usado seu servo e um forte vento como instrumento para abrir o mar, o poder era dele. Somente por um milagre o vento pôde soprar em duas direções ao mesmo tempo, amontoando a água de um lado e de outro do caminho aberto pelo leito do mar (14.22). A coluna de nuvem converteu-se na retaguarda de Israel, de maneira que a própria coluna, que foi uma bênção para os israelitas, constituiu-se em obstáculo para seus inimigos. Os israelitas atravessaram pelo leito seco, e o exército inimigo foi afogado. Um estudioso observa que a travessia do mar Vermelho foi para Israel a salvação, a redenção e o juízo de Deus, tudo em um mesmo ato.[16] Por isso é semelhante ao batismo em água (1Coríntios 10.1,2) como símbolo da separação do

---

[15] Não se sabe o lugar exato onde os israelitas atravessaram. A palavra hebraica *Yam Suf* foi traduzida por "mar Vermelho" em algumas versões da Bíblia, e "mar de Canas" em outras. O mar de Canas fica ao norte do golfo de Suez, mas a construção do canal de Suez modificou o aspecto dessa região. Na época de Ramsés II, o golfo de Suez se comunicava com os lagos Amargos, e é provável que os israelitas tenham atravessado o mar de Canas.
[16] COLE, R. Alan. Exodus. In: **The Tyndale Old Testament commentaries**. 1973. p. 120.

cristão do mundo e o sepultamento de seus pecados. Os cadáveres dos egípcios na margem do mar representam a velha vida de servidão ultrapassada para sempre.

Depois do espetacular livramento, os hebreus cantaram louvores ao Senhor pelo triunfo. A primeira parte do cântico de Moisés (15.1-12) trata da vitória sobre os egípcios, e a segunda parte (15.13-18) profetiza a conquista de Canaã. Foi composto para reconhecer a bondade e o inigualável poder do Senhor mediante os quais salvou a seu povo. A travessia do mar Vermelho prefigura a derrota do último e mais formidável inimigo do povo de Deus, pois o cântico de Moisés e do Cordeiro será cantado novamente pelos redimidos no céu (Apocalipse 15.3,4). Também se observa que o livramento final do povo de Deus, descrito no Apocalipse, será efetuado pelos mesmos meios que Deus empregou no êxodo: juízos sobre seus inimigos e redenção pelo sangue do Cordeiro.

4. A importância do êxodo. Ao longo da história de Israel, legisladores, profetas e salmistas repetidamente assinalaram o caráter providencial, extraordinário e miraculoso dos acontecimentos que acompanharam a saída do Egito e, em especial, a travessia do mar Vermelho. Quando os hebreus se lembrassem desses favores, deveriam sentir-se movidos à gratidão e à obediência à lei. O êxodo do Egito foi o acontecimento mais significativo na história da nação. Tão grande era a importância desse fato, que o Senhor em todo o Antigo Testamento é "o que nos fez subir [...] da terra do Egito" (Josué 24.17; Amós 2.10—3.1; Miqueias 6.4; Salmos 81.10).

PERGUNTAS
Israel sai do Egito. Capítulos 12.1–15.21

A. Sobre a Bíblia

1   a) Por que o mês de Nisã (Abibe) em que ocorreu a Páscoa e a saída do Egito foi por Deus designado como o primeiro mês do ano civil? (12.2. Lembre-se do assunto do livro de Êxodo; anteriormente, os israelitas não tinham existência nacional.)

   b) Qual a razão prática pela qual os israelitas haviam de comer o cordeiro? (Por que necessitavam alimentar-se bem na véspera do êxodo?) Faça também uma aplicação espiritual.

c) Qual foi o meio usado para proteger as casas dos hebreus (12.12,13,23)?

d) Que outro aspecto da redenção se encontra em 13.3,14,16? Que aplicação vemos nisso (Lucas 21.22)?

2 a) Note o contraste entre 10.28 e 12.30-32. Que frase Faraó disse a Moisés e a Arão que demonstra estar ele completamente humilhado e quebrantado?

b) Como se pode defender os israelitas em sua ação de despojar os egípcios?

c) Em sua opinião, por que muita gente estrangeira partiu com os israelitas (12.38)? Faça uma aplicação espiritual.

3 a) Observe as normas para celebrar a Páscoa (12.42-49). Quem deve guardar a Páscoa? Se a Santa Ceia substituiu a Páscoa, que aplicação você fará desse mandamento?

b) Que requisito o estrangeiro tinha de cumprir para que lhe fosse permitido comer a Páscoa? Você vê nisso alguma aplicação espiritual? Qual é (Romanos 2.29)?

c) Que grande verdade o apóstolo João viu em Êxodo 12.46? (Ver João 19.36.)

d) Que figura profética o cordeiro pascal encerrava, de acordo com João?

4 Por que os israelitas deviam consagrar os primogênitos a Deus? (Ver 1Coríntios 6.19,20.)

5 Quais são as lições acerca da direção divina que podemos derivar de Êxodo 13.17-22?

6 a) Por que Deus conduziu Israel àquela perigosa situação em que os israelitas ficaram cercados por três lados e atrás deles Faraó e seus exércitos? Dê três razões (14.13-18,31).

b) Observe o que a nuvem era para Israel e o que era para os egípcios. Que aplicação você faria desse ato de Deus?

7 a) Que traço do caráter de Deus se salienta no cântico de Moisés?

b) Compare o livramento descrito no cântico com a experiência cristã.

B. Sobre o livro de texto

1 a) Que quer dizer a palavra "Páscoa"?

b) Qual era a importância da Páscoa para os hebreus?

c) Indique o simbolismo espiritual de: o cordeiro de um ano, o sangue aplicado às ombreiras e à verga da porta, o cordeiro inteiro assado, as ervas amargas, o anjo ferido.

2 a) Como se justifica o ato de Deus ao tirar a vida de milhares de egípcios na noite da Páscoa? (Cite pelo menos duas razões.)

b) Qual foi o uso que Israel fez dos vasos de ouro e de prata e de outros tesouros que os egípcios entregaram?

c) De que forma os israelitas saíram do Egito?

d) A nuvem e a coluna de fogo são símbolos de quê?

3 a) Que revelação de Deus se encontra na travessia do mar Vermelho?

b) Em que sentido se assemelham em essência o batismo em água e o resultado da travessia do mar Vermelho?

c) Qual é a vitória prefigurada pela travessia do mar Vermelho, segundo uma alusão no livro de Apocalipse?

4 Que importância adquire a travessia do mar Vermelho na perspectiva da história de Israel?

C. Projeto

Faça um estudo sobre a importância da Páscoa. Procure em uma concordância bíblica a palavra "páscoa" em todas as menções nas Escrituras. Por que se dá tal destaque a esse acontecimento? Note como se relacionava com reformas em Israel. De que modo se pode comparar a celebração cristã da Santa Ceia com a Páscoa hebraica?

II. ISRAEL VAI PARA O SINAI. Capítulos 15.22–18.27

Deus conduziu Israel ao deserto, um lugar muito quente, estéril e vazio. Não havia água nem alimentos suficientes. Ali estiveram os israelitas em perigo de morrer de fome e de sede, em perigo de ser atacados pelas tribos aguerridas e ferozes. As dificuldades da caminhada no deserto são maiores do que podemos imaginar. Toda a viagem por ali terá sido muito penosa. Por que Deus os guiou por semelhante região? Deus tinha vários propósitos a concretizar:

a) Deus colocou os israelitas na escola preparatória do deserto, a fim de que as provações os disciplinassem e adestrassem para conquistarem a terra prometida. Ainda não estavam em condições de enfrentar as hostes de Canaã, nem desenvolvidos espiritualmente para servir ao Senhor uma vez que entrassem. Embora tenham sido libertos da escravidão, ainda tinham espírito de escravos, isto é, demonstravam traços de covardia, murmuração e rebeldia.

b) Deus desejava que os israelitas aprendessem a depender inteiramente dele. Desde o momento em que Israel partiu do Egito, Deus começou a submetê-lo a uma série de provas, tendo em vista desenvolver e fortalecer sua fé. Não havia água nem alimentos. A única maneira de conseguir essas coisas era recebê-las do Senhor. O deserto era uma praça de esportes onde os músculos espirituais podiam desenvolver-se.

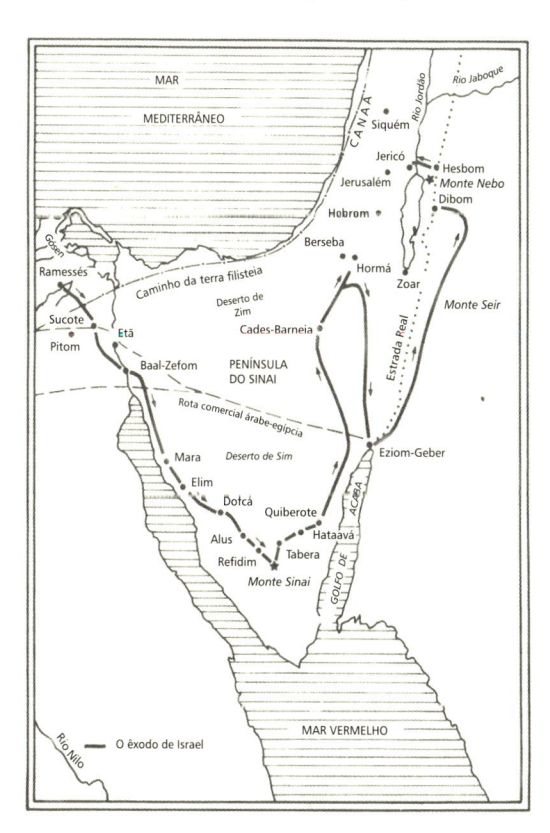

c) Deus conduziu-os ao deserto para prová-los e trazer à luz o que havia no coração deles (Deuteronômio 8.2,3). Obedeceriam ou não? As provas e aflições no deserto demonstrariam se os hebreus creriam ou não na onipotência, no cuidado e no amor de Deus.

O apóstolo Paulo referiu-se às experiências de Israel no deserto como elementos que nos servem de exemplo e de advertência a fim de que não caiamos nos mesmos erros (1Coríntios 10.1-13).

A. Provações no deserto. Capítulos 15.22–17.16

1. Desilusão em Mara; a árvore que tornou doces as águas. Capítulo 15.22-27. Decorridos três dias de viagem pelo deserto de Sur, os israelitas chegaram finalmente às fontes de Mara.[17] Todavia, quão grande foi sua desilusão! As águas eram amargas. Imediatamente o povo começou a queixar-se, porém Moisés clamou a Deus. Eles não perceberam que Deus "ali os provou". Não existe nenhuma prova de que a árvore que foi lançada nas fontes tivesse a propriedade de tornar potáveis as águas. Deus tornou-as doces. O milagre não somente mostrou que Deus tinha cuidado de seu povo, mas também simbolizou, no começo dessa viagem, que o Senhor adoçaria as amargas experiências futuras se os israelitas buscassem sua ajuda. Várias lições podem ser encontradas no relato:

a) Às vezes, depois de alcançar grandes vitórias, como na travessia do mar Vermelho, vêm as experiências amargas.

b) De igual maneira, assim como há épocas de severas provações, também há "tempos do refrigério" na presença do Senhor (Atos 3.19). Após a saída de Mara, chegaram a Elim, onde havia água em abundância e também palmeiras.

c) As provas oferecem uma solução muito acessível. O que significa a árvore lançada na água? Assemelha-se ao poder da cruz, não só porque redime, mas porque tem semelhança de uma vontade submissa a Deus. Ao aceitar as provas como permitidas por Deus, as experiências amargas tornam-se doces.

---

[17] Acredita-se que Mara possa ser Ayn Musa (Fontes de Moisés), nas proximidades de Suez, ou Ayn Hamara, além de Suez. A água dessas fontes é potável.

d) A experiência de Mara deu a oportunidade de revelar-se outro aspecto do caráter de Deus por meio de um novo nome: *Javé Rafa,* ou seja, "o Senhor que te sara". Deus provê cura. Como a mãe ama seus filhos por inclinação natural, assim Deus cura seu povo, pois está em sua natureza curar. Deus é a saúde de seu povo. Se lhe obedecessem, ele não traria nenhuma das enfermidades mediante as quais julgou os egípcios.

2. A fome e o maná. Capítulo 16. Os israelitas sentiram fome no deserto e começaram a expressar de novo seus queixosos lamentos. Esquecendo-se da aflição no Egito, queriam voltar para onde tinham alimento em abundância. As queixas eram dirigidas contra Moisés, porém em realidade eles murmuravam contra o Senhor (16.8). Deus retribuiu-lhes o mal com o bem (2Timóteo 2.13): proveu codornizes e maná.

Grandes bandos de codornizes em suas viagens migratórias atravessam com frequência o mar Vermelho e a península do Sinai. Esgotadas pelo longo voo sobre o mar, às vezes grandes quantidades delas caem e são fáceis de caçar. Deus levou-as ao acampamento dos israelitas nessa ocasião, e somente uma vez mais na marcha através do deserto tal fato se repetiu (Números 11.31,32).

Deus providenciou as codornizes de modo natural, porém a provisão de maná foi um fato completamente milagroso.[18] Chovia pão do céu (16.4). Durante a peregrinação no deserto, o maná caía todas as noites, juntamente com o orvalho. Era moído em moinhos ou em grais e cozido em panelas para fazer pão. A ração diária era de um gômer (3,7 litros) por pessoa.

Destacam-se alguns ensinos:

a) Deus deseja ensinar seu povo, por meio do maná, a confiar nele como provedor de seu sustento diário e a não se preocupar com o dia de amanhã. Deus provia cada vez para apenas um dia, exceto na véspera do sábado. Nunca falhou com seu povo nos quarenta anos de peregrinação.

---

[18] Alguns comentaristas pensam que o maná seja uma substância resinosa que se forma na cortiça de uma planta denominada *tamarix manífera*. É branco, comestível e se derrete quando exposto ao sol. Não obstante, esse maná se produz somente nos meses de julho e agosto e não tem valor nutritivo. Seria impossível alimentar 2 milhões de pessoas durante quarenta anos com essa substância.

b) Por meio do maná, Deus quis ensinar seu povo a não ser preguiçoso nem avaro. Embora o maná fosse uma dádiva do céu, cada família tinha de fazer sua parte recolhendo o maná todas as manhãs. Ao avaro que recolhia muito mais do que necessitava, nada lhe sobrava (16.18).[19]

c) Deus desejava ensinar os hebreus a obedecer-lhe, por isso lhes deu normas para recolher o maná. Se por incredulidade ou avareza um hebreu guardasse maná para o dia seguinte, o pão do céu bichava e apodrecia. Ou, se alguém passava por cima da ordem de recolher uma porção dobrada na sexta-feira, jejuava forçosamente no dia de descanso, porque nesse dia não caía maná do céu. Desse modo, Deus provou a seu povo (16.4) e o preparou para receber a lei.

d) O maná é um símbolo profético de Cristo, o pão verdadeiro (João 6.32-35). Assim como o maná, Cristo, que veio do céu, tem de ser recolhido ou recebido cedo na vida (Êxodo 16.21; 2Coríntios 6.2) e tem de ser comido ou recebido pela fé para tornar-se parte da pessoa que o come. O maná era branco e doce; da mesma maneira Cristo é doce e puro para a alma (Salmos 34.8). Por sua vez, Cristo não dá vida a uma nação durante quarenta anos somente, mas a todos os que creem ele dá a vida eterna.

3. A sede e a rocha de Horebe. Capítulo 17.1-7. Em vez de aprender a suportar as dificuldades, os israelitas murmuravam ainda mais. Os perigos, as aperturas e os desconfortos pareciam aumentar a irritação, a agitação e a ira. Chegados a Refidim, onde esperavam encontrar um grande manancial, desiludiram-se. A falta de água causou sofrimento cuja severidade podemos avaliar, mas isso não pode justificar a reação dos israelitas. Estavam prestes a apedrejar Moisés, e em sua incredulidade provaram a Deus. Desconfiavam do cuidado do Senhor e com sarcasmo falaram a respeito da presença do Senhor no meio deles (17.7), a qual se manifestara a eles de modo tão patente na coluna de nuvem e na coluna de fogo e em seus livramentos no passado. Por isso se deu ao lugar o nome de Massá (prova) e

---

[19] Êxodo 16.18 foi interpretado de duas maneiras: de acordo com os rabinos judeus, os membros de cada família traziam o maná para sua tenda e ali ele era medido, dando-se a cada membro um gômer. João Calvino e outros comentaristas evangélicos supõem que os israelitas traziam o maná a um lugar onde juntavam tudo em um grande monte. Depois mediam, um por um, a quantidade de que necessitavam.

Meribá (contenda). O líder levou consigo os anciãos de Israel a fim de que presenciassem a fonte milagrosa e dela dessem testemunho.

O apóstolo Paulo disse: "e a pedra era Cristo" (1Coríntios 10.4). A rocha de Horebe é uma figura profética de Cristo ferido no Calvário, e a água é figura do Espírito Santo que foi dado depois que Jesus foi crucificado e glorificado. Decorridos mais de mil anos, Jesus, no último dia da Festa dos Tabernáculos, provavelmente observou os sacerdotes despejando água de seus vasos de ouro no recinto do templo de Jerusalém, pois assim celebravam o abastecimento sobrenatural de água na peregrinação de Israel pelo deserto. De repente, Jesus clamou: "Se alguém tem sede, que venha a mim e beba [...]. E isso disse ele do Espírito, que haviam de receber os que nele cressem; porque o Espírito Santo ainda não fora dado, por ainda Jesus não ter sido glorificado" (João 7.37,39). Ele vê a humanidade como se ela estivesse em um deserto espiritual, e só ele pode satisfazer a sede da alma humana. Como Moisés teve de ferir a rocha só uma vez e a água continuava manando, assim a ira de Deus feriu a Cristo uma vez e a corrente do Espírito ainda flui.

4. Guerra com Amaleque e a ajuda divina. Capítulo 17.8-16. Enquanto Deus trabalhava na vanguarda, uma tribo saqueadora, Amaleque,[20] atacou pela retaguarda. As tribos nômades estavam sempre prontas para lançar-se sobre a presa, onde quer que houvesse oportunidade. Dessa vez, Deus mudou seus métodos e permitiu que Israel tomasse parte em sua própria salvação. Josué teria de ser o general da primeira batalha contra homens ímpios. Por que Moisés não dirigiu a batalha? Deus não quer que uma única pessoa faça tudo. Ele dá diferentes ministérios a homens diferentes. A Moisés cabia subir ao outeiro e desempenhar sua função espiritual. A vara representava a autoridade de Deus; as mãos levantadas, a intercessão. Quanto os pastores de nossos dias necessitam de homens como Arão e Hur,

---

[20] Os amalequitas eram descendentes de Amaleque, neto de Esaú (Gênesis 36.12); provavelmente guardavam rancor contra Israel. Percorriam o sul da Palestina entre o Egito e o deserto da Arábia. Séculos depois, continuavam saqueando os israelitas quando tinham oportunidade (Juízes 6.3-7; 1Samuel 30.1-3). Saul recebeu ordem de exterminá-los, porém não o fez completamente. Nota-se algo do ódio implacável dos amalequitas contra Israel em Salmos 83.2-8.

que lhes sustentem os braços! As orações de Moisés, combinadas com os esforços dos israelitas, tornaram eficazes as armas.

O juízo severo contra Amaleque foi pronunciado porque Amaleque levantou a mão contra o trono de Deus, isto é, recusou-se a reconhecer que era o Senhor quem operava maravilhas a favor de Israel. Os amalequitas provocaram a ira de Deus atacando impiedosamente os fracos e cansados que ficavam para trás (Deuteronômio 25.17-19).

Quando Moisés deu ao altar o nome de "o Senhor é minha bandeira", reconheceu que o próprio Senhor era seu libertador e capitão. Por isso esse nome de Deus se relaciona com a milícia de seu povo. Os crentes devem lutar contra os inimigos espirituais, mas devem lembrar-se também de que lutam sob a bandeira do Senhor e "na força do seu poder".

B. Jetro visita Moisés. Capítulo 18

Recaía sobre os ombros de Moisés a tarefa de organizar uma multidão tão grande e julgar o povo mesmo nas coisas insignificantes que surgiam entre eles a cada momento. Ele procurava fazer tudo em vez de repartir trabalhos e responsabilidades entre diversas pessoas. Quando seu sogro Jetro o visitou, trazendo-lhe sua esposa e filhos, Moisés recebeu seu conselho. Organizou Israel em grupos e colocou chefes sobre estes para resolver as dificuldades. Moisés demonstrou grande sabedoria e humildade ao receber as sugestões de outros.[21]

Parece que nessa ocasião Jetro se converteu à religião do Senhor. Ao ouvir falar dos prodígios que o Senhor havia feito, Jetro reconheceu que Deus era supremo sobre os deuses pagãos e lhe ofereceu sacrifício (18.8-12). Ross comenta: "Lembremo-nos de que um dos propósitos das pragas foi fazer que Faraó e todas as nações reconhecessem que o Senhor é Deus".[22] Aqui se observa entre os gentios algo das primícias resultantes dos juízos sobre o Egito.

---

[21] KEIL, C. F.; DELITZSCH, F. **Old Testament commentaries.** Genesis to Exodus. v. 1. s.d. p. 430.

[22] Ross, William. **Estudios en las Sagradas Escrituras.** v. 1, El pentateuco. 1955. p. 139.

PERGUNTAS
Israel vai para o Sinai. Capítulos 15.22–18.27

A. Sobre a Bíblia

1. a) Por que Deus permitiu que seu povo sedento sofresse a desilusão de encontrar águas amargas? (A razão está exposta claramente no relato.)
   b) Faça um contraste entre a reação do povo e a de Moisés ante as provações.
   c) Em sua opinião, por que se empregou uma árvore para adoçar as águas? Por que Deus não operou o milagre sem usar meios naturais? (Ver João 9.11; Tiago 5.14.)
   d) Que condição Israel devia preencher para não adoecer? Faça uma aplicação espiritual (João 5.14)?
   e) Qual é o novo título de Deus que se encontra no capítulo 15?
   f) Que lição espiritual podemos ver na experiência de Israel em Elim (Salmos 23.2)?

2. a) Em realidade, contra quem se queixaram os israelitas quando se viram sem pão no deserto (16.6,7)?
   b) Que fatos eles haviam esquecido (Êxodo 1.13,14,22)?
   c) Faça algumas observações acerca da murmuração dos israelitas e aplique-as aos cristãos de hoje.
   d) Como Deus provava os israelitas quando lhes dava pão do céu (16.4,5,26-29)?
   e) Por que Deus deu maná aos israelitas (16.12; Mateus 6.30-32)?
   f) Como os israelitas fariam para lembrar a seus filhos o abastecimento de maná no deserto?
   g) Em que sentido o maná é um símbolo profético de Jesus Cristo (João 6.32-35,48-51)? Faça algumas comparações.

3. a) Como os israelitas "tentaram" ou puseram Deus à prova no capítulo 17 (2,7)?
   b) Em que sentido a rocha de Horebe é uma figura profética de Cristo (João 7.37-39)?

4. a) Que diferença se nota na reação dos israelitas ante a guerra com Amaleque em relação às provações anteriores?

b) No seu entender, por que prevaleciam os israelitas quando Moisés levantava a mão?
c) Qual é o novo nome de Deus que se encontra no capítulo 17?
d) Que lição Deus queria ensinar a Israel na batalha com Amaleque?

5 a) Como reagiu Jetro ao ouvir o testemunho de Moisés concernente ao êxodo? Existe algum indício de que ele se tenha convertido à religião do Senhor?
b) Observe o conselho de Jetro para aliviar a carga excessiva que Moisés levava. Que aplicação prática você faria desse relato?
c) Note os requisitos para ser juiz, segundo Jetro. Quais dessas características seriam necessárias para os candidatos a diácono em uma igreja de nossos dias?

B. Sobre o livro de texto

1 Quais eram os três propósitos de Deus ao conduzir seu povo ao deserto? (Responda brevemente e com suas próprias palavras.)

2 a) Que promessa se encontra simbolizada no milagre de Mara?
b) De acordo com o livro, que semelhança se encontra entre a árvore lançada na água e a cruz?
c) O que nos ensina o nome "o Senhor que te sara" acerca da natureza de Deus?

3 a) Contraste a forma pela qual Deus forneceu carne aos israelitas com a forma pela qual proveu pão.
b) Qual era a grande lição que Deus queria ensinar aos israelitas a respeito de si mesmo provendo-lhes o maná?

4 a) Por que Moisés devia ferir a rocha somente uma vez para poder cumprir bem o simbolismo profético?
b) O que simboliza a água? Os israelitas? O deserto?

5 a) Considerando a história de Amaleque, por que os amalequitas estavam propensos a atacar ferozmente os israelitas?
b) Por que Moisés não dirigiu a batalha?
c) O que significa o nome de Deus "o Senhor é minha bandeira"? Como se relaciona com a milícia cristã?

6 Que traço do caráter de Moisés se manifestou quando ele aceitou o conselho de Jetro?

C. Projeto

Faça uma lista das lições que Moisés aprendeu nas quatro provas descritas nesta seção. Como elas podem ser aplicadas ao líder evangélico?

III. ISRAEL NO SINAI. Capítulos 19–40
A. O pacto da lei. Capítulos 19–24

1. O monte Sinai. Israel chegou ao monte Sinai aproximadamente seis semanas após sua partida do mar Vermelho. Ali permaneceu quase um ano (Números 10.11). A montanha conhecida hoje como monte Sinai[23] é "uma massa isolada de rocha que se levanta abruptamente da planície com imponente majestade".[24] Ross observa: "Esse local era muito apropriado para a promulgação da lei. Havia uma magnífica concordância entre as rochas de granito do Sinai e os fundamentos duradouros da moral eterna".[25] Ao pé do monte Sinai, Israel recebeu a lei e fez aliança com o Senhor. Foi devidamente organizado como nação e aceitou ao Senhor como seu rei. Essa forma de governo chama-se teocracia. Nota-se nas palavras de Alexander MacLaren a importância dos dez mandamentos:

> Uma obscura tribo de escravos procedente do Egito submerge nos desertos e depois de quarenta anos sai com um código sintetizado em dez frases, muito breves porém completas, no qual estão entretecidas a moral e a religião, tão livres de peculiaridades locais ou nacionais e tão estreitamente relacionadas com os deveres fundamentais, que hoje, após três mil anos, esse código é autoridade entre a maioria dos povos civilizados.[26]

2. Propósito da lei. Capítulos 19.1-8; 20.2. O pacto da lei não teve a intenção de ser meio de salvação. Foi celebrado com Israel

---

[23] A montanha Yebel-Musa, 2.300 metros acima do nível do mar, concorda com a descrição bíblica. Domina a planície de Er-Rabã, que tem 6 quilômetros de comprimento e 2 quilômetros de largura, lugar suficiente para a multidão de Israel.
[24] Halley, op. cit., p. 121.
[25] Ross, op. cit., p. 141.
[26] MacLaren, Alexander. **Expositions of Holy Scripture**. v. 1. (Genesis, Exodus, Leviticus and Numbers). 1944. p. 97-98.

depois de sua redenção, alcançada mediante poder e sangue. Deus já havia restaurado Israel à justa relação com ele, mediante a graça. Israel já era seu povo. O Senhor desejava dar-lhe algo que o ajudasse a continuar sendo seu povo e a ter uma relação mais íntima com ele. O motivo que levasse a cumprir a lei haveria de ser o amor e a gratidão a Deus por havê-los redimido e feito filhos seus.

Deus prometeu três coisas condicionadas à obediência de Israel (19.5,6):

a) Israel seria sua "propriedade peculiar" ou possessão, o que implica tanto um valor especial como uma relação íntima. O Senhor escolheu Israel dentre todas as nações para seu povo especial e para ser como sua esposa.

b) Seria um "reino sacerdotal". Os israelitas teriam acesso a Deus e deveriam representar o Senhor, seu Rei, perante o mundo inteiro.

c) Seria "povo santo", diferentemente das nações pagãs que o rodeavam, uma nação separada para ser de Deus, a quem serviria e prestaria culto.

As três promessas feitas à nação hebraica têm cumprimento cabal na Igreja, o Israel de Deus (1Pedro 2.9,10).

Os israelitas prometeram solenemente cumprir toda a lei, mas não perceberam quão fraca é a natureza humana nem quão forte é a tendência para pecar. Séculos depois, parece que se esqueceram de que estavam obrigados pelo pacto a obedecer. Imaginaram que o pacto era incondicional e que bastava ser descendente de Abraão para gozar do favor divino (Jeremias 7.4-16; Mateus 3.9; João 8.33). Embora a salvação de Israel fosse um dom de pura graça e não pudesse ser negociada pela obediência, podia, contudo, ser perdida pela desobediência.

Em geral, são propósitos da lei:

a) Proporcionar uma norma moral pela qual os redimidos possam demonstrar que são filhos de Deus e viver em justa relação com seu Criador e com o próximo.

b) Demonstrar que Deus é santo e ele exige a santidade de toda a raça humana.

c) Mostrar à humanidade seu estado pecaminoso e fazê-la entender que somente mediante a graça pode ser salva (Gálatas 3.24,25).

A lei era um mestre para ensinar Israel através dos séculos e ajudá-lo a permanecer em contacto com Deus (Gálatas 3.24). Mas junto com a lei foi instituído um sistema de sacrifícios e cerimônias para que o pecado fosse retirado. Assim, ensinou-se que a salvação é pela graça. Os profetas posteriores demonstraram que, sem fé e amor, as formas, cerimônias e sacrifícios da lei de nada valiam (Miqueias 6.6-8; Amós 5.21,24; Oseias 6.6; Isaías 1.1-15). Conquanto a lei não seja um meio para alcançar a salvação, tem vigência como norma de conduta para os cristãos. Os dez mandamentos, com exceção do quarto, repetem-se mais de uma vez no Novo Testamento.

3. Preparativos e sinais. Capítulo 19.9-25. Para gravar na mente hebraica a importância do pacto da lei, Deus se apresentou em forma de nuvem, figura que Israel não poderia reproduzir, e pronunciou o Decálogo em voz forte. A santidade infinita de Deus foi ressaltada pelos preparativos que Israel devia fazer. Primeiro, os israelitas tinham de santificar-se lavando suas vestes e praticando a continência. Segundo, Moisés devia marcar ao povo um limite em torno do monte Sinai para que os israelitas não o tocassem. Assim se acentuaram a grandeza inacessível de Deus e sua sublime majestade.

"Do meio de uma tremenda tempestade, acompanhada de terremotos e do som sobrenatural de trombetas, com a montanha toda envolta em fumo e coroada de chamas aterradoras, Deus falou as palavras dos Dez Mandamentos e deu a Moisés a lei."[27]

4. O decálogo. Capítulo 20.1-26. Deus fez escrever os dez mandamentos em duas tábuas de pedra. Foram guardadas dentro da arca durante séculos. Portanto, deu-se ao tabernáculo o nome de "tenda do testemunho" para lembrar aos israelitas que dentro da arca estava a lei e que deviam viver de acordo com ela. Os primeiros quatro mandamentos tratam das relações que devem imperar entre os homens e Deus, e os restantes têm a ver com as relações dos homens entre si. A ordem é muito apropriada. Somente os que amam a Deus podem em verdade amar a seu próximo.

O significado dos dez mandamentos consiste no seguinte:

---
[27] HALLEY, op. cit., p. 122.

1) A unicidade de Deus: "Não terás outros deuses diante de mim". Há um só Deus e só a ele havemos de oferecer culto. A adoração a anjos, a santos ou qualquer outra coisa é violação do primeiro mandamento.

2) A espiritualidade de Deus: "Não farás para ti imagem". Proíbe-se não somente a adoração de imagens ou de deuses falsos, mas também prestar culto ao verdadeiro Deus de forma errada. Tais coisas desagradam ao Criador. Deus é espírito e não tem forma.

3) A santidade de Deus: "Não tomarás o nome do Senhor, teu Deus, em vão" (20.7). Esse mandamento inclui qualquer uso do nome de Deus de maneira leviana, blasfema ou insincera. Deve-se reverenciar o nome divino porque ele revela o caráter de Deus.

Originalmente, o mandamento se referia a não jurar pelo nome de Deus se o juramento fosse falso (Levítico 19.12), mas se permitia jurar pelo seu nome (Deuteronômio 10.20). Contudo Jesus proibiu terminantemente jurar pelas coisas sagradas (Mateus 5.34-37). A simples palavra de um filho de Deus deve ser verdadeira, sem recorrer a juramentos.

4) A soberania de Deus: "Lembra-te do dia do sábado, para o santificar". Um dia da semana pertence a Deus. Reconhece-se a soberania de Deus guardando o dia de repouso, visto que esse dia nos lembra que Deus é o Criador a quem devemos culto e serviço. "Santificar" o dia significa separá-lo para culto e serviço.

5) Respeito aos representantes de Deus: "Honra a teu pai e a tua mãe". O homem que não honra a seus pais tampouco honrará a Deus, pois essa é a base do respeito a toda a autoridade.

6) A vida humana é sagrada: "Não matarás". Esse mandamento proíbe o homicídio, mas não a pena capital, visto que a própria lei estipulava a pena de morte. Também se permitia a guerra, já que o soldado atua como agente do estado.

7) A família é sagrada: "Não adulterarás". Esse mandamento protege o matrimônio por ser uma instituição sagrada instituída por Deus. Isso vigora tanto para o homem como para a mulher (Levítico 20.10).

8) Respeito à propriedade alheia: "Não furtarás". Há muitas maneiras de violar esse mandamento, tais como não pagar suficientemente

ao empregado, não fazer o trabalho correspondente ao salário combinado, cobrar demasiado e descuidar da propriedade do dono.

9) A justiça: "Não dirás falso testemunho". O testemunho falso, desnecessário, sem valor ou sem fundamento constitui uma das formas mais seguras de arruinar a reputação de uma pessoa e impedi-la de receber tratamento justo por parte dos outros.

10) O controle dos desejos: "Não cobiçarás". A cobiça é o ponto de partida de muitos dos pecados contra Deus e contra os homens.

As palavras "porque eu, o Senhor, teu Deus, sou Deus zeloso, que visito a maldade dos pais nos filhos até à terceira e quarta geração daqueles que me aborrecem" (20.5) devem ser interpretadas à luz do caráter de Deus e de outras Escrituras. Deus é zeloso no sentido de ser exclusivista, não tolerando que seu povo preste culto a outros deuses. Como um marido que ama sua esposa não permite que ela reparta seu amor com outros homens, Deus não tolera nenhum rival.

Deus não castiga os filhos pelos pecados de seus pais senão nos casos em que os filhos continuem nos pecados dos pais. Castiga os que o "aborrecem", mas não os arrependidos. "A alma que pecar, essa morrerá"; "o filho não levará a maldade do pai, nem o pai levará a maldade do filho" (Ezequiel 18.20). Em vez disso, a maldade passa de geração a geração pela influência dos pais e, quando chega a seu ponto culminante, Deus traz castigo sobre os pecadores (Gênesis 15.16; 2Reis 17.6-23; Mateus 23.32-36).

5. Leis civis e cerimoniais. Capítulos 21—23. Depois de dar os dez mandamentos, Deus entregou as leis pelas quais a nação devia governar-se. Essas leis desenvolvem pontos do decálogo, mas em alguns casos tratam de coisas que não têm importância para nós. Foram leis adaptadas a um povo dedicado ao pastoreio e à agricultura rudimentar. As leis de Israel colocavam a nação em absoluto contraste com as práticas das nações ao derredor. Suas leis humanitárias, morais e religiosas, ainda que sem alcançar os princípios do Novo Testamento, foram infinitamente superiores às leis de outros povos. Algumas das restrições quanto a alimentos e sacrifícios podem ser mais bem compreendidas à luz das práticas pagãs. Por exemplo, proibia-se cozinhar o cabrito no leite de sua mãe, o que era um rito religioso dos cananeus (ver 23.19).

Destacam-se algumas características distintivas do código hebreu. Todo o código se baseia na autoridade de Deus, não na de um rei. Não há divisão entre a lei civil e a religiosa; as leis morais, legais e religiosas estão entretecidas e são inseparáveis. Isso demonstra que Deus se interessa por todos os aspectos da vida. As leis eram aplicadas sem fazer acepção de pessoas segundo sua categoria. Protegem os indefesos tais como os escravos, os órfãos, as viúvas e os estrangeiros. Os castigos da lei manifestam um alto conceito do valor da vida humana.[28]

A lei de talião (pena igual à ofensa), "olho por olho, dente por dente" (21.23-25), não foi dada para que a pessoa ultrajada exercesse vingança, mas para que não quisesse compensar-se com mais do que era justo. Já não seria vingado sete vezes um delito contra o próximo (Gênesis 4.15,24).

6. Ratificado o pacto. Capítulo 24. A ratificação do pacto foi uma das cerimônias mais solenes da história das doze tribos, já que por ela ficaram estreitamente unidas ao Senhor. Quando Moisés desceu do monte, deu a lei ao povo, que a aceitou prometendo fazer tudo o que o Senhor havia dito. Então Moisés escreveu as condições do pacto no "livro do concerto". No dia seguinte, o pacto foi firmado com um voto de obediência e selado com sacrifício. O altar representava o Senhor; as colunas, as doze tribos; o sangue aspergido sobre o altar e sobre o povo ligava com um vínculo sagrado as partes contratantes. Todo o Israel estava "sob o sangue" e identificado com seu poder salvador. Os setenta anciãos participaram com Deus de um banquete de comunhão e presenciaram uma teofania majestosa.[29] Assim foi ratificado o pacto do Sinai e se assinalou o cumprimento da promessa divina: "E eu vos tomarei por meu povo, e serei vosso Deus" (Êxodo 6.7).

---

[28] ALEXANDER, David; ALEXANDER, Pat (redatores). **Manual bíblico ilustrado.** 1976. p. 164.
[29] Um banquete no Oriente significa o júbilo da comunhão. Dispostos a obedecer a Deus e purificados pelo sacrifício, os anciãos já podiam desfrutar da comunhão com Deus e ter uma visão da inefável glória divina. Não viram a forma de Deus, pois Moisés, anos mais tarde, argui contra a idolatria sublinhando que os israelitas não viram "semelhança nenhuma" quando o Senhor lhes deu a Lei (Deuteronômio 4.12,15).

PERGUNTAS
O pacto da lei. Capítulos 19–24

A. Sobre a Bíblia

1. a) A que apelou Deus para motivar os israelitas a guardar a lei (19.4; 20.2)?
   b) Quais os três privilégios Israel alcançaria se obedecesse à lei (19.5,6)?
   c) Os crentes também desfrutam dos mesmos privilégios (Tito 2.14; 1Pedro 2.5-9)? Explique.
   d) O que os israelitas prometeram? Podiam fazer isso (Romanos 7.21-23; 3.20,23)? Por quê?
   e) Explique como se acentua a santidade de Deus no capítulo 19. Como ela se relaciona com a lei?
   f) De que nova forma Deus se revela nesse capítulo (19.9,11,19; Deuteronômio 5.22-27)?

2. a) Que mandamento insinua a própria base da verdadeira religião?
   b) Por que se proíbe representar Deus por meio de imagem? (Ver Deuteronômio 4.15-19; João 4.23,24.)
   c) Quais eram as duas principais lições que a lei tencionava ensinar (Mateus 22.37-39)?
   d) Sob que lei está o cristão (Gálatas 6.2; João 15.12)?
   e) Que aspecto da lei acentuava os fenômenos físicos de 20.18 (20.20; Hebreus 12.18-21)?

3. Que missão teria o anjo do Senhor e como se relacionaria com o pacto do Sinai (23.20-23)? Faça um paralelo com a vida cristã (2Pedro 1.2-11).

4. a) Note como foi ratificado o pacto (capítulo 24).
   b) O que representavam as doze colunas?
   c) Qual era a parte que cabia aos israelitas cumprir no pacto (24.7)?

B. Sobre o livro de texto

1. a) Quais são os elementos do pacto do Sinai?
   b) Note o significado dos três privilégios que recompensariam a obediência de Israel. Qual era o sublime propósito de Israel, segundo vemos nessas promessas?

2   Indique os propósitos gerais da lei.
3   a) Que provisão Deus fez para remover o pecado?
    b) O que insinua a pergunta anterior acerca da natureza da lei? O que a lei não pode efetuar?
    c) A lei ainda está em vigor? Explique.
4   a) Com que se relacionam os quatro primeiros mandamentos? E os seguintes?
    b) Em que sentido Deus sujeitou "a maldade dos pais nos filhos até à terceira e quarta geração daqueles que o aborrecem"?
    c) A lei de talião ("olho por olho") ensina que devemos exercer vingança? Explique.
5   a) Por que era necessário que as leis do pacto fossem escritas (24.4-7)?
    b) Como foi selado o pacto no momento de sua ratificação? Por quê? Explique.
    c) O que simbolizava o banquete?

C. Projeto

Compare e contraste o antigo e o novo concertos à luz dos seguintes assuntos:
a) O mediador do pacto (Hebreus 8.6-9).
b) O selo do pacto (Mateus 26.28; Hebreus 9.19,20).
c) O resultado do pacto (2Pedro 1.4; João 1.12; 3.36; 1Coríntios 6.19; Hebreus 10.16,17; 8.10-12).

B. O pacto violado e renovado. Capítulos 31.18–34.35

Os capítulos 32 a 34 formam um parêntese na história da construção do tabernáculo e seguem cronologicamente o relato do concerto da lei. Convém-nos considerá-los antes de começar o estudo do tabernáculo.

1. Pecado de Israel — o bezerro de ouro. Capítulos 31.18—32.6. Menos de quarenta dias depois de haver prometido solenemente que guardariam a lei, os israelitas quebraram a aliança com o Rei divino. Enquanto Moisés estava no monte com o Senhor, o povo israelita cansou-se de esperar seu líder e pediu a Arão que lhe fizesse uma representação visível da divindade. Manifesta-se a tendência idólatra do coração humano, que se contenta com um Deus invisível; quer ter sempre um Deus a quem possa ver e apalpar. Israel queria servir a Deus por meio de uma imagem e a fez provavelmente na forma do deus egípcio, o boi Ápis. Não se sabe se Israel queria prestar culto ao deus egípcio ou meramente representar o Senhor em forma de um bezerro. Esse episódio demonstra-nos que o homem necessita de algo mais do que a lei de Deus em tábuas de pedra; precisa de um coração novo. Por sua rebelião, deixou de ser o povo de Deus. (Ao falar com Moisés, o Senhor chamou Israel de "teu povo": 32.7.)

O fato de Arão consentir e colaborar na idolatria demonstra-nos sua fraqueza e covardia. Era irmão e colaborador de Moisés. Mais tarde (32.22-24), sua desculpa, frágil e mentirosa, foi uma tentativa de lançar a culpa sobre o povo e a casualidade.

2. Intercessão de Moisés. Capítulo 32.7-14. Informado por Deus acerca do pecado de Israel, Moisés demonstrou sua grandeza: o Senhor provou-o ameaçando destruir a Israel e em seu lugar constituir um grande povo de Moisés, porém este se negou a buscar algo para si próprio. Orou a favor do povo, baseando sua intercessão inteiramente na natureza de Deus e em sua palavra.

a) Ressaltou ao Senhor que os israelitas, apesar de seu pecado, constituíam o povo de Deus, visto que ele próprio os havia tirado do Egito.

b) Demonstrou preocupação pela honra de Deus. Se Deus destruísse os israelitas, os egípcios atribuiriam zombeteiramente maus motivos a Deus.

c) Mencionou a Deus as promessas feitas aos patriarcas, crendo em sua fidelidade. Por meio da intercessão de Moisés e sua fé, Israel foi salvo da destruição. Quanto necessitamos, hoje em dia, de intercessores como Moisés!

3. Israel é castigado. Capítulo 32.15-29. A rebelião vergonhosa de Israel acarretou-lhe castigo, apesar da intercessão de Moisés e da misericórdia de Deus. Os israelitas tinham de aprender que não é coisa insignificante menosprezar a revelação de um Deus santo e violar sua aliança com leviandade. Primeiro, tiveram de ver como as tábuas da lei foram quebradas, ato que simbolizou que a idolatria deles havia anulado o concerto.[30] Segundo, foram obrigados a beber a água misturada com o pó do bezerro de ouro, como símbolo de que tinham de suportar a culpa de seu pecado. Depois, Moisés convidou todos os que quisessem unir-se a ele. Os levitas puseram-se ao lado de Moisés e lhe obedeceram matando a espada 3 mil dos que provavelmente eram os mais obstinados dos idólatras. Por estarem dispostos a sacrificar o amor aos parentes e amigos a fim de obedecerem à palavra do Senhor (32.27,28), os levitas foram constituídos na tribo sacerdotal de Israel (32.29).[31] Essa atitude de suprema lealdade a Deus faz-nos lembrar as palavras de Jesus: "Quem ama o pai ou a mãe mais do que a mim não é digno de mim" (Mateus 10.37). O castigo que os israelitas sofreram foi severo, mas necessário para evitar que viessem a ser uma nação de idólatras. Finalmente, Deus retirou sua presença dentre os israelitas e prometeu enviar um anjo diante deles (33.2,3).

4. Moisés volta a interceder. Capítulos 32.30—33.23. Moisés não se conformou com a salvação física de Israel, mas pediu que o Senhor perdoasse completamente o pecado do povo e o restaurasse espiritualmente. Estava disposto a oferecer a si mesmo em lugar de seu povo, e não somente daria sua vida, mas também estava disposto a renunciar à vida eterna a fim de obtê-la para Israel. Sua vida estava tão intimamente ligada à do povo que parece que à parte desse povo nada tinha significado para ele. Diz Ross: "Em toda a Bíblia não temos um ato humano mais sublime do que esse de Moisés".[32] Faz-nos lembrar as palavras do apóstolo Paulo (Romanos 9.2,3) e se assemelha ao espírito daquele que em verdade ofereceu a vida por seus amigos.[33]

---

[30] Deuteronômio 9.16,17 parece insinuar que Moisés intencionalmente quebrou as tábuas da lei para simbolizar diante do povo que seu pecado já havia quebrado o pacto.
[31] "Consagrai hoje as vossas mãos ao Senhor." Literalmente "enchei as mãos" refere-se a proporcionar algo para oferecer a Deus e é uma expressão que significa a investidura para o sacerdócio (28.41). Da mesma maneira que os levitas, o neto de Arão, Fineias, foi recompensado por seu zelo ao Senhor, recebendo a sua descendência o sacerdócio perpétuo (Números 25.10-13).
[32] Ross, op. cit., p. 156.
[33] BERKHOF, Louis. **Princípios de interpretación**. s.d. p. 177.

As Escrituras mencionam várias vezes o livro da vida (Salmos 69.28; Daniel 12.1; Filipenses 4.3; Apocalipse 3.5). É o registro ou a lista dos cidadãos do Reino de Deus. Riscar o nome de uma pessoa da lista significa separá-la da comunhão com Deus, privá-la da sua parte em seu Reino e entregá-la à morte.

Deus disse a Moisés que não podia fazer o que ele sugeria. O fato de apagar o nome de Moisés não manteria os nomes dos pecadores no livro da vida. Eles próprios tinham de arrepender-se. Mas Deus estendeu sua misericórdia. Conquanto o pacto quebrado impedisse que sua presença pessoal os acompanhasse, enviaria um anjo para os guiar.

Ao escutar a advertência de Deus dos lábios de Moisés, o povo arrependeu-se e exteriorizou seu arrependimento despojando-se de seus atavios. A tenda de Moisés onde Deus se reunia com ele[34] estava afastada do acampamento, e o povo esperou ansiosamente enquanto Moisés falava com o Senhor.

As três grandes petições de Moisés dão-nos uma amostra de como deve orar o líder encarregado das responsabilidades do povo de Deus:

a) Pediu para si mesmo que Deus lhe concedesse um conhecimento das intenções e dos propósitos divinos ("teu caminho") a fim de conhecer melhor a Deus (33.13). Para o desempenho da liderança espiritual é preciso conhecer profundamente a Deus e seus caminhos. Então será possível guiar a outros.

b) Pediu por seu povo. Não bastaria a presença de um anjo entre os israelitas nem tampouco a entrada de Israel na terra prometida. Precisavam da presença do próprio Deus (33.15,16). O Senhor prometeu que os acompanharia.

c) Pediu que Deus lhe concedesse uma visão de sua glória (33.18). Foi motivado por amor a Deus. Não sabia que não era possível ver a plenitude da glória divina e sobreviver. Mas Deus nos dá uma noção da provisão divina ao esconder Moisés na fenda da penha. Escondidos nas feridas de Cristo, veremos a glória de Deus e viveremos (Colossenses 3.3).

---

[34] Parece que Moisés erigiu uma tenda provisória fora do acampamento na qual podia ter comunhão com Deus.

5. O pacto é renovado. Capítulo 34. A intercessão de Moisés foi grandemente recompensada. O intercessor voltou a subir ao monte Sinai e aí o pacto foi renovado e foram escritas novas tábuas da lei. Deus concedeu a Moisés uma nova revelação do caráter divino proclamando seu nome: "Deus misericordioso e piedoso, tardio em iras e grande em beneficência [...] que perdoa [...] que ao culpado não tem por inocente" (34.6,7). Conquanto Deus seja justo quando castiga os malfeitores, sua maior glória é seu amor perdoador. Sua justiça e misericórdia andam sempre juntas, como se vê na cruz do Calvário. Na ocasião aqui descrita, Deus manifestou sua misericórdia perdoando a seu povo.

Quando Moisés desceu do monte, seu rosto resplandecia com a glória de Deus. Isto nos ensina duas verdades: a formosura de caráter e a força espiritual vêm da comunhão íntima com Deus; a pessoa na qual se vê o brilho de Deus não percebe que está refletindo a glória divina e, quando o sabe, deixa de ser radiante.

PERGUNTAS
O pacto violado e renovado. Capítulos 31.18–34.35

A. Sobre a Bíblia

1. a) Que desejo ou tendência religiosa entre os israelitas se ressalta no pedido a Arão de que lhes fizesse um deus? Que paralelo você vê nesta cena com o desejo humano de nossos dias?
   b) Note os quatro atos de idolatria (33.4-6,8). A qual desses atos Paulo se referiu ao mencionar a idolatria de Israel (1Coríntios 10.7)?
   c) Por que foi tão grave a idolatria de Israel nesse ponto?
   d) Que indício você encontra em 32.7 de que o Senhor já não considerava em vigor o concerto?
   e) Que aspectos ou fraquezas do caráter de Arão se manifestam no relato? (Leia todo o capítulo antes de responder.)

2. a) Como Moisés reagiu quando o Senhor sugeriu destruir Israel e começar uma nova nação com Moisés?
   b) Em sua opinião, Deus pensou verdadeiramente em destruir Israel? Se não, por que o propôs?

c) Note os dois argumentos da intercessão de Moisés (32.11-13). No seu entender, que argumento é o mais forte diante de Deus (Isaías 40.8; Hebreus 6.17,18)?

d) Que traços do caráter de Moisés sobressaem no capítulo 32? Em que aspecto Moisés se assemelha a Cristo (32.32)?

e) Como foram castigados os israelitas?

3 a) Que atitude Deus adotou para com os israelitas após a intercessão de Moisés (33.1-3)?

b) Como reagiram os israelitas (33.4-6)? (Qual é a atitude indispensável para ser perdoado?)

c) Note as três petições de Moisés (33.13,15,16,18). Por que Deus não quis conceder-lhe de forma ampla a última petição?

d) Que semelhança você vê na posição do crente em Cristo (Efésios 1.6; Colossenses 3.3)?

4 Quais foram os resultados da intercessão de Moisés (34.1-10, 27-35)?

B. Sobre o livro de texto

1 Que fraqueza da lei se manifesta no episódio do bezerro de ouro (Romanos 8.3,4)?

2 a) Por que era necessário castigar os israelitas, uma vez que Moisés já havia intercedido eficazmente em seu favor?

b) O que simbolizou o ato de quebrar as pedras da lei?

c) Que traço do caráter de Moisés se revela em sua maneira de castigá-los?

d) Que traço de caráter os levitas manifestaram?

3 a) Como é possível que Moisés estivesse disposto a renunciar à vida eterna em benefício de seu povo?

b) Por que Deus não aceitou a vida de Moisés em resgate dos israelitas?

4 a) Qual é a nova revelação do caráter de Deus que se encontra no capítulo 34?

b) Que lições queria Deus ensinar a seu povo por meio da glória que irradiava do rosto de Moisés (2Coríntios 3.18; Lucas 11.36)?

C. O tabernáculo. Capítulos 25–27; 30.1–31.11; 35.4–38.31; 39.32–40.38

A ratificação do pacto ensinou aos israelitas a grande verdade de que um povo disposto a fazer a vontade de Deus podia aproximar-se dele mediante sacrifícios. A lei deu aos hebreus a norma de andar segundo a vontade divina. Uma teofania impressionante no monte Sinai havia-lhes mostrado de forma visível a realidade do Senhor, sua majestade e transcendência. O que faltava aos israelitas para completar a promessa do concerto "eu vos tomarei por meu povo, e serei vosso Deus" (6.7)? Necessitavam da presença palpável de Deus e permanentemente entre eles, o que se realizou por meio do tabernáculo.

Embora em sentido literal seja impossível que a presença divina se limite a um lugar (Atos 7.48,49), pois "o Altíssimo não habita em templos feitos por mãos", na realidade ele se manifesta de maneira especial em seu templo. O tabernáculo seria para lembrar ao povo que ele tinha o privilégio incomparável de ter ao Senhor no meio de Israel. Naquela tenda, Deus habitava como rei de seu povo e recebia a homenagem de seu culto. Desejava peregrinar com a nação hebraica no deserto, guiá-la em seus caminhos, defendê-la de seus inimigos e conduzi-la ao descanso de uma vida sedentária em Canaã. Assim, o Senhor se diferenciava dos deuses pagãos por habitar com o seu povo (29.45) e manifestar sua presença no tabernáculo.

A importância do tabernáculo torna-se manifesta nos 13 capítulos dedicados ao relato de sua descrição e construção.

1. Propósitos do tabernáculo.

a) Proporcionar um lugar onde Deus habitasse entre seu povo (25.8; 29.42-46; Números 7.89). Aí o Rei invisível podia encontrar-se com os representantes de seu povo e eles com o Rei. O tabernáculo lembrava também aos israelitas que Deus os acompanhava em sua peregrinação.

b) Ser o centro da vida religiosa, moral e social. A tenda sempre se situava no meio do acampamento das doze tribos (Números 2.17) e era o lugar de sacrifício e centro de celebração das festas nacionais.

c) Representar grandes verdades espirituais que Deus desejava gravar na mente humana, tais como sua majestade e santidade, sua proximidade e a forma de aproximar-se de um Deus santo. Os objetos e ritos do tabernáculo também prefiguravam as realidades cristãs (Hebreus 8.1,2,8-11; 10.1). Desempenhavam um papel importante em preparar os hebreus para receber a obra sacerdotal de Jesus Cristo.

O tabernáculo tinha vários nomes. Regra geral, chamava-se "tenda" ou "tabernáculo" por sua cobertura exterior, que o assemelhava a uma tenda. Também se denominava "tenda da congregação" porque ali Deus se reunia com seu povo (29.42-44). Visto que continha a arca e as tábuas da lei, chamava-se "tabernáculo do Testemunho" (38.21). Testificava da santidade de Deus e da pecaminosidade do homem. Chamava-se, além disso, "santuário" (25.8) porque era uma habitação santa para o Senhor.

2. Construção do tabernáculo: Capítulos 25.1—27.21; 29.38—31.17; 35.4—38.31; 39.32—40.38. Deus ensinou a Israel muitas lições mediante o livramento do Egito, as experiências no deserto e as leis dadas no Sinai. Não obstante, há lições que podem ser aprendidas somente trabalhando em cooperação com Deus e da forma que ele deseja.

A primeira coisa que Deus pediu foi uma oferta. O tabernáculo foi construído com as ofertas voluntárias do povo. Deus desejava ver um coração bem disposto. Ninguém foi obrigado a dar. Não devia haver obrigação de nenhum tipo, exceto a que nasce do amor e da gratidão. Eram ofertas custosas, pois calcula-se que por si sós equivaleriam hoje a mais de um milhão de dólares. Êxodo 35.4-29 demonstra o quanto era importante para o Senhor que cada um tivesse a oportunidade de dar alguma coisa. Precisava-se de metais, materiais e tecidos de todos os tipos. Todos podiam dar segundo o que possuíam. Deus não depende de uns poucos homens ricos para pagar as contas. Deseja que todos desfrutem a emoção e a bênção de partilhar o que têm. Os israelitas davam com alegria e tão generosamente que foi necessário suspender a oferta (36.5-7).

O TABERNÁCULO

O TABERNÁCULO E SEUS MÓVEIS

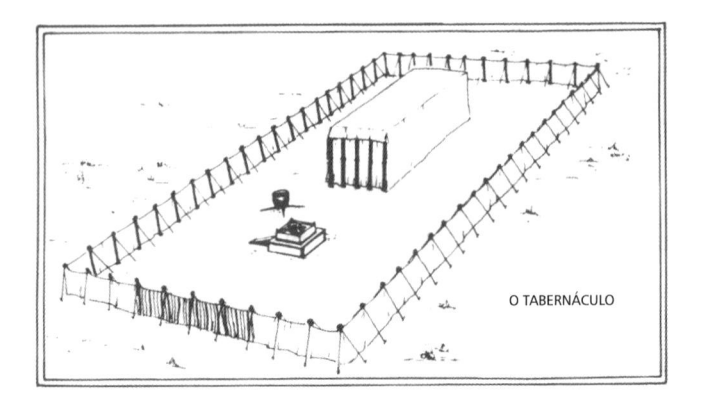

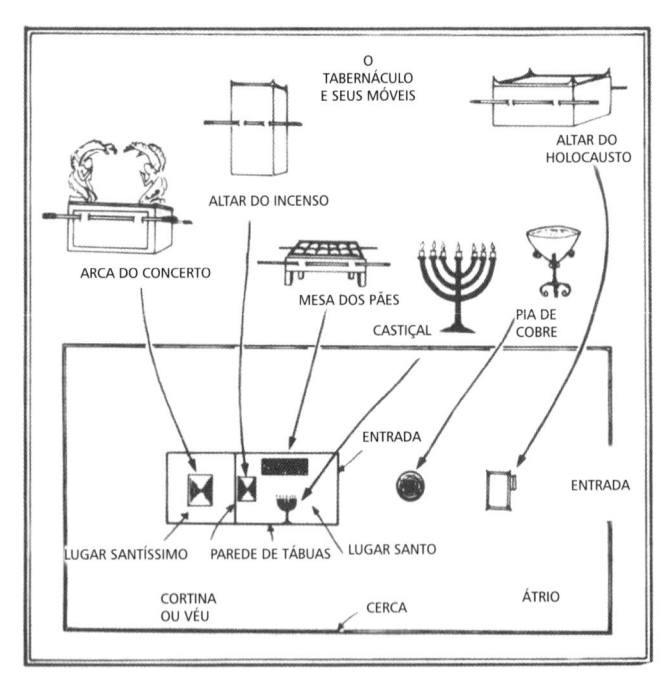

ALTAR DO HOLOCAUSTO
ALTAR DO INCENSO
ARCA DO CONCERTO
MESA DOS PÃES
CASTIÇAL
PIA DE COBRE
ENTRADA
ENTRADA
LUGAR SANTÍSSIMO
PAREDE DE TÁBUAS
LUGAR SANTO
CORTINA OU VÉU
CERCA
ÁTRIO

Que mais pediu Deus aos israelitas além das coisas que possuíam? Leia Êxodo 35.25,26; 36.2,4. Deus necessitava da habilidade, do conhecimento e do trabalho deles. Inclusive as mulheres empregavam suas mãos e cérebro fiando tecidos primorosos. Bezaleel e Aoliabe foram chamados pelo Senhor e ungidos com o Espírito para projetar as plantas, trabalhar os metais e ensinar a outros. Deus concede ministérios especiais a alguns e trabalho para todos.

Quem fez a planta do tabernáculo? Todos os detalhes foram feitos de acordo com o desenho que Deus mostrou a Moisés no monte (25.9,40; 26.30; 35.10). Ensina a grande lição que é o próprio Deus quem determina os pormenores relacionados com o culto verdadeiro. Ele não aceita as invenções religiosas humanas nem o culto prestado segundo prescrições de homens (Colossenses 2.20-23); temos de adorar a Deus da forma indicada em sua Palavra. Ao construir o tabernáculo estritamente conforme as ordenanças de Deus, os israelitas foram recompensados, pois a glória do Senhor encheu a tenda, e a nuvem do Senhor permaneceu sobre ela (40.34-38). Igualmente conosco, se desejamos a presença e a bênção divinas, temos de cumprir as condições expressas na Palavra de Deus.

A tenda em si mesma media 14 metros de comprimento por 4,5 de largura. A armação foi feita de 48 tábuas de madeira de acácia recobertas de ouro puro. Cada tábua se assentava sobre duas bases de prata e se unia às demais tábuas por meio de cinco barras. O teto plano consistia em uma cortina de linho fino com finos bordados de figuras de querubins em azul, púrpura e carmesim (26.1-6; 36.8). Havia três cobertas sobre as tábuas e o teto plano: o exterior era de peles de texugo (ou possivelmente foca), depois, para dentro, uma de peles de carneiro tingidas de vermelho e uma branca de pelos de cabra. A coberta interna consistia em uma cortina de linho fino retorcido em cores azul, púrpura e carmesim com figuras de querubins. A tenda dividia-se em duas câmaras. A entrada ficava ao oriente[35] e conduzia ao lugar santo; este media 9 metros de comprimento. Mais para dentro estava o lugar santíssimo ou Santo dos Santos. Entre os dois compartimentos havia um véu de linho com desenhos em cor azul, púrpura e carmesim, adornado com figuras de querubins. O lugar santíssimo tinha a forma de um cubo.

No lugar santo encontravam-se três móveis: a mesa dos pães, o castiçal e o altar do incenso. À direita estava a mesa dos pães da proposição, feita de acácia e revestida de ouro; media 91 centímetros

---

[35] Acredita-se que a porta do tabernáculo voltava-se para o leste a fim de obrigar os sacerdotes a dar as costas ao sol, objeto de culto pagão.

de comprimento por 46 de largura, com uma altura de 67 centímetros. Todos os sábados os sacerdotes punham sobre a mesa doze pães asmos, ou seja, sem fermento, e retiravam os pães envelhecidos que os sacerdotes comiam no lugar santo.

Ao lado esquerdo do lugar santo encontrava-se o castiçal ou candelabro de ouro com suas sete lâmpadas (25.31-40). Sua "cana" ou tronco descansava sobre um pedestal. Tinha sete braços, três de cada lado e um no centro, cada um com figuras de maçãs, flores e copos lavrados em derredor. Todas as tardes os sacerdotes limpavam as mechas e enchiam as lâmpadas com azeite puro de oliva a fim de que ardessem durante toda a noite (27.20,21; 30.7,8).

Diante do véu no lugar santo estava o altar do incenso (30.1-10). À semelhança dos outros móveis da tenda, era feito de acácia e revestido de ouro. Tinha seus quatro lados iguais; cada lado media meio metro e sua altura era aproximadamente de 1 metro. Sobressaindo da superfície, havia em seus quatro cantos umas pontas em forma de chifre. Todas as manhãs e todas as tardes, quando preparavam as lâmpadas, os sacerdotes queimavam sobre esse altar o incenso, utilizando-se de fogo tirado do altar do holocausto. O altar do incenso relacionava-se mais estreitamente com o lugar santíssimo do que com os demais móveis do lugar santo. É descrito como o altar "que está perante a face do SENHOR" (Levítico 4.18), como se não existisse o véu entre ele e a arca. Portanto, era considerado em conjunto com a arca, com o propiciatório e com a *Shekiná* de glória. O lugar santíssimo diferenciava-se dos templos pagãos por não ter nenhuma figura que representasse a Deus. Continha um único móvel: a arca do concerto, o objeto mais sagrado de Israel. A arca era um cofre de 1,15 metro por 70 centímetros, construído de acácia e revestido de ouro por dentro e por fora. Sobre a coberta da arca ficavam dois querubins (seres angelicais) diante um do outro, feitos de ouro, que com suas asas cobriam o local conhecido como "propiciatório". Ali Deus manifestava a sua glória.

Em torno da tenda ficava o átrio ou pátio; seu perímetro era de 140 metros, com uma entrada de 9 metros ao oriente. A metade oriental do átrio era a arca onde se permitia que os adoradores israelitas prestassem culto a Deus. Havia dois móveis no átrio: o altar dos holocaustos, situado perto da porta do concerto (27.1-8; 38.1-7), e a pia de cobre, localizada entre o altar dos holocaustos e a porta da tenda (30.17-21).

O altar dos holocaustos também se tornou conhecido como altar de cobre por ser feito de acácia e revestido de cobre; media quase 2,5 metros tanto de largura como de comprimento e 1,5 metro de altura. O interior desse altar era oco. Cada canto tinha um chifre, ponta que se sobressaía em forma de chifre de boi. Os animais para o sacrifício eram atados a esse chifre (Salmos 118.27). Além disso, se alguma pessoa era perseguida, podia apegar-se aos chifres do altar a fim de obter misericórdia e proteção (1Reis 1.50,51). Sobre esse altar eram oferecidos os sacrifícios; essa era sua finalidade.

É provável que a pia de cobre fosse feita completamente de metal. Não há nenhum detalhe pelo qual se possa saber sua forma ou tamanho, embora se suponha que deve ter sido um modelo em miniatura do tanque circular do templo de Salomão chamado "mar". Os sacerdotes eram obrigados, sob pena de morte, a lavar-se na pia antes de oferecer sacrifícios ou entrar no lugar santo.

O tabernáculo foi construído de tal maneira que fosse fácil de desarmar e tornar a armá-lo; era portátil, para poder ser levado de um lugar a outro. Cada móvel tinha argolas por onde passavam as barras que os israelitas utilizavam para alçar as partes do tabernáculo.

3. Simbolismo do tabernáculo. Em comparação com os templos pagãos, a tenda da congregação era muito pequena. Não foi projetada para que o povo israelita se reunisse em seu interior para adorar a Deus, mas com o fim de que seus representantes, os sacerdotes, oficiassem como mediadores. Evidentemente, cada objeto e sua localização tinham grande valor simbólico. O escritor da carta aos Hebreus mostra o simbolismo do tabernáculo e do sacerdócio da antiga aliança dizendo que são "sombra das coisas celestiais" (8.5). Não obstante, existe a tentação de atribuir significado a cada detalhe, de fazer aplicações fantásticas e extravagantes das partes componentes ou de encontrar vários significados para um só objeto do tabernáculo[36] e,

---

[36] Louis Berkhof, conhecido teólogo e escritor, diz que um princípio fundamental é que as figuras proféticas, se não são de natureza complexa, têm somente um significado radical. De modo que o intérprete não tem liberdade de multiplicar os significados.

desse modo, desacreditar o exame de seu simbolismo. Ao tratar do estudo do simbolismo, devemos perguntar-nos: o que significam os objetos e ritos para os israelitas? A seguir, qual é o verdadeiro significado do tabernáculo para os cristãos de hoje? Não nos convém ser dogmáticos ao interpretar os pormenores, mas devemos buscar na medida do possível a interpretação neotestamentária.

Nota-se certo simbolismo de importância evidente no tabernáculo: a) A presença de Deus. Para os israelitas o lugar santíssimo e em especial o propiciatório (coberta) da arca representavam a imediata presença de Deus. Aí se manifestava a *Shekiná* (em hebreu "habitar"), o fogo ou glória de Deus que representava sua própria presença. À coberta se dava o nome de "propiciatório", pois aí o mais perfeito ato de expiação era realizado uma vez por ano pelo sumo sacerdote.

As figuras dos querubins, com as asas estendidas para cima e o rosto de cada um voltado para o rosto do outro, representavam reverência e culto a Deus. A arca continha as duas tábuas da lei, um vaso com maná e, mais tarde, incluiu-se a vara de Arão. Todos esses objetos lembravam a Israel o concerto e o amor de Deus. As tábuas da lei simbolizavam a santidade de Deus e a pecaminosidade do homem. Também lembravam aos hebreus que não se pode adorar a Deus em verdade sem se dispor a cumprir sua vontade revelada. O véu que separava o lugar santíssimo do lugar santo e excluía todos os homens com exceção do sumo sacerdote acentuava que Deus é inacessível ao homem pecador. Somente por meio do mediador nomeado por Deus e do sacrifício do inocente o homem podia aproximar-se de Deus.

Para o cristão de hoje, essas coisas servem de "alegoria para o tempo presente" (Hebreus 9.9), quando Jesus Cristo, nosso Sumo Sacerdote, entrou de uma vez para sempre com seu próprio sangue para fazer propiciação por nossos pecados e expiá-los.[37] É interessante notar a relação que existe entre o "propiciatório" e as palavras do apóstolo quando disse, referindo-se a Cristo: "ao qual Deus propôs

---

[37] O conceito bíblico de propiciação é "aplacar a ira de uma pessoa mediante um presente, uma oferta ou ato que agrade a pessoa ofendida". Desse modo, a obra de Cristo satisfez as exigências da justiça divina. A palavra hebraica *kafar* (expiar) quer dizer "tapar, tirar ou apagar". A morte de Jesus foi expiação e ao mesmo tempo propiciação por nossos pecados.

para propiciação" (Romanos 3.25). Pela obra de Cristo no Calvário, "o véu do templo se rasgou em dois, de alto a baixo" (Mateus 27.51). Esse símbolo da separação entre Deus e os homens, diz Alexander MacLaren, foi entretecido por nossos pecados. Agora está rasgado, e os cristãos têm acesso à presença de Deus (Hebreus 10.19,20; 4.14-16; Romanos 5.1,2). Aleluia!

b) A aproximação de Deus. Os móveis colocados no pátio do tabernáculo mostravam como o homem pode aproximar-se de Deus e restaurar a comunhão com ele.

O primeiro passo para o homem aproximar-se de Deus está simbolizado pelo altar dos holocaustos, ou seja, a expiação. Sua mensagem é: "Sem derramamento de sangue não há remissão" (Hebreus 9.22). Por conseguinte, sem remissão de pecados não há comunhão com Deus. A remissão foi efetuada no Calvário, onde Cristo se sacrificou por nossas rebeliões. Assim como o homem perseguido podia agarrar-se aos chifres do altar para escapar do vingador ofendido, o pecador pode agarrar-se simbolicamente à cruz e, mediante a fé, encontrar abrigo seguro para sua alma. As pessoas que depositam sua fé em Cristo têm um altar (Hebreus 13.10) e são reconciliadas com Deus mediante a cruz (2Coríntios 5.18-21), tendo desse modo acesso ao Pai (Romanos 5.2). É preciso lembrar também que o altar de cobre era o lugar de completa dedicação a Deus, pois ali se ofereciam os sacrifícios de holocausto que simbolizavam inteira consagração. Os que são perdoados e reconciliados devem seguir os passos daquele que se ofereceu em completa submissão à vontade divina.

O segundo passo para aproximar-se de Deus e preparar-se para ministrar as coisas sagradas é simbolicamente representado pela pia de cobre. Ali os sacerdotes se lavavam antes de oficiar as coisas sagradas. Demonstra que é necessário purificar-se para servir a Deus: "a santificação, sem a qual ninguém verá o Senhor" (Hebreus 12.14). O cristão se limpa "com a lavagem da água, pela palavra" (Efésios 5.26) e pela "regeneração" e "renovação do Espírito Santo" (Tito 3.5).

c) O culto aceitável a Deus. Os móveis do lugar santo indicavam como a nação sacerdotal podia prestar culto a Deus e servi-lo de uma forma aceitável. Alguns estudiosos da Bíblia pensam que na obra de Cristo encontra-se o simbolismo destes móveis: o altar do incenso representa Cristo, o intercessor; a mesa dos pães representa Cristo, o pão da vida; e o castiçal, Cristo, a luz do mundo. Apesar da bênção resultante dessas interpretações tradicionais, convém-nos buscar o simbolismo dos móveis considerando primeiro a ideia que eles transmitiam aos israelitas e a seguir o que o Novo Testamento indica no tocante a eles. Dado que os que oficiavam no lugar santo eram os sacerdotes comuns, simbolizando os cristãos (1Pedro 2.9; Apocalipse 1.6), é lógico considerar que o uso dos móveis do lugar santo prefigurava o culto e o serviço dos cristãos.

O altar do incenso estava no centro; ensina-nos que uma vida de oração é imprescindível para agradar a Deus, já que o incenso simbolizava a oração, o louvor e a intercessão do povo de Deus, tanto no Antigo Testamento como no Novo (Salmos 141.2; Lucas 1.10; Apocalipse 5.8; 8.3). Assim como o perfume do fumo que o incenso desprendia subia ao céu, os louvores, os clamores e as intercessões sobem ao Senhor como cheiro agradável. Duas vezes por dia acendia-se o incenso sobre o altar, o qual provavelmente ardia durante o dia todo. Isso ensina que os filhos de Deus devem ser constantes na oração. Acendia-se o incenso com o fogo do altar dos holocaustos, o que nos leva a notar que a oração aceitável ao Senhor se relaciona com a expiação do pecado e a consagração do fiel. Também se destaca a importância do fogo para consumir o incenso. Se o incenso não ardia, não havia cheiro agradável. Igualmente o cristão necessita do fogo do Espírito Santo para fazer arder o incenso da devoção (Efésios 6.18). As orações frias não sobem ao trono da graça. Finalmente, observamos que o sumo sacerdote espargia sangue sobre os cantos do altar do incenso uma vez por ano, demonstrando que, embora o culto humano seja imperfeito (Romanos 8.26,27), somos "agradáveis a si no Amado" por seu sangue expiador e sua intercessão perpétua (Efésios 1.6,7; Romanos 8.34; Hebreus 9.25).

Ao entrar no lugar santo, encontrava-se à direita a mesa dos pães da proposição. A frase "pães da proposição" significa literalmente "pães do rosto", e em algumas versões da Bíblia se traduz "pão da presença", pois o pão era colocado continuamente na presença de Deus. Os doze pães colocados na mesa representavam uma oferta de gratidão a Deus da parte das doze tribos,[38] pois o pão era ao mesmo tempo uma dádiva de Deus e fruto dos esforços humanos. Por isso o povo reconhecia que havia recebido seu sustento de Deus e ao mesmo tempo consagrava a ele os frutos de seu trabalho. Portanto, a mesa dos pães refere-se também à mordomia dos bens materiais. O terceiro móvel no lugar santo era o castiçal de ouro, que simbolizava o povo de Deus, Israel. Ensinava que Israel devia ser "luz dos gentios" (Isaías 49.6; 60.1-3; Romanos 2.19), dando testemunho ao mundo por meio de uma vida santa e da mensagem proclamada do Senhor. O apóstolo João utiliza a figura do castiçal: representa as sete igrejas da Ásia como sete castiçais (Apocalipse 1.12-20), portanto o castiçal prefigura a igreja de Jesus Cristo. Assim como o tronco do castiçal unia os sete braços e suas lâmpadas, assim também Jesus Cristo está no meio de suas igrejas e as une. Embora as igrejas locais sejam muitas, constituem uma só igreja em Cristo. Também Jesus disse aos seus seguidores: "Vós sois a luz do mundo" (Mateus 5.14).

Era necessário encher o castiçal com azeite puro de oliveira a fim de que ardesse e iluminasse ao seu redor. O profeta Zacarias empregou a figura do castiçal com azeite abundante para representar Israel. Interpretou o símbolo do azeite com estas palavras: "Não por força, nem por violência, mas pelo meu Espírito, diz o SENHOR dos Exércitos" (Zacarias 4.6). O azeite é, pois, símbolo do Espírito Santo. Se o cristão não tem a presença e o poder do Espírito em sua vida, não será uma boa testemunha. Todos os dias, um sacerdote trazia azeite fresco para o castiçal, de modo que a luz ardesse desde a tarde até o amanhecer (27.20,21). Do mesmo modo o cristão necessita receber todos os dias o azeite do Espírito Santo (Salmos 92.10) para que sua luz brilhe diante dos que andam na escuridão espiritual.

---

[38] Alguns comentaristas acham que o pão da proposição prefigurava Cristo, "o pão da vida" (João 6.35). A comparação é interessante, mas não está de acordo com o propósito original de tais pães. É óbvio que os pães representavam uma oferta a Deus da parte das doze tribos, pois se ofereciam doze (se representassem uma dádiva de Deus aos homens, provavelmente teria sido de um único pão). Além disso, eram oferecidos com incenso e vinho, acompanhantes comuns dos sacrifícios. Cristo é "o pão da vida" não pelo simbolismo dos pães da proposição, mas porque nele se cumpre o simbolismo do maná (João 6.31-35).

Já notamos que os móveis do lugar santo ensinam como os filhos de Deus podem prestar culto e serviço ao seu Senhor. Todos os aspectos do culto representados por cada móvel são importantes, mas o lugar central que o altar do incenso ocupava parece indicar que a atividade relacionada com ele é o mais importante. Como a mesa dos pães e o castiçal ou candeeiro estavam relacionados com o altar do incenso, a consagração e o testemunho do fiel estão relacionados com a vida de oração. Se o cristão não tem comunhão com Deus, logo deixará de consagrar ao Senhor os frutos de seu trabalho, e sua luz deixará de alumiar os homens.

d) O Filho de Deus. A ideia central do tabernáculo era que Deus habitava entre seu povo; sua plena realização encontra-se na encarnação de Cristo: "E o Verbo se fez carne e habitou entre nós" (literalmente, *fez tabernáculo entre nós*, João 1.14). Daí que se chama Emanuel, "Deus conosco" (Mateus 1.23). Em nossos dias, a presença de Deus se manifesta na igreja por meio do Espírito Santo que habita nos cristãos (Efésios 2.21,22).

Muitos estudiosos da Bíblia creem que as cortinas que cobriam o tabernáculo falam do Senhor Jesus Cristo (26.1-14). A cortina de peles de texugo era colocada sobre as outras. Tinha cor de terra e não era formosa à vista. Fala acerca do aspecto humano de Jesus: "não tinha parecer nem formosura; e, olhando nós para ele, nenhuma beleza víamos, para que o desejássemos" (Isaías 53.2). A segunda cortina, feita de peles de carneiro tingidas de vermelho, representavam a obra redentora de Jesus. Por sua vez, a terceira cortina era feita de pelo de cabra, cuja brancura simbolizava a pureza do Senhor. A última cortina que se via de dentro do tabernáculo era de fino linho branco, trabalhada primorosamente com figuras de querubins (26.1-6; 38.18), em azul, púrpura e carmesim. Essa beleza representava a glória celestial de Jesus.

Em Cristo se cumpriram muitas das cerimônias do tabernáculo: a manifestação da glória divina, a expiação, a reconciliação do homem com Deus e a presença de Deus entre seu povo redimido. As sombras e figuras já passaram, mas a realidade permanece na pessoa e obra de Jesus Cristo.

4. O dinheiro de resgate. Capítulo 30.11-16. Só aos redimidos era permitido oferecer culto a Deus. Essa verdade ficava implantada na mente dos israelitas mediante o pagamento do direito de resgate. Ao serem contados os varões hebreus de 20 anos para cima, cada um tinha de pagar meio siclo de prata. Não era uma contribuição voluntária, mas o "resgate da sua alma". Se alguém não quisesse pagá-lo, era excluído dos privilégios do tabernáculo e corria o perigo de sofrer os juízos divinos.

No princípio se fundiram as moedas a fim de com elas fazer as bases de prata para as madeiras do tabernáculo (38.25-28), como "memória" aos adoradores israelitas de que eram um povo redimido e de que sua comunhão com Deus se baseava no resgate. Mais tarde começou-se a empregar o dinheiro para manutenção do culto e do santuário.

O dinheiro de resgate demonstrava certas verdades:

a) Todos os homens, por natureza, são indignos de ser contados como povo de Deus e de desfrutar das bênçãos divinas, "Porque todos pecaram e destituídos estão da glória de Deus" (Romanos 3.23). Por isso cada um deve ser redimido.

b) Todos eram redimidos pela mesma quantia: meio siclo de prata. "O rico não aumentará, e o pobre não diminuirá" essa importância. Coloca a humanidade toda em um mesmo nível: "porque não há diferença". Deus não faz acepção de pessoas, e todos têm o mesmo valor para ele. Os ricos, os pobres, os talentosos e os ignorantes, todos necessitam do mesmo resgate.

c) Fala-nos acerca do verdadeiro resgate. A soma era tão pequena que, evidentemente, era apenas um resgate simbólico. "[S]abendo que não foi com coisas corruptíveis, como prata ou ouro, que fostes resgatados [...], mas com o precioso sangue de Cristo" (1Pedro 1.18, 19). Provavelmente o dinheiro do resgate era o mesmo imposto que foi exigido de nosso Senhor (Mateus 17.24-27). Jesus disse que ele, como Filho, estava isento, mas ordenou a Pedro tirar uma moeda da boca de um peixe e lhe disse: "dá-o por mim e por ti".

d) Fala também do motivo de consagrar-se ao Senhor e levar uma vida santa. Uma vez que os cristãos são "comprados por bom preço", devem glorificar a Deus em seu corpo e em seu espírito, "os quais pertencem a Deus" (1Coríntios 6.19,20).

5. A glória no tabernáculo. Capítulo 40.34-38. Israel cumpriu ao pé da letra as instruções divinas concernentes à construção do tabernáculo. Quando Moisés terminou sua obra, a nuvem que havia guiado Israel aproximou-se, descansou sobre o tabernáculo como uma manifestação visível da presença de Deus e aí permaneceu. Quando Moisés procurou entrar no lugar santo, não pôde fazê-lo. Tanto a nuvem como a glória eram demasiado fortes. A maior glória do tabernáculo não se encontrava nas magníficas cortinas, nem no ouro, nem na prata, mas na presença do Deus vivente.

Assim, o livro de Êxodo termina com o cumprimento da promessa de Deus: "E habitarei no meio dos filhos de Israel e lhes serei por Deus" (29.45). O Deus que habita entre seu povo é também o Deus que levará seu povo a Canaã, em cumprimento de sua promessa aos patriarcas. Nós também podemos estar seguros de que o que começou em nós "a boa obra a aperfeiçoará até ao Dia de Jesus Cristo" (Filipenses 1.6).

PERGUNTAS
O tabernáculo. Capítulos 25.1–31.17; 35.1–40.38

A. Sobre a Bíblia

1 Leia 25.1-9; 29.42-46; 38.21.
   a) Mencione os quatro nomes com que se designava o tabernáculo.
   b) Quais os dois propósitos que o tabernáculo cumpria? Como é que Deus se reúne agora com seu povo?
   c) Como havia ele manifestado sua presença até este ponto (14.19)?
2 Leia 31.1-11; 35.4-36.7.
   a) O que fez Deus quanto ao modelo e o que fizeram os homens? (Compare 25.2 com 31.1-11 e 38.22,23.)
   b) Que lição prática podemos retirar daí?
   c) Note a relação entre o chamado dos artífices Bezaleel e Aoliabe e sua capacitação. Qual o requisito ou a capacitação de

que o obreiro necessita para fazer tanto a obra espiritual como a material? (Note também Atos 6.3.)
d) Mencione três lições práticas que podemos derivar do relato da construção do tabernáculo (35.4-29).
e) Que papel desempenharam as mulheres na construção do tabernáculo?

3 Leia 39.32—40.38.
a) Qual é a frase que se repete nesses dois capítulos? Como se relaciona com nosso serviço a Deus (João 5.19; 1João 2.6)?
b) Como Deus aprovou a obediência e o trabalho de Moisés e dos israelitas (40.34,35)?

B. Sobre o livro de texto

1 a) Indique três finalidades gerais do tabernáculo.
b) Dê o significado dos diferentes nomes do tabernáculo.
c) Dê as medidas da tenda. Compare seu tamanho com o dos templos pagãos. Por que era tão pequeno o tabernáculo? (Qual era seu propósito específico?)

2 a) Mencione dois erros em que podemos cair ao interpretar o simbolismo do tabernáculo.
b) Para interpretar corretamente o simbolismo, devemos buscar primeiro o que significavam os objetos e os ritos para os _____ e depois buscar a interpretação dos escritores do _____ .

3 a) Qual é a grande verdade que se ensina por meio dos móveis e utensílios do pátio ou átrio?
b) Qual é o ensino geral do lugar santo?

4 Dê o simbolismo do seguinte:
a) O lugar santíssimo
b) A lei na arca
c) O véu
d) O altar do incenso
e) A mesa dos pães
f) O castiçal
g) O altar do holocausto
h) A pia de cobre

5   O que significa o fato de que o véu do templo "se rasgou em dois" quando Jesus morreu (Mateus 27.51; Hebreus 10.20)?
6   Diga qual é o grande simbolismo do tabernáculo segundo se encontra nos quatro Evangelhos. (Uma frase é suficiente.)

C. Projeto

Faça uma planta do tabernáculo com seus móveis e utensílios. A seguir, indique os passos que o cristão deve dar para aproximar-se de Deus e prestar-lhe culto e serviço.

CAPÍTULO 4

Levítico

INTRODUÇÃO

1. Título e caráter. Na versão grega, esse livro recebeu o nome de Levítico porque trata das leis relacionadas com os ritos, sacrifícios e serviço do sacerdócio levítico. Nem todos os homens da tribo de Levi eram sacerdotes; o termo "levita" referia-se aos leigos que faziam o trabalho manual do tabernáculo. O livro não trata desses "levitas", porém o título não é completamente inadequado porque todos os sacerdotes eram efetivamente da tribo de Levi.

Embora o livro de Levítico tenha sido escrito principalmente como manual dos sacerdotes, encontra-se muitas vezes a ordenança de Deus: "Fala aos filhos de Israel", de modo que contém muitos ensinamentos para toda a nação. As leis que se encontram em Levítico foram dadas pelo próprio Deus (ver 1.1; Números 7.89; Êxodo 25.1), de modo que têm um caráter elevado.

2. Relação com Êxodo e com Números. A revelação que se encontra em Levítico foi entregue a Moisés quando Israel ainda acampava diante do monte Sinai (27.34). Segue o fio da última parte de Êxodo, a qual descreve o tabernáculo. A seguir, Números continua com o conteúdo de Levítico. Assim, os três livros formam um conjunto e estão estreitamente relacionados entre si. Todavia, Levítico difere dos outros dois por ser quase totalmente legislativo. Narra apenas três acontecimentos históricos: a investidura dos sacerdotes (capítulos 8 e 9), o pecado e castigo de Nadabe e Abiú (capítulo 10) e o castigo de um blasfemo (24.10-14,23).

3. Propósito e aplicação. Assim como Êxodo tem por tema a comunhão que Deus oferece ao povo mediante sua presença no tabernáculo, Levítico apresenta as leis pelas quais Israel haveria de manter essa comunhão. O Senhor queria ensinar seu povo, os hebreus, a santificar-se. A palavra santificação significa apartar-se do mal e dedicar-se ao serviço de Deus. É condição necessária para desfrutar da comunhão com Deus. As leis e as instituições de Levítico faziam os israelitas tomar consciência de sua pecaminosidade e da necessidade de receber a misericórdia divina; ao mesmo tempo, o sistema de sacrifícios ensinava-lhes que o próprio Deus provia o meio de expiar seus pecados e santificar sua vida.

Deus é santo e seu povo há de ser santo também. Israel devia ser diferente das outras nações e separar-se de seus costumes. "Não fareis segundo as obras da terra do Egito [...] nem fareis segundo as obras da terra de Canaã" (18.3). O pensamento-chave encontra-se em 11.44,45; 19.2. "Santos sereis, porque eu, o Senhor vosso Deus, sou santo." A palavra "santo" aparece 73 vezes no livro. O tabernáculo e seus móveis eram santos, santos os sacerdotes, santas as suas vestimentas, santas as ofertas, santas as festas, e tudo era santo para que Israel fosse santo. O apóstolo Paulo sintetiza esse princípio e o aplica aos cristãos: "Portanto, quer comais, quer bebais, ou façais outra qualquer coisa, fazei tudo para a glória de Deus" (1Coríntios 10.31).

Nota-se a santidade divina no castigo do pecado de Nadabe e Abiú (ver capítulo 10) e no do blasfemo (24.10-23). A santidade de Deus impõe leis concernentes às ofertas, ao alimento, à purificação, à castidade, às festividades e outras cerimônias. Somente por seus mediadores, os sacerdotes, pode um povo pecaminoso aproximar-se do Deus santo. Tudo isso ensinou aos hebreus que é o pecado que afasta o homem de Deus, que Deus exige a santidade e que só o sangue espargido sobre o altar pode expiar a culpa. De modo que Levítico fala da santidade, mas ao mesmo tempo fala da graça, ou da possibilidade de se obter perdão por meio de sacrifícios.

4. Assunto. SANTIDADE AO SENHOR.

5. Esboço.

I. Sacrifícios
   A. O sistema mosaico de sacrifícios
   B. Tipos de ofertas

II. O sacerdócio (Êxodo 29 e 29; Levítico 21, 22.8—10)
   A. Descrição do sacerdócio
   B. Consagração dos sacerdotes (Êxodo 29.1-37; Levítico 8 e 9)
   C. Irreverência dos sacerdotes (10)
III. Purificação da vida em Israel (11—15)
   A. Propósitos das regras referentes à pureza e à impureza
   B. Animais limpos e animais impuros (11)
   C. Impureza relacionada com a reprodução (12 e 15)
   D. Impureza da lepra (13 e 14)
IV. Leis de santidade (17—22; 24.10-23)
   A. As festas solenes (23, 25 e 16)
   B. Propósitos das festas solenes
   C. Significado das festas solenes
   D. Ameaças, promessas, votos (26 e 27)

6. Significado e valor. Embora Levítico pareça árido e pouco interessante a muitos leitores, o livro tem grande significado e valor quando bem compreendido.

a) Proporciona-nos um antecedente que torna compreensíveis outros livros da Bíblia. Se alguém deseja entender as referências aos sacrifícios, às cerimônias de purificação, às instituições tais como o sacerdócio ou as convocações sagradas, é necessário consultar o livro de Levítico. Os destacados profetas Isaías, Jeremias e Ezequiel contemplavam em suas visões verdades permanentes dadas pelo simbolismo do templo, das ofertas, das festas e das pessoas sagradas. Sem a luz que Levítico lança sobre a epístola aos Hebreus, esta seria um enigma.

b) Levítico apresenta princípios elevados da religião. Conquanto muitas de suas normas e cerimônias já não estejam em vigor para o cristão, ainda assim encerram princípios permanentes. Deve-se descartar a casca (a forma antiga das leis) e guardar o grão (o princípio moral ou espiritual). As leis e cerimônias de Levítico mostram como Deus opera para remover o pecado mediante o sacrifício e a purificação, como Deus atua contra pecados sociais por meio do ano sabático e do ano do jubileu e como ele enfrenta a imoralidade por meio de leis de castidade e também por promessas e ameaças. É notável que em Levítico se encontra o sublime preceito: "Amarás o teu próximo como a ti mesmo" (19.18).

c) Finalmente, o livro tinha o propósito de preparar a mente humana para as grandes verdades do Novo Testamento. Levítico apresenta o evangelho revestido de simbolismo. Os sacrifícios da antiga aliança, especialmente o do grande Dia de Expiação, antecipavam o sacrifício do mediador da nova aliança. Para entender cabalmente o Calvário e sua glória redentora, temos de vê-lo à luz do livro de Levítico, que põe em relevo a verdadeira face do pecado, da graça e do perdão, preparando assim os israelitas para a obra do Redentor.

7. Conteúdo e método de estudar Levítico. Este estudo do Pentateuco afastou-se mais de uma vez do método "capítulo após capítulo" ao fazer sua exposição. Em seu lugar, desenvolveu temas na forma lógica e sistemática. O estudo de Levítico segue esse método, e não somente reúne material de várias partes do livro para desenvolver os temas, mas também emprega seções de Êxodo para completar o quadro de Levítico.

I. SACRIFÍCIOS

Como a revelação era o meio que Deus usava para aproximar-se de seu povo, assim o sacrifício era o meio pelo qual o povo podia aproximar-se de Deus. O Senhor ordenou: "Ninguém aparecerá vazio diante de mim" (Êxodo 34.20; Deuteronômio 16.16). Como se originou a ideia do sacrifício? O sistema sacrificial foi instituído por Deus para ligar a nação israelita a ele próprio. Não obstante, os sacrifícios remontam ao período primitivo da raça humana. Menciona-se o ato pela primeira vez em Gênesis 4, no caso de Caim e Abel. Provavelmente Deus mesmo ensinou os homens a oferecer sacrifício como meio de aproximar-se dele. A ideia ficou gravada na mente humana, e o costume foi transmitido a toda a humanidade. Com o transcorrer do tempo, os sacrifícios oferecidos pelos que não conheciam a Deus uniram-se a costumes pagãos e a ideias corruptas como, por exemplo, o conceito de que os deuses literalmente comiam o fumo e o odor do sacrifício.

Não se sabe se os israelitas, antes de chegarem ao Sinai, conheciam e distinguiam claramente os diversos tipos de ofertas. Já como nação liberta da escravidão do Egito, já como povo da aliança, Israel recebeu instruções específicas com respeito aos sacrifícios.

A. O sistema mosaico de sacrifícios
1. Ideias relacionadas com o sacrifício.

a) O motivo básico dos sacrifícios é a substituição e seu fim é a expiação. O pecado é sumamente grave porque é contra Deus. Além do mais, Deus "é tão puro de olhos que não pode ver o mal" (Habacuque 1.13). O homem que peca merece a morte. Em seu lugar, morre o animal inocente, e essa morte cancela ou retira o pecado.

Levítico 17.11 é o texto-chave quanto à expiação: "[A] alma da carne está no sangue, pelo que vo-lo tenho dado sobre o altar, para fazer expiação pela vossa alma." Isso quer dizer que Deus designou o sangue como sacrifício, provendo assim para a necessidade do homem. Que significa o sangue? Ele é considerado o princípio vital. Não tem significado em si mesmo senão como símbolo e demonstração de que se tirou a vida de um animal inocente para pagar pelos pecados do culpado.[1] Portanto, o sangue usado na expiação simboliza uma vida oferecida na morte. Ao aspergir sangue sobre pessoas ou coisas, mostra-se que a elas se aplicam os méritos dessa morte.

Essa possibilidade de alcançar a expiação do pecado mediante um sacrifício substitutivo evidencia a graça divina e constituía o coração da antiga aliança. Sem possibilidade de expiação, a lei permaneceria esplêndida, porém inatingível. Serviria apenas para condenar o homem, deixando-o frustrado e desesperado. Se não fosse pelos sacrifícios, ficaria anulada toda a possibilidade de que o homem se aproximasse de Deus, um Deus santo, e o antigo concerto seria uma desilusão. Por mais que o homem se esforçasse por cumprir a lei, fracassaria por sua fraqueza moral. Por isso, enquanto a lei revela as exigências da santidade de Deus, a expiação por meio do sacrifício manifesta a graça divina que cumpre as exigências de Deus. Não é de

---

[1] O termo "sangue" é empregado 203 vezes na Bíblia para referir-se a uma morte violenta. Por exemplo, Deus disse quanto a julgar o assassino: "[C]ertamente requererei [...] o sangue das vossas vidas" (Gênesis 9.5); e os judeus gritaram: "Seja crucificado [...]. O seu sangue caia sobre nós" (Mateus 27.22,25).

estranhar que se diga que Levítico apresenta o evangelho revestido de roupagem simbólica.

b) A segunda ideia relacionada com o sacrifício é a consagração. Ao colocar as mãos sobre o animal antes de degolá-lo, o ofertante identifica-se com o animal. Oferecida sobre o altar, a vítima representa aquele que a oferece e indica que o ofertante pertence a Deus.

c) A ideia de mordomia ou administração dos bens materiais também se vê na lei, por exemplo, em certas ofertas de alimentos e no fato de que a melhor parte do animal era queimada sobre o altar. Ao devolver a Deus uma porção dos bens que lhe custaram tempo e trabalho, o ofertante reconhece que tudo é do Senhor.

d) Também está presente a ideia de jubilosa comunhão com Deus nas ofertas de paz, pois o ofertante participa da carne sacrificada em um banquete sagrado.

e) Naturalmente encontra-se também a ideia de adoração no sistema sacrificial. Sacrificar equivale a "prestar culto a Deus, atribuir-lhe glória por ser o Deus de quem dependemos e a quem devemos culto e submissão".[2]

Com o transcorrer do tempo, os israelitas chegaram a atuar como se o que importasse para Deus fossem os próprios sacrifícios em lugar do coração do ofertante. O salmista Davi e os profetas procuraram inculcar no povo a verdade de que Deus não se contenta com as vítimas oferecidas quando faltam o arrependimento, a fé, a justiça e a piedade naqueles que as oferecem (1Samuel 15.22; Salmos 51.16,17; Isaías 1.11-17; Miqueias 6.6-8).

2. Tipo de animais que se ofereciam. A lei não admitia mais do que estas cinco espécies de animais como aptas para o sacrifício: a vaca, a ovelha, a cabra, a pomba e a rola. Estes eram animais limpos; o animal imundo não podia ser símbolo do sacrifício santo do Calvário.

Só eram sacrificados animais domésticos porque eram estimados por seus donos, eram-lhes caros e submissos. De outro modo, não poderiam ser figura profética daquele que "como a ovelha muda perante os seus tosquiadores, ele não abriu a boca" (Isaías 53.7). O animal tinha

---

[2] GILLIS, Carroll O. **Historia y literatura de la Biblia**. v. 1. 1954. p. 232.

de ser propriedade do ofertante. Finalmente, devia ser sem mancha, simbolizando desse modo o Redentor sem mácula.

3. A forma em que se ofereciam os sacrifícios. Os passos no ato do sacrifício eram:

a) O ofertante levava pessoalmente o animal à porta da cerca do tabernáculo onde estava o altar do holocausto.

b) Depois, o ofertante punha as mãos sobre o animal para indicar que este era seu substituto. Em determinados sacrifícios, tal ato indicava a transferência dos pecados para o animal e, em outros, a dedicação da própria pessoa mediante seu substituto; podia, também, indicar ambas as coisas.

c) O ofertante o degolava como sinal da justa paga de seus pecados. Assim foi no caso de Jesus: a morte foi a consequência lógica de haver ele carregado o pecado de todos nós (Isaías 53.6). A seguir, o sacerdote derramava o sangue sobre o altar.

d) Segundo o tipo de sacrifício, todo o animal, ou uma parte dele, era queimado; o restante da vítima era comido na arca do tabernáculo pelos sacerdotes e suas famílias ou, no caso do sacrifício pacífico, pelos sacerdotes e pelos adoradores.

B. Tipos de ofertas

1. O holocausto. Capítulos 1.1-17; 6.8-13. O holocausto destacava-se entre as ofertas porque era inteiramente consumido pelo fogo do altar; era considerado o mais perfeito dos sacrifícios. Conquanto tivesse o aspecto expiatório, representava antes de tudo a consagração do ofertante, pois a vítima era queimada inteira para o Senhor. O termo "holocausto" significa "o que sobe", visto que o material sacrificado se transformava em outro, o fumo e as chamas, que subiam a Deus como cheiro suave. Naturalmente os israelitas reconheciam que isso não servia de alimento para Deus e que Deus não necessitava de alimento; além do mais, era o Senhor quem os alimentava com o maná. De modo que a expressão "cheiro suave ao Senhor" é a maneira humana de dizer que Deus se agrada da oferta. Talvez o apóstolo Paulo aludisse ao holocausto quando exortava os cristãos a apresentar seus corpos em sacrifício vivo (Romanos 12.1).

À semelhança do holocausto, quando o cristão se consagra inteira e alegremente ao Senhor, o fogo divino transforma seu ser, a fim de que o aroma de seu sacrifício suba ao céu.

Todas as manhãs e todas as tardes, diante do tabernáculo se oferecia um cordeiro em holocausto para que Israel se lembrasse de sua consagração a Deus (Êxodo 29.38-42). Da mesma maneira convém que renovemos nossa consagração diariamente.

Permitia-se que os pobres oferecessem pombas ou rolas em lugar de animais de gado, de sorte que todos pudessem demonstrar sua consagração. Era tão grato a Deus o odor que subia da ave oferecida pelo pobre como o do novilho sacrificado pelo rico.

Jesus consagrou-se ao Pai no rio Jordão, e toda a sua vida terrena e sua morte na cruz foram como o cheiro do holocausto subindo ao céu. O Pai lhe disse: "Tu és meu Filho amado, em ti me tenho comprazido" (Lucas, 3.22).

2. A oblação ou oferta de alimento. Capítulos 2.1-16; 6.14-23. A palavra traduzida por "oblação" significa em hebraico "aproximação", pois o cristão deve trazer uma oferta ao aproximar-se de Deus. A oblação não era um sacrifício de animal; consistia em produtos da terra que representavam o fruto dos labores humanos: incluíam flor de farinha, pães asmos fritos e espigas tostadas. Provavelmente não era apresentada sozinha, mas acompanhada dos sacrifícios pacíficos ou de holocaustos (Números 15.1-16). Uma porção pequena era queimada sobre o altar e o restante pertencia aos sacerdotes, salvo quando o sacerdote era o ofertante (em tal caso, esse restante era queimado).

Significava a consagração a Deus dos frutos do labor humano. O ofertante reconhecia que Deus o havia provido com seu pão cotidiano. O ofertante entregava o melhor que possuía, o que ensina que nossas dádivas a Deus devem ser de alta qualidade. A oblação também ensina aos cristãos que lhes cabe sustentar os que ministram as coisas sagradas (1Coríntios 9.1-14).

Havia certas disposições quanto à oferta de manjares:

a) Deitava-se azeite sobre a oblação ou ele era incluído nos pães e bolos. O azeite é símbolo do Espírito Santo. Como o cristão necessita da unção do Espírito em seus labores diários para que o ilumine e santifique!

b) Oferecia-se incenso com a oblação. O incenso representa a oração, intercessão e louvor (Salmos 141.2; Apocalipse 8.3,4). Qual é o papel do incenso em nossos labores? (Note-se Colossenses 3.16,17.)

c) Eram ofertas sem fermento nem mel. A levedura e o mel causam fermentação e, de modo geral, são considerados símbolos bíblicos de corrupção. O apóstolo Paulo fala acerca de "fermento da maldade e da malícia" e assinala que o contrário de "fermento" é sinceridade e verdade (1Coríntios 5.6-8). Contudo, o fermento nem sempre era símbolo de maldade, pois havia ofertas com fermento (ver Levítico 7.13), embora elas nunca fossem postas sobre o altar (Êxodo 23.16-18; 34.25; Levítico 23.17,18).

d) Adicionava-se sal à oferta. O sal representava incorrupção e pureza. Também era símbolo de amizade, lealdade e aliança perpétua (Números 18.19). Todos os sacrifícios deviam ser preparados com sal (Marcos 9.49,50).

3. O sacrifício de paz. Capítulos 3.1-17; 7.11-34; 19.5-8; 22.21-25. Era uma oferta completamente voluntária. Seu traço característico residia no fato de a maior parte do corpo do animal sacrificado ser comida pelo ofertante e seus convidados em um banquete de amizade entre Deus e o homem.

Visto que era uma oferta voluntária, aceitava-se (excluindo aves) qualquer animal limpo de ambos os sexos. Espargia-se o sangue sobre o altar e se queimava a gordura e os rins. Assim, Deus recebia o que se considerava a melhor parte e a mais saborosa. O peito do animal era levantado e movido pelo sacerdote diante do Senhor em sinal de que lhe era dedicado. Depois os sacerdotes tomavam o peito e a espádua direita como sua porção. O restante do animal sacrificado era comido em um banquete dentro do recinto do tabernáculo no mesmo dia. Aquele que oferecia o sacrifício convidava outros para o banquete, especialmente o levita, o pobre, o órfão e a viúva, convertendo-o desse modo em uma verdadeira refeição de amor e comunhão (Deuteronômio 12.6,7,17,18)

Embora esse sacrifício incluísse a ideia de expiação, o significado maior era a comunhão jubilosa com Deus que acompanha a reconciliação com ele. Visto que o sacrifício pertencia ao Senhor,

Deus era quem oferecia o banquete, e o ofertante e os convidados eram os hóspedes.

Havia três tipos de sacrifício pacífico. O primeiro se denominava ação de graças porque expressava agradecimento por uma bênção (Levítico 22.29). O segundo era feito para cumprir um voto (Levítico 22.21). O terceiro era uma oferta voluntária, uma expressão de amor a Deus (22.21).

O sacrifício pacífico cumpriu-se em Cristo, "nossa paz", que desfez a inimizade entre Deus e o homem e possibilitou a comunhão com Deus (Efésios 2.14-16). Em um aspecto, é muito semelhante à Santa Ceia.

4. O sacrifício pelo pecado. Capítulos 4.1—5.13; 6.24-30. Essa oferta destinava-se a expiar os pecados cometidos por ignorância e erro, inclusive faltas como recusar-se a testificar contra um criminoso diante de um tribunal ou jurar levianamente[3] (5.1-4). Havia diferentes graus nos sacrifícios segundo a categoria do ofertante. Embora Deus exija a mesma santidade em todos, nem todos têm a mesma luz e responsabilidade. O sumo sacerdote ou a congregação tinha de oferecer um novilho, o animal mais caro; o governante oferecia um bode; e uma pessoa do povo meramente uma cabra ou uma cordeirinha. Os pobres ofereciam duas rolas ou pombinhos implumes, e os muito pobres, uma medida de farinha que era queimada sobre o altar. Também o rito variava segundo a categoria do ofertante. No caso do sacrifício pelo sumo sacerdote ou pela congregação, espargia-se o sangue sete vezes diante do véu no lugar santo do tabernáculo,[4] mas no caso de uma pessoa do povo, o sacerdote espargia o sangue sobre as pontas do altar, no lugar mais visível. Era como disse o Senhor na Páscoa: "Vendo eu sangue, passarei por cima de vós" (Êxodo 12.13).

Como o sacrifício pelo pecado tinha o propósito de expiar as faltas, não se permitia ao ofertante comer a carne do animal, porém

---

[3] Refere-se a um juramento impensado, sem considerar devidamente a natureza e as consequências de tal juramento.

[4] O sumo sacerdote ocupava posição de máxima importância, pois representava perante Deus a nação de Israel; portanto, sua falta implicava a culpa coletiva do povo. Visto que trabalhava no lugar santo, seu pecado contaminava aquela parte do tabernáculo, e era necessário expiar ali a sua falta.

era dada ao sacerdote oficiante uma porção por seu ministério. Daí vinha o ditado: o sacerdote come os pecados do povo. O sacerdote tinha de comer a carne no lugar santo para mostrar que o pecado havia sido perdoado. Contudo, quando o ofertante era sacerdote, todo o corpo do animal era queimado sobre o altar do holocausto ou fora do acampamento; de outra sorte, o sacerdote se beneficiaria com seu pecado comendo do sacrifício que ele próprio havia oferecido.

5. O sacrifício pela culpa ou por diversas transgressões. Capítulos 5.14—6.7; 7.1-7. Conquanto esta oferta seja muito semelhante ao sacrifício pelo pecado, era oferecida em caso de violação dos direitos de Deus ou do próximo, tais como descuido no dízimo, pecados relacionados com a propriedade alheia e furto. O ofensor que desejasse ser perdoado confessava com restituição ao defraudado adicionando uma quinta parte como multa tirada de suas possessões. Se não fosse possível fazer a restituição ao defraudado ou a algum parente dele, tinha de entregá-la ao sacerdote (Números 5.8). Mas não era suficiente reparar o mal feito ao próximo e à sociedade: exigia-se dele oferecer em sacrifício um carneiro sem defeito como sinal de pesar e de arrependimento. A oferta de um animal de tanto valor simbolizava o alto custo do pecado e reavivava o sentido da responsabilidade perante Deus.

Avaliação dos sacrifícios: O sistema sacrificial não tirava o pecado realmente, "porque é impossível que o sangue dos touros e dos bodes tire pecados" (Hebreus 10.4). Somente o sangue do Filho de Deus nos limpa de todo o mal.

Não obstante, os sacrifícios tinham valor porque eram como uma promessa escrita de que Deus mesmo proveria o meio. Tinham valor simbólico até que Jesus oferecesse o verdadeiro sacrifício. Ao depositar sua fé em Deus e em sua provisão, simbolizada pelo sacrifício, o penitente era considerado justo (justificado pela fé).

O sistema de sacrifícios preparou, por outro lado, a mente dos hebreus para entender as ideias de expiação e redenção. Diz Henry Halley:

Os sacrifícios incessantes de animais e a chama incessante do fogo do altar foram sem dúvida propostos por Deus para gravar na consciência dos homens a convicção de sua própria pecaminosidade e para ser um quadro perdurável do sacrifício vindouro de Cristo, para quem apontavam e em quem foram cumpridos.[5]

PERGUNTAS
Introdução a Levítico e os sacrifícios. Capítulos 1–7

A. Sobre a introdução a Levítico e sobre os sacrifícios

1. a) Que propósito o livro de Levítico desempenhou na antiga dispensação?
   b) De que trata o livro?
   c) Como se relaciona com a nova dispensação?
   d) Qual é o pensamento dominante do livro? Qual é o versículo-chave? Aprenda-o de cor.
   e) Qual foi o motivo sublime de Deus ao exigir que seu povo fosse santo?
2. Mencione as quatro principais divisões do livro.
3. Mencione três motivos pelos quais o livro de Levítico tem grande valor.
4. a) Por que eram tão importantes os sacrifícios no Antigo Testamento?
   b) Como se pode explicar o fato de que em muitas raças e povos haja existido a ideia de sacrifício?
5. a) Qual é o sentido primordial dos sacrifícios?
   b) Como os sacrifícios se relacionam com a lei?
   c) Mencione mais quatro ideias relacionadas com o sacrifício.
6. a) Cite as condições que faziam que um animal fosse aceitável para o sacrifício; dê o significado simbólico de cada requisito.
   b) Que passos deviam ser observados para o sacrifício de um animal? Dê ao mesmo tempo o significado de cada passo.

B. Sobre a Bíblia

1. a) De que lugar Deus agora fala a Moisés (1.1; contraste Êxodo 19.3 com Êxodo 25.22)?

---
[5] HALLEY, Henry. **Compendio manual de la Biblia.** s.d. p. 129.

b) De que forma se diferencia o holocausto dos demais sacrifícios (Levítico 1.9,13,17)?
c) Como esse sacrifício se cumpre em Cristo (Hebreus 10.7; João 18.11; Filipenses 2.8)?
d) Como se cumpre o sacrifício nos santos (Romanos 12.1; Filipenses 1.20)?
e) Qual é o resultado do holocausto (Levítico 1.9,13,17)?
f) Que aplicação você faria do fato de Deus aceitar uma ave como holocausto? O que nos ensina quanto ao ofertante?

2 a) Por que se oferecia a oblação ao Senhor (2; Êxodo 34.20; Malaquias 3.8,10)?
b) Quais eram os ingredientes que se adicionavam à farinha da oferta e qual é o significado de cada um deles (Êxodo 30.25; Lucas 4.18; Apocalipse 8.3; Marcos 9.50)?
c) O que fazia o sacerdote oficiante com a maior parte da oblação (2.3; 6.14-18)? Que lição podemos ver nesse costume (Malaquias 3.10; 1Coríntios 9.13,14)?
d) Em sua opinião, por que não era permitido aos sacerdotes comer a carne de seus próprios sacrifícios pelo pecado e pela culpa?

3 a) Note que o sacrifício pelo pecado era oferecido por determinados pecados (4.2,13). Quais eram? Contraste o resultado desse sacrifício com o de Jesus Cristo (1João 1.7).
b) Uma vez que Deus tem uma única forma de moralidade, por que havia diferentes graus de exigência para os sacrifícios segundo a categoria do ofertante (4.3,13,22,27,28)? (Ver Lucas 12.48.)

4 Qual é o aspecto distintivo do sacrifício pela culpa (6.4,5; Lucas 19.8)?

5 Note o aspecto distintivo do sacrifício de paz (7.11-21; 22.29,30). O que representava esse banquete religioso (Apocalipse 3.20; 1Coríntios 10.16-20)?

C. Sobre o livro de texto

1 a) O que significa a palavra "holocausto"? Qual a razão desse nome?
b) Em que ato Jesus se ofereceu ao Pai como holocausto espiritual?

2 a) Por que os israelitas apresentavam ofertas de oblação junto com os sacrifícios cruentos? Que relação se pode ver entre o significado do termo "oblação" e seu propósito?
   b) Por que a oblação não devia ser oferecida com levedura ou mel? Qual é o simbolismo da levedura?
3 a) Qual é o significado primordial da oferta de paz?
   b) Segundo o simbolismo do banquete, quem era o anfitrião e quem eram os convidados?
   c) Como essa oferta se cumpriu em Cristo?
4 Qual é a diferença entre o sacrifício pelo pecado e o sacrifício pela culpa?
5 Os sacrifícios realmente tiravam o pecado? Se não, qual era seu valor?

II. O SACERDÓCIO. Êxodo 28 e 29; Levítico 21,22,8,9,10

A. Descrição do sacerdócio

Considerando que Deus desejava que Israel fosse uma nação santa (Êxodo 19.6), ele nomeou a Arão e seus filhos para constituírem o sacerdócio. Antes do êxodo, o chefe de cada família ou o primogênito desempenhava o papel de sacerdote familiar, mas a complicação dos ritos do tabernáculo e a exigência de observá-los com exatidão tornaram necessária a instituição de um sacerdócio dedicado totalmente ao culto divino. A vocação sacerdotal era hereditária, de modo que os sacerdotes podiam transmitir a seus filhos as leis detalhadas relacionadas com o culto e com as numerosas regras às quais os sacerdotes viviam sujeitos, a fim de manterem a pureza legal que lhes permitisse aproximar-se de Deus.

Os levitas eram os ajudantes dos sacerdotes. Por haverem sido resgatados da morte, na noite da páscoa, os primogênitos das famílias hebraicas pertenciam a Deus, mas os levitas, por seu zelo espiritual, foram escolhidos divinamente como substitutos dos filhos mais velhos de cada família (Êxodo 32.25-29; Números 3.5-13; 8.17-19). Os levitas assistiam os sacerdotes em seus deveres, transportavam o tabernáculo e cuidavam dele.

1. Funções dos sacerdotes.

a) Servir como mediadores entre o povo e Deus, interceder pelo povo, expiar o pecado mediante o sacrifício e, desse modo, reconciliar o povo com Deus.

b) Consultar a Deus para discernir a vontade divina para o povo (Números 27.21; Deuteronômio 33.8).

c) Ser os intérpretes e mestres da lei e ensinar ao povo os estatutos do Senhor (Levítico 10.11; Ezequiel 44.23).

d) Ministrar as coisas sagradas do tabernáculo.

2. O sumo sacerdote. Era o sacerdote mais importante. Somente ele entrava uma vez por ano no lugar santíssimo para expiar os pecados da nação israelita. Somente ele usava o peitoral com os nomes das tribos e atuava como mediador entre toda a nação e Deus. Somente ele tinha o direito de consultar ao Senhor mediante Urim e Tumim. Embora o sacerdote em alguns aspectos prefigure o cristão, o sumo sacerdote simboliza Jesus Cristo. (Ver 1Pedro 2.5,9; Hebreus 2.17; 4.14.)

3. Requisitos dos sacerdotes. Capítulos 21 e 22. Adquire relevo a santidade do sacerdote ao considerar os requisitos para o ofício. Era preciso ser homem sem defeito físico (21.16-21). Devia casar-se com uma mulher de caráter exemplar. Não devia contaminar-se com costumes pagãos nem tocar coisas imundas. A santidade divina exige daqueles que se aproximam de Deus um estado habitual de pureza, incompatível com a vida comum dos homens.

4. Vestimentas dos sacerdotes. Êxodo 28. Feitas do melhor linho fino, eram obra primorosa para que os sacerdotes estivessem vestidos com dignidade e formosura. Todos os sacerdotes usavam uma túnica branca que lhes recordava seu dever de viver uma vida pura e santa. Também usavam um calção, uma faixa e uma mitra de linho fino.

Além disso, o sumo sacerdote usava diversas vestimentas especiais. Sobre a túnica usava um manto azul que se estendia do pescoço até abaixo dos joelhos. As orlas do manto eram adornadas com campainhas de ouro e romãs azuis que se alternavam. Como a romã tem muitas sementes, é considerada símbolo de uma vida frutífera. As campainhas de ouro anunciavam os movimentos do sumo sacerdote à congregação fora do tabernáculo no Dia da Expiação. Desse modo, sabiam que ele não havia morrido ao entrar no lugar santíssimo, mas que sua mediação havia sido aceita. Alguns estudiosos da Bíblia têm visto igualmente aí uma verdade espiritual para o cristão. Segundo eles, as campainhas podem representar o testemunho verbal, e as romãs, o fruto do Espírito. Ambos andam juntos e devem ser de igual importância para o cristão.

O éfode era uma espécie de corselete ou corpete preso por um cinto e ombreiras. Era feito de linho nas cores ouro, azul, púrpura e escarlate. Duas pedras sardônicas eram postas sobre as ombreiras do éfode. Cada pedra trazia gravados seis dos nomes das tribos. Assim, o sumo sacerdote representava todo o Israel no ministério da mediação.

Sobre o éfode, na frente, colocava-se o peitoral. Era uma bolsa quadrada de aproximadamente 20 centímetros. Era a parte mais magnífica e mística das vestes sacerdotais. Tinha na frente doze pedras de diferentes tipos e cores; cada pedra preciosa tinha o nome de uma das tribos de Israel. De modo que o sumo sacerdote levava seus nomes ao mesmo tempo sobre os ombros, a parte do corpo que representa a força, e no peitoral, "sobre seu coração", o órgão representativo da reflexão e do amor. Ele não somente representava Israel diante de Deus, mas também intercedia em favor da nação. A verdadeira intercessão brota do coração e se realiza com todo o vigor. Ele é sobretudo uma imagem de nosso grande Intercessor no céu, em cujas mãos estão gravados nossos nomes (Isaías 49.16).

O sumo sacerdote usava dentro do peitoral o *Urim* e o *Tumim*, que significam "luzes e perfeições". Eram empregados para consultar ao Senhor. Segundo se crê, eram duas pedrinhas, uma indicando resposta negativa e a outra, resposta positiva. Não se sabe como eram usadas, mas é provável que fossem retiradas de algum lugar ou lançadas ao acaso, ao fazer-se uma consulta propondo uma alternativa: Farei isto ou aquilo? e, segundo saísse Urim ou Tumim, interpretava-se a resposta (1Samuel 14.36-42; 2Samuel 5.19).

No turbante (mitra) do sumo sacerdote estava colocada uma lâmina de ouro puro com as palavras "Santidade ao Senhor" gravadas sobre ela. Proclamava que a santidade é a essência da natureza de Deus e indispensável a todo o verdadeiro culto prestado a ele. O sumo sacerdote era a personificação de Israel e sempre era seu dever trazer à memória do povo a santidade de Deus. As vestimentas manifestavam a dignidade da mediação sacerdotal bem como a formosura do culto mediante a harmonização das magníficas vestes com as cores do santuário.

5. O sustento dos sacerdotes. Números 18.8-32. Os sacerdotes receberam 12 das 48 cidades que foram dadas aos levitas. Nem os levitas nem os sacerdotes receberam terra quando Josué repartiu Canaã porque o Senhor havia de ser sua parte e herança (18.20). Os levitas que cuidavam do tabernáculo e o transportavam recebiam o dízimo das outras tribos. Por sua vez, davam seus dízimos aos sacerdotes (18.28). Além disso, os sacerdotes recebiam a carne de determinados sacrifícios, as primícias, parte consagrada dos votos e os primogênitos dos animais. Assim se mantinham bem, mas ao mesmo tempo não com tanta abundância como os sacerdotes de algumas nações pagãs. Ilustra-se o princípio expresso pelo Apóstolo: "Não sabeis vós que os que administram o que é sagrado comem do que é do templo? [...]. Assim ordenou também o Senhor aos que anunciam o evangelho, que vivam do evangelho" (1Coríntios 9.13,14). E o ministro deve ter a atitude do salmista: "O Senhor é a porção da minha herança e o meu cálice; tu sustentas a minha sorte. As linhas caem-me em lugares deliciosos" (Salmos 16.5,6).

B. Consagração dos sacerdotes. Êxodo 29.1-37; Levítico 8 e 9

A cerimônia em que se consagravam os sacerdotes era celebrada na presença de todo o povo. Moisés ministrava como sacerdote oficiante. Todos os pormenores da cerimônia assinalam a transcendência de Deus. Ele está com seu povo, porém este não deve tratá-lo com familiaridade. Somente podem aproximar-se dele pelos meios que ele prescreve. O pecado impede os homens de aproximar-se da presença divina. Os sacerdotes e tudo o que eles empregavam tinham de ser consagrados ao serviço divino. Portanto, Arão e seus filhos tinham de estar devidamente limpos e ataviados e deviam ter expiado seus pecados antes de assumir os deveres sacerdotais. O Deus vivente não é uma imagem impotente à qual os homens prestam culto segundo suas ideias. Somente ele é quem determina os "requisitos segundo os quais lhe é possível habitar com seu povo".[6]

Em uma cerimônia impressionante e muito bem preparada, Arão e seus filhos foram consagrados ao sacerdócio.

1. Lavagem. Foram submetidos a um banho completo que simbolizava a purificação interna, sem a qual ninguém pode aproximar-se de Deus nem servir nas coisas sagradas.

2. Entrega das vestes sagradas. Primeiro, Arão, o sumo sacerdote, foi ataviado com as vestes santas. A magnificência dessas vestes indicava a dignidade do ofício de sumo sacerdote. As vestimentas deviam inspirar respeito aos ministros da religião. Os filhos de Arão, os sacerdotes comuns, foram vestidos com vestes brancas que representavam "as justiças dos santos" (Apocalipse 19.8).

3. A unção de Arão e de seus filhos. Primeiro, foi derramado azeite sobre a cabeça de Arão. Isto simbolizava a unção do Espírito Santo. Os dons e a influência divina são indispensáveis ao exercício do ministério. Em Salmos 133.2 indica-se a abundância do óleo com o qual Arão foi ungido, simbolizando a unção do Messias (o Ungido), que recebeu o Espírito sem medida (Salmos 45.6,7; João 3.34).

Assim como o azeite da santa unção era um unguento superior, aromático e precioso, a unção do Espírito Santo produz uma fragrância espiritual e um efeito incomparável. Não se devia derramar a unção sobre "a carne do homem", isto é, sobre o que não é sacrificado; não se dá o Espírito ao mundo dessa maneira (João 14.17). E como não se havia de compor unguento semelhante e colocá-lo sobre um estranho ("uso profano"), assim não se deve imitar a unção do Espírito nem procurar usá-la para fins não espirituais (ver Êxodo 30.22-33).

Moisés espargiu a santa unção sobre os filhos de Arão. Assim, a presença e o poder do Espírito são para o "sacerdócio real" dos cristãos, a fim de que ministrem com eficácia e bênção.

4. Os sacrifícios de consagração. As ofertas foram de quase todas as classes nomeadas por Deus.

a) A oferta pelo pecado, o novilho da expiação, dava aos sacerdotes "uma expressão oportuna de seu sentido de indignidade, uma confissão

---
[6] ALEXANDER, David; ALEXANDER, Pat (redatores). **Manual bíblico ilustrado**. 1976. p. 167.

pública e solene de seus pecados pessoais e a transferência de sua culpa à vítima típica".[7]

b) O carneiro do holocausto servia para mostrar que os sacerdotes se consagravam inteiramente ao serviço do Senhor.

c) A oferta de paz, o carneiro das consagrações, dava a entender a gratidão que os sacerdotes sentiam ao entrar no serviço de Deus.

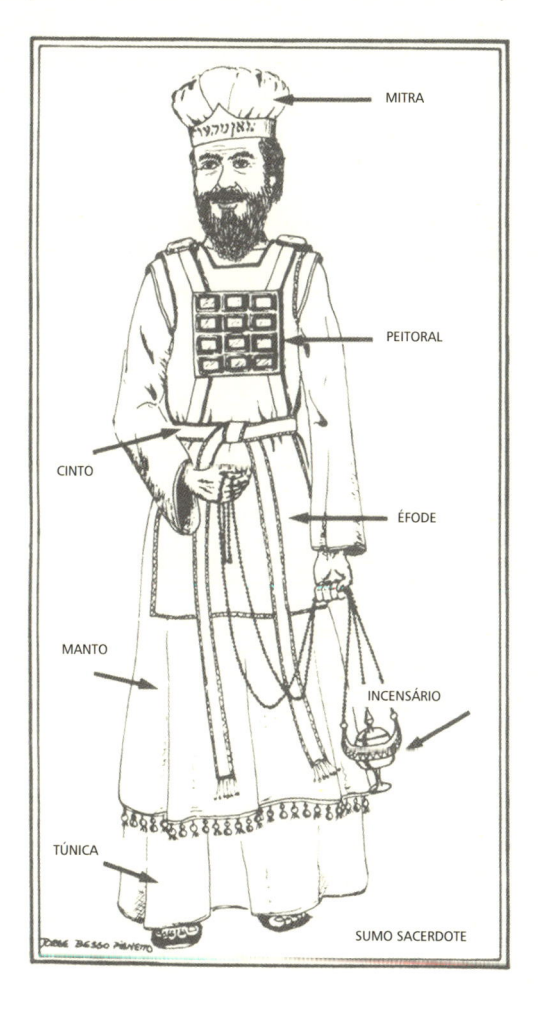

---

[7] JAMIESON, Robert; FAUSSET, A. R.; BROWN, David. **Comentario exegético y explicativo de la Bíblia**. v. 1. s.d. p. 99.

Arão e seus filhos puseram as mãos sobre os animais oferecidos em sacrifício, mostrando assim que eles se oferecem a Deus.

O sangue do carneiro da consagração foi posto sobre a ponta da orelha direita de Arão, sobre o dedo polegar de sua mão direita e sobre o dedo polegar de seu pé direito. Portanto, seu ouvido devia estar atento à voz do Senhor, sua mão pronta para fazer o trabalho divino e seus pés prontos para correr no serviço do Rei celestial. Isto é, todo o seu ser devia estar "sob o sangue" e consagrado à obra de Deus. Finalmente, Moisés ofereceu oblações, indicando a consagração dos frutos de seus trabalhos.

O sangue dos sacrifícios foi espargido também sobre os móveis do tabernáculo a fim de santificá-los para o uso sagrado.

5. A festa do sacrifício. Esta encerrou a cerimônia. Ela enfeixava três significados: que os sacerdotes haviam entrado em uma relação muito íntima com Deus, que a força para cumprir os deveres de seu ofício lhes era dada por Aquele a quem serviam, pois comiam de seu altar, e que a festa era uma ação de graças por havê-los colocado a seu serviço, tão santo e exaltado.

A impressionante cerimônia de consagração dos sacerdotes durou sete dias. Durante esse período, observaram-se cada dia os mesmos ritos observados no primeiro dia. Dessa forma, toda a congregação podia compreender o quanto Deus é santo e que foi ele próprio quem instituiu a ordem sacerdotal.

C. Irreverência dos sacerdotes. Capítulo 10

1. O pecado de Nadabe e Abiú. De que natureza foi o pecado desses dois filhos de Arão? Parece que acenderam seus incensários não com fogo do altar de holocaustos, mas com fogo comum. Deveriam ter tomado fogo do altar, pois este foi enviado por Deus (16.12; Números 16.46). Possivelmente haveria inveja e rivalidade entre eles, porque ambos ofereceram incenso simultaneamente. O sumo sacerdote ou um sacerdote comum podia oferecê-lo, mas parece que não se permitia que dois oficiassem juntos (Lucas 1.9). Demonstraram descuido quanto às indicações concernentes ao culto e, além disso, irreverência e presunção ao fazer o que bem lhes parecia. Prestaram culto a Deus de uma forma não autorizada por ele. Esqueceram-se de que a glória e a bênção de Deus desciam sobre o tabernáculo em parte mediante a condição de uma cuidadosa atenção prestada às instituições divinas no tocante à sua construção. Além disso, parece que haviam tomado vinho antes de ministrar e, assim, perderam a capacidade de discernir entre o santo e o profano (8—11). Daí em diante, os sacerdotes não tiveram permissão para tomar vinho antes de ministrar as coisas sagradas.

2. A severidade do castigo. O castigo foi demasiado severo? Os sacerdotes acabavam de ser investidos da autoridade sacerdotal e de presenciar a glória de Deus. Se descuidassem das instruções de Deus no princípio, que fariam no futuro? Sendo sacerdotes, deveriam ter sido mais responsáveis. Seu ato envolveu toda a nação, pois eram seus representantes. Finalmente, a nação era muito jovem e acabava de ser inaugurada a dispensação do antigo concerto. Israel precisava aprender que Deus é santo e que o homem não pode fazer sua própria vontade e continuar a agradar-lhe. A igreja primitiva teve de aprender a mesma lição no caso de Ananias e Safira.

3. Lições práticas.

a) Aos ministros se ensina que devem ter reverência, respeito e cuidado ao cumprir as instruções e os requisitos divinos. Nem o ofício divino em si nem o êxito ministerial são desculpa para descuidar das coisas espirituais.

b) Fica ilustrada a relação entre privilégio e responsabilidade: "[A] qualquer que muito for dado, muito se lhe pedirá" (Lucas 12.48).

c) Ensina-se o quanto é grave, à vista de Deus, substituir as coisas sagradas pelas carnais. Ao longo da história da igreja, os homens têm substituído o evangelho simples pela tradição, o culto de coração pelos ritos, a revelação pelo racionalismo, o evangelho de salvação pelo evangelho de boas obras e o fogo do Espírito Santo pelo fogo da paixão religiosa.

d) O posto sagrado está acima das relações humanas mais íntimas. Arão tinha de deixar todo sinal de luto para demonstrar sua lealdade a Deus.

e) Nenhuma pessoa é indispensável. A metade dos sacerdotes daquele tempo foi afastada, mas o culto do tabernáculo continuava.

PERGUNTAS
O sacerdócio. Êxodo 28, 29; Levítico 21, 22, 8, 9, 10

A. Sobre a Bíblia e sobre o livro de texto:

1. a) Quais eram os detentores do ministério sacerdotal?
   b) Por que a vocação sacerdotal era hereditária?
   c) Quem eram os levitas? Quais eram seus deveres?
2. Mencione quatro deveres dos sacerdotes. Quais eram os deveres exclusivamente cumpridos pelo sumo sacerdote?
3. a) Quem o sumo sacerdote prefigurava (Hebreus 2.17; 4.14)?
   b) Quem o sacerdote comum simbolizava? (1Pedro 2.9.)
4. Estabeleça comparação entre os requisitos dos sacerdotes israelitas e os ministros cristãos (Levítico 21, 22; 1Timóteo 3.1-7).
5. Dê o significado ou uso do seguinte:
   a) A túnica branca do sacerdote comum.
   b) As vestes magníficas do sumo sacerdote.
   c) As duas pedras sobre as ombreiras e as pedras no peitoral.
   d) O Urim e Tumim.
   e) As palavras na mitra.
6. Como eram sustentados os sacerdotes? Que aplicação se pode fazer disso?
7. a) Note os passos da consagração dos sacerdotes (8 e 9). Por que foi tão impressionante e longa (sete dias) essa consagração diante da congregação?
   b) Qual é o significado dos seguintes:
   - a unção;
   - a posição das vestes no corpo;
   - os sacrifícios e a festa.
   c) Explique o simbolismo de pôr sangue sobre a ponta da orelha direita, sobre o polegar da mão direita e sobre o polegar do pé direito.
   d) O que significa o fato de que o fogo de Deus consumiu o sacrifício ao terminar a consagração dos sacerdotes (9.23,24; ver 1Reis 18.38; Êxodo 29.43-45)?
8. a) Qual foi a essência do pecado de Nadabe e Abiú?
   b) Por que foram tão severamente castigados?

c) Que atitude elogiável manifestou Arão diante da morte de seus filhos? Que lição prática extraímos de sua reação?

B. Projeto

Indique como o sacerdócio ajudava os israelitas a adorar e servir a Deus e como os preparou para a vinda e obra de Cristo.

III. PURIFICAÇÃO DA VIDA EM ISRAEL. Capítulos 11–15[8]

Desde o capítulo 11 até o capítulo 15 encontram-se mais de cem vezes a palavra "imundo", mas poucas vezes se encontra a palavra "pecado", ou seja, dá-se maior ênfase à pureza cerimonial do que à pureza moral. Isso não significa que a impureza moral seja de pouca importância; desobedecer a Deus é pecado, seja na área cerimonial, seja na moral.[9]

A impureza era com referência a comer animais ou insetos imundos, ao contacto com seus cadáveres, a atos e enfermidades sexuais e à lepra. (Números 19.11-16 adiciona à lista o contato com cadáveres humanos como igualmente impuro.) Em alguns casos, a contaminação era temporária; por exemplo, no caso de tocar um animal que houvesse morrido por causas naturais, a pessoa ficava impura até a tarde do mesmo dia; se tocasse um cadáver humano, ficava imunda por sete dias. A forma de purificar-se era o impuro lavar a si mesmo e lavar a roupa. A pena do contaminado era separar-se do tabernáculo e da congregação. Ofereciam-se sacrifícios para restauração.

A. Propósitos das regras referentes à pureza e à impureza

1. Deus queria ensinar a santidade a seu povo. Conforme as regras, era puro o que podia aproximar a pessoa de Deus, e impuro o que a incapacitava para o culto ou a excluía dele. A pureza estava relacionada com o culto e, portanto, achava-se ligada à santidade. Ensinava-se que a imundícia, embora fosse cerimonial, não era coisa leviana.

---

[8] Ross, William A. **Estudios en las sagradas Escrituras**. v. 1, El pentateuco. 1955. p. 190.
[9] ALLIS, Oswald T. Leviticus. In: GUTHRIE, D.; MOTYER, J. A. (redatores). **The new Bible commentary revised**. 1970. p. 150.

Afastava o adorador de seu Deus. Sem santidade "ninguém verá o Senhor". A purificação pessoal simbolizava a santidade, e a purificação cerimonial devia fazer-se acompanhar da purificação interior.

A religião do Senhor tinha o grande propósito de tornar o povo santo e conservá-lo em santidade. "Sereis santos, porque eu sou santo" (Levítico 11.44). Israel não tinha uma norma dupla de moralidade, uma para o sacerdote e outra para o povo, o que demonstra que a santidade devia governar todos os aspectos da vida, incluindo o alimento, a bebida e as atividades diárias. O povo de Deus devia proteger o corpo, a mente e o coração daquilo que pudesse contaminá-lo.

Deus queria ensinar o povo a discernir entre o santo e o profano, entre o limpo e o impuro. Empregava as coisas materiais para ensinar verdades morais e espirituais. Há pensamentos, palavras e atos que tornam o cristão imundo. O corpo é o templo do Espírito Santo e não deve ser contaminado fisicamente com vícios nem ficar impuro pela imoralidade. "[S]aí do meio deles, e apartai-vos, diz o Senhor; e não toqueis nada imundo, e eu vos receberei" (2Coríntios 6.17). Os cristãos podem discernir entre o bem e o mal por meio da Palavra de Deus (Hebreus 5.14).

2. Deus queria conservar a saúde de seu povo. As leis da purificação tinham também a finalidade de tornar mais higiênica a vida dos israelitas para, desse modo, protegê-los das enfermidades. C. O. Gillis diz que estas leis "tinham seu paralelo em nossos modernos hábitos de higiene".[10] Antes do século XX, a humanidade nada sabia de germes, nem de parasitos, nem do contágio de enfermidades. Em geral, a classificação dos animais dada em Levítico está de acordo com o que a ciência moderna descobriu com referência aos que são bons para se comer. Deus formulou regras com motivações para proteger a saúde de seu povo. Demonstra desse modo sua solicitude por todos os aspectos de nossa pessoa, tanto do espírito como do corpo (ver 3João 2).

B. Animais limpos e animais impuros. Capítulo 11

1. Classificação dos animais segundo critérios de saúde. Existe uma relação entre a saúde do corpo e a da alma. O que produz enfermidade e morte é impuro e Deus o proíbe no Antigo Testamento.

---

[10] GILLIS, op. cit., p. 233.

Por exemplo, proíbe-se comer carne de porco, a qual muitas vezes contém parasitos que invadem o corpo humano, se não for bem cozida.

Israel podia comer:

a) Animais de unha fendida que ruminam: vaca, ovelha, cervo etc. Ainda essa classe de animais oferece a maior fonte de carne comestível. Certos animais mamíferos de carne sadia ficam excluídos segundo esta regra, porém uma classificação geral teria sido mais prática e segura do que um índice de todos os animais. Os israelitas não deviam comer carne de porco. Esse animal alimenta-se de carne apodrecida, transmite enfermidades e às vezes tem parasitos. Também lhes era proibido comer animais carnívoros, os quais provocam infecções, sobretudo nos climas quentes onde logo a carne se putrefaz. Os répteis e os ratos são repugnantes e até hoje não são tidos como comestíveis.

b) Animais aquáticos que têm barbatanas e escamas podiam ser comidos. Geralmente a carne dos peixes é sadia, mas os animais que não têm barbatanas nem escamas, tais como as rãs, as enguias e os mariscos, produzem às vezes desordens gástricas.

c) Aves que não se encontram na lista dos animais proibidos eram aceitáveis. É evidente a razão pela qual se proíbem algumas: por serem carnívoras ou por se alimentarem de lixo.

d) Insetos de quatro classes da família dos gafanhotos eram permitidos. Estes comem só vegetação e contêm muita proteína, portanto eram considerados bons e até hoje o são no Oriente Médio.

Assim também o contato com corpos de animais mortos contaminava o israelita porque lhe contaminava a saúde.

2. O significado destas leis para o cristão. Uma vez que Cristo nos libertou da lei cerimonial do antigo pacto e estamos sob o novo pacto, não nos vemos obrigados a cumprir as regras levíticas (Colossenses 2.13-16,20-23). "[T]oda criatura de Deus é boa, e não há nada que rejeitar, sendo recebido com ações de graça" (1Timóteo 4.4). Muitos cristãos, contudo, se abstêm de comer a carne de animal sufocado, ou seja, morto por asfixia, e também sangue, pois o sangue simboliza o meio de nossa expiação (Levítico 17.11; Atos 15.20).

Os hábitos dos animais em certos casos têm semelhança com a conduta humana que a Bíblia condena. Que vícios ou maus hábitos são semelhantes à maneira de viver de animais tais como os répteis, as feras de presa e as aves de rapina?

C. Impureza relacionada com a reprodução. Capítulos 12 e 15

1. Regras. A mulher que dava à luz um varão ficava cerimonialmente impura durante uma semana ao fim da qual o menino era circuncidado. A mãe de uma menina era imunda duas semanas, e seu período de purificação era o dobro do da mãe de um menino. Por que se prolongava tanto o período de impureza e o da purificação no caso de dar à luz uma menina? Tem-se alegado que isso se devia ao estigma que o sexo feminino trazia por haver sido a mulher (Eva) a incorrer na primeira transgressão (1Timóteo 2.14,15).

As mães de boa posição econômica purificavam-se oferecendo um cordeiro para o holocausto (exigido para a consagração do menino) e um pombinho ou rola para a expiação. É interessante notar que a mãe de Jesus apresentou a oferta dos pobres (duas rolas), indicando assim a condição humilde da família (Lucas 2.22-24).

As normas referentes ao fluxo nos órgãos sexuais se aplicavam tanto ao derrame normal como ao anormal. Em caso de enfermidades, é evidente a importância higiênica de lavar bem a roupa contaminada e de isolar o enfermo a fim de não contagiar outras pessoas.

2. O significado das regras. São impuras as funções relacionadas com a reprodução? As regras não ensinam tal coisa, mas colocam a propagação da raça em seu devido lugar.

Os cananeus prestavam culto a deuses da fertilidade com danças sensuais e desenfreada libertinagem. A prostituição "sagrada" era parte importante de seus ritos. Em contraste, a religião do Senhor proibia estritamente tudo o que desencadeasse o sensual.

Encontra-se também uma razão mais profunda para as regras concernentes às funções sexuais. A Bíblia ensina que a reprodução em si mesma não é pecado, mas algo bom que foi instituído por Deus. No princípio o Senhor ordenou ao homem que frutificasse e se multiplicasse (Gênesis 1.28). Considerava-se uma bênção ter filhos: "Eis que os filhos são herança do SENHOR" (Salmos 127.3-5; 128.3). A esterilidade era considerada opróbrio (Gênesis 30.23). Então por que devia a mulher purificar-se ao dar à luz? Acaso não era motivo de regozijo?

A resposta encontra-se na queda do homem e na maldição da mulher referente ao parto (Gênesis 3.16). A natureza pecaminosa transmite-se pela procriação. Davi disse: "Em pecado me concebeu minha mãe" (Salmos 51.5). Não se referia à falta de virtude de sua mãe, mas à herança pecaminosa que cada mãe transmite aos seus filhos. Além do mais, a morte física resulta do pecado e, se o filho não se faz herdeiro da vida eterna mediante a redenção de Cristo, também morrerá eternamente. Por isso, tudo o que se relacionava com a procriação era considerado impuro e se fazia necessário que a pessoa se purificasse segundo as normas traçadas nestes capítulos. Por outro lado, mediante o parto de uma mulher, Deus enviou seu Filho para redimir o mundo. Que paradoxo mais admirável da sabedoria de Deus!

D. Impureza da lepra. Capítulos 13 e 14

1. Diagnóstico da lepra. Mencionam-se quatro tipos de lepra (13.2,4,26,31) e outras enfermidades contagiosas. Caso se suspeitasse que determinada pessoa estava leprosa, era ela levada ao sacerdote. Comprovado que a pessoa tinha lepra, era declarada impura. Se o caso era duvidoso, a pessoa de quem se suspeitava era isolada por sete dias e a seguir examinada de novo e declarada limpa ou impura, segundo o resultado do exame. O leproso era rigorosamente isolado, evitando-se assim o contágio da enfermidade.

2. Simbolismo da lepra. Considerava-se essa espantosa enfermidade como um processo de corrupção paulatina que tornava imunda a sua vítima. Falava-se do leproso como de alguém já morto (Números 12.12) e da cura do leproso como devolver-lhe a vida (2Reis 5.7). Embora os hebreus não conhecessem o modo de contágio da lepra, seu conceito de imundícia pelo contacto físico servia para excluir o leproso de toda participação com o povo.

Por considerar-se a lepra como impureza e não como enfermidade, e por ter o leproso de apresentar-se ao sacerdote para sua purificação, pode-se dizer que simboliza o pecado que reside no homem. Há certas semelhanças muito interessantes entre a lepra e o pecado:

a) Como a lepra está na carne, assim o pecado está na natureza humana.

b) Como a lepra começa como uma marca insignificante e cresce rapidamente, assim a ação do pecado é progressiva e estende-se a todos os aspectos da vida.

c) Como a lepra é repugnante e quase incurável, assim o pecado, à parte da cura efetuada por Jesus Cristo, é mau e irremediável.

d) Como a lepra separava o leproso das demais pessoas e por fim causava a morte, assim o pecado nos separa de Deus e dos demais e termina com a morte eterna. Realmente é morte em vida.

3. A purificação do leproso. O sacerdote tomava duas aves: uma era sacrificada em vaso de barro sobre águas correntes e o sangue era misturado com a água. A seguir se molhavam a ave viva, o cedro, o carmesim e o hissopo com a água misturada com sangue. Espargia-se sete vezes sobre aquele que devia ser purificado e então se punha em liberdade a ave viva.

O sangue misturado com água representava o meio perfeito pelo qual se efetuou nossa purificação: "Este é aquele que veio por água e sangue, isto é, Jesus Cristo" (1João 5.6). Em seu batismo e em sua morte na cruz, Jesus manifestou-se ao mundo. Assim, a redenção de Cristo simbolizada pelo sangue tira a culpa. As águas correntes simbolizavam a vida comunicada pelo Espírito Santo. "[...] nos salvou pela lavagem da regeneração e da renovação do Espírito Santo" (Tito 3.5).

O leproso era espargido sete vezes. O número sete, na Bíblia, significa totalidade, culminância ou perfeição. A redenção de Cristo e a obra do Espírito purificam-nos completamente. Mas como se aplicava a provisão para a purificação? Empregava-se um ramo de cedro, a planta de hissopo e um tecido de escarlate. O cedro simbolizava a incorruptibilidade; a escarlate, a energia vital e nova vida; e o hissopo, a purificação (Êxodo 12.22; Números 19.6; Salmos 51.7). Assim se concedia purificação, saúde, incorrupção e força. Deixar em liberdade a ave simbolizava, provavelmente, a jubilosa libertação do leproso.

Oito dias depois, o homem purificado devia oferecer três cordeiros. Um destinava-se ao sacrifício pela culpa, o outro pelo pecado, e o terceiro como holocausto. O sacerdote punha sangue sobre a ponta da orelha direita, sobre o polegar da mão direita e sobre o polegar do pé direito. Depois repetia esse ato, mas com azeite. Isto representava que o homem restaurado se consagrava novamente ao serviço de seu Deus (Romanos 12.1). Deus nos limpa para que o sirvamos.

PERGUNTAS
Purificação da vida em Israel. Capítulos 11–15

1. a) A qual aspecto de impureza se refere a palavra "imundo" nos capítulos 11 a 15?
   b) Quais eram as quatro possibilidades de tornar-se imundo?
2. a) Qual foi o propósito por excelência das regras sobre pureza e impureza (11.43-45)?
   b) Reflita sobre a grande mudança que deveria ter efetuado o fato de Deus habitar no meio do povo. Que paralelo podemos ver quanto à vida do cristão (1Pedro 1.14-16; Efésios 4.22-24)?
3. a) Qual era o segundo propósito das regras de purificação?
   b) Como isso demonstra a suprema sabedoria de Deus?
4. a) O que Jesus ensinou demonstrando que as regras e a discriminação quanto a alimentos não são permanentes? (Ver Marcos 7.14-23.) O que realmente nos torna impuros?
   b) Cite outra razão pela qual não temos de observar a lei cerimonial.
   c) Como a lei cerimonial preparou o povo para a vinda de Cristo?
5. a) Se a reprodução dentro do matrimônio foi instituída por Deus, por que era preciso que a mulher hebreia se purificasse depois de dar à luz? (Há duas razões.)
   b) Que verdade acerca da natureza da criança se encontra na purificação da mulher (Salmos 51.5; Efésios 2.3b; João 3.5)?
6. Note que a Bíblia não se refere à lepra como uma doença, mas como imundícia.
   a) O que simbolizava a lepra?
   b) Mencione quatro semelhanças entre a lepra e o pecado.
   c) Se a lepra é um símbolo do pecado, qual é a lição espiritual que nos ensinam as regras encontradas em 13.47-59 (Judas 23; Apocalipse 3.4)?
   d) O que simbolizava provavelmente matar uma ave e soltar a outra?

e) Note os passos a seguir para purificar o leproso: a lavagem, a roupa, os sacrifícios, a consagração a Deus e a unção. Como eles se cumprem em nós por meio de Cristo?

f) Que lição podemos ver na unção do leproso purificado (1Coríntios 6.20)?

Projeto

Escreva sobre o que é verdadeiramente imundo de acordo com o Novo Testamento. Inclua o aspecto físico e o espiritual.

IV. LEIS DE SANTIDADE. Capítulos 17–22; 24.10-23

Essa seção de Levítico ressalta a necessidade de uma vida pura, tanto por parte do sacerdote como por parte do povo, pois Israel tinha o incomparável privilégio de ser escolhido por Deus como sua possessão, uma nação santa e reino de sacerdotes. As leis que se encontram desde o capítulo 17 até o capítulo 20 têm o propósito de manter Israel separado dos costumes pagãos das nações vizinhas; os capítulos 20 a 22 apresentam as leis cuja finalidade é manter os sacerdotes separados de certos costumes cerimoniais lícitos para o restante dos hebreus. Nota-se aqui que o povo de Israel estava dividido em três categorias: a congregação, o sacerdócio e o sumo sacerdote. É uma divisão que corresponde às três partes do tabernáculo: o átrio, o lugar santo e o lugar santíssimo. Quanto mais separada perto de Deus, tanto mais sagrada era a posição e tanto mais separada do profano. A congregação devia separar-se dos costumes das outras nações; os sacerdotes deviam viver separados de grande parte da congregação; e o sumo sacerdote, que chegava até a própria presença do Senhor, tinha de apresentar certas diferenças em relação aos demais sacerdotes. Tudo isto era para realizar o desígnio divino de que Israel fosse uma nação santa.[11]

1. O sacrifício e a importância do sangue. Capítulo 17. Para proteger os israelitas da apostasia, declarou-se que seria sagrada a morte de todo animal apto para sacrifício, inclusive animais designados para consumo doméstico. O dono do animal devia levá-lo à porta do tabernáculo e oferecê-lo a Deus como sacrifício de paz; assim, os hebreus

---

[11] Ross, op. cit., p. 211-212.

no deserto não seriam tentados a oferecer sacrifícios idólatras (17.7).[12] Além disso, essa prática, por um lado, gravaria na mente israelita o conceito de que Deus é o doador de toda vida e, por outro, tiraria a tentação de comer sangue, o qual pertencia a Deus.

A proibição de comer sangue baseava-se em que o sangue era o meio de expiar o pecado e, por isso, era muito sagrado aos olhos do Senhor. Consequentemente, mesmo no caso de animais não sacrificáveis, o israelita devia tratar com reverência seu sangue, derramando-o e cobrindo-o com terra.

2. Pecados contra a lei moral. Capítulos 18—20. O capítulo 18 exorta os israelitas a não seguir os costumes morais e religiosos de egípcios nem de cananeus. A longa lista de práticas repugnantes dos pagãos serve de triste comentário sobre a condição do homem decaído e revela a razão pela qual o Senhor ordenou a Josué o extermínio dos cananeus (18.24,25).

Deus criou o sexo para formar a família, e a família é a unidade básica da sociedade. Se a família se desintegra, a sociedade decai. Toda união física fora do matrimônio e todo tipo de lascívia quebram a ordem de Deus e enfraquecem a instituição da família. A Palavra de Deus não permite o enlace matrimonial entre parentes próximos porque estes tendem a ter as mesmas características genéticas, o que faz que os defeitos apareçam agravados nos descendentes.

Proibia-se estritamente oferecer os filhos a Moloque (18.21), deus dos amonitas, pois dentro de sua imagem acendia-se fogo, esquentando-a assim como se fosse forno. O bebê era atirado nos braços candentes e caía dentro, onde morria nas chamas. Os sacerdotes batiam tambores durante o sacrifício para que os pais não ouvissem os gritos de seus filhos.

As diversas leis do capítulo 19 estão sintetizadas no versículo 18: "Amarás o teu próximo como a ti mesmo". A expressão "Eu sou

---

[12] "Nunca mais sacrificarão os seus sacrifícios aos demônios" (17.7). A palavra traduzida por *demônio* é a palavra hebraica que significa "cabra" e que se traduz por "sátiros" em certas versões da Bíblia. Refere-se provavelmente ao culto obsceno que se prestava aos deuses egípcios e gregos, tais como Pã, Fauno e Saturno, cujo símbolo era a cabra. Dizia-se que Pã governava particularmente regiões desérticas e montanhosas, portanto seria uma tentação para os israelitas, que poderiam adorá-lo durante a jornada no deserto. Depois de estabelecer-se em Canaã, seria permitido aos israelitas matar seus animais em qualquer lugar (Deuteronômio 12.15).

o Senhor" encontra-se 16 vezes em 37 versículos, indicando que a moralidade se baseia no temor de Deus. A verdadeira santidade manifesta-se nos atos de bondade para com os necessitados, no respeito para com os que têm defeitos e na aplicação de justiça aos indefesos (19.9-10,14,20); também não defraudando ou roubando a ninguém, pagando com pontualidade ao trabalhador, atuando com justiça e imparcialidade (19.11,13,15), não difamando os outros, antes, perdoando-lhes as faltas (19.16-18). As proibições dos versículos 26 a 31 refletem os costumes dos pagãos. O capítulo 20 apresenta uma longa lista de delitos que eram castigados com a pena capital. É de notar que os delitos assim punidos consistiam em atos pelos quais as pessoas desafiavam deliberadamente a santa lei de Deus ou eram ofensas contra pessoas, e não contra propriedades.

Não eram demasiado severas essas leis? Devemos lembrar-nos, em primeiro lugar, de que eram promulgadas diretamente por Deus e, em segundo lugar, que era necessário infligir castigo drástico para resistir à atração carnal causada pela vida sensual dos cananeus. Seus costumes eram tão abomináveis que, se os israelitas, com o conhecimento moral superior que tinham, os houvessem praticado, a própria terra os teria vomitado (18.27,28). Para continuar como povo de Deus, os hebreus tinham de separar-se por completo de semelhantes pecados (18.29). A redenção do mundo dependia da preservação moral da nação escolhida porque, por meio dela, viria o Salvador.

O escritor Henry Halley cita de uma fonte não consignada:

Em geral, a lei de Moisés, em sua insistência na moralidade e igualdade pessoais, em seus cuidados para com os velhos e as crianças, com os escravos, os inimigos e os animais, e em seus regulamentos sanitários e alimentares, era muito mais pura, mais racional, humana e democrática que qualquer outra legislação antiga, seja babilônica, egípcia ou de qualquer outra parte, e mostra uma sabedoria muito mais avançada que qualquer uma delas. Era o "milagre moral" do mundo pré-cristão.[13]

3. Regras para os sacerdotes. Capítulos 21 e 22. Uma vez que os sacerdotes ocupavam postos sagrados e serviam de mediadores,

---

[13] Halley, op. cit., p. 132.

estavam sujeitos a uma norma muitíssimo rígida. Qualquer tipo de contaminação incapacitava-os para servir nas coisas sagradas. Deviam manter-se limpos de coração e corpo. Os requisitos para ser sacerdote eram exigentes e as regras a observar eram mais exigentes ainda. Somente os melhores homens são dignos de ocupar postos do ministério. Os que gozam de honras espirituais devem levar uma vida santa: "Purificai-vos, vós que levais os vasos do Senhor" (Isaías 52.11).

4. Castigo do blasfemo e lei de talião. Capítulo 24.10-23. Ao brigar com um israelita, o jovem mestiço desabafou sua ira com terrível irreverência, blasfemando contra o nome sagrado de Deus e amaldiçoando. Conquanto seu pecado tenha violado flagrantemente o terceiro mandamento, ainda Deus não havia apresentado o castigo desse pecado. A resposta que o Senhor deu à pergunta de Moisés ensina que não devia haver diferença de sanção entre israelitas e estrangeiros no arraial. Os estrangeiros não eram obrigados a circuncidar-se, mas, pelo fato de unir-se ao arraial dos hebreus, faziam-se responsáveis pela guarda da lei, particularmente o mandamento que se relacionava com a blasfêmia. É de notar que se agrupa a blasfêmia junto aos crimes de caráter violento, isto é, pecado gravíssimo. Que advertência deve ser essa para os que hoje em dia amaldiçoam levianamente!

Oswald Allis observa que a lei de talião (pena igual à ofensa), que se encontra em 24.17-21, tinha três aspectos:

1) Tinha o propósito não de vingar o mal, mas de cumprir com exatidão a justiça.

2) Não devia ser vingança pessoal, mas justiça pública.

3) Exceto no caso de assassínio, a lei possibilitava uma indenização monetária da parte do ofensor.[14]

PERGUNTAS
Leis de santidade. Capítulos 17–22; 24.10-23

1 a) Qual era o principal propósito das leis de santidade desta seção? (Ver 18.3; 2Coríntios 6.17.)

   b) Como se dividia Israel quanto às regras de santidade? Por quê? (Cite o princípio que alicerça as três divisões.)

---
[14] ALLIS, op. cit., p. 164.

2 a) Por que se permitia matar animais para sacrifícios somente à porta do tabernáculo? (Note Deuteronômio 6.4; Levítico 7.7.)

b) Por que se proibia estritamente comer sangue? (Note a frase que se repete duas vezes em 17.11.) Qual é o simbolismo do sangue?

c) O que devia fazer o caçador com o sangue do animal caçado (17.13)?

3 a) Que relação existe entre a separação que Deus exige e a vida que ele dá (18.5; Deuteronômio 30.15-20)? Explique.

b) Por que era necessário proibir a imoralidade horrível descrita no capítulo 18 (Efésios 4.17-19)?

c) Que luz esse capítulo lança sobre o decreto de Deus de exterminar os cananeus?

d) Deus mudou sua maneira de tratar a imoralidade desenfreada (2Pedro 2.2-13)? Explique como Deus a trata na atualidade.

4 a) Por que se repete vez após vez, no capítulo 19, a expressão "Eu sou o SENHOR"?

b) Qual é o aspecto prático da santidade segundo este capítulo?

c) Como se sintetiza em uma frase o ensino do capítulo 19?

5 Por que se puniam tão severamente as violações da lei de Deus naquele tempo?

6 a) Como o texto de 24.10-23 ensina a gravidade de blasfemar contra o nome do Senhor?

b) Note as três observações acerca da lei de talião. Descreva em uma palavra sua natureza.

A. As festas solenes. Capítulos 23, 25 e 16

Os hebreus celebravam várias festas sagradas no decorrer do ano às quais denominavam "santas convocações" (literalmente, "os tempos fixados de reunir-se").

A palavra hebraica traduzida por "festa" tem dois significados: "uma ocasião assinalada" e "festa". Em regra geral eram ocasiões de um dia ou mais de duração em que os israelitas suspendiam seus trabalhos a fim de reunir-se jubilosamente com o Senhor. Ofereciam-se sacrifícios especiais segundo o caráter da festa (Números 28,29) e tocavam-se as trombetas enquanto eram apresentados os sacrifícios de holocausto e de paz.

A maioria das convocações relacionavam-se com as atividades agrícolas e com os acontecimentos históricos da nação hebraica. Foram instituídas como parte do pacto do Sinai (Êxodo 23.14-19). Todos os varões israelitas eram obrigados a ir a Jerusalém anualmente a fim de participar das três festas dos peregrinos: Páscoa, Pentecostes e Tabernáculos. Tecnicamente falando, nem todas as convocações santas eram festas, porém seis delas eram ocasiões para alegrar-se e desfrutar das bênçãos divinas. Somente uma era celebrada com tristeza. No cristianismo também é assim. Grande parte da vida em Cristo é jubilosa, e a ordem apostólica é: "Regozijai-vos, sempre, no Senhor" (Filipenses 4.4).

B. Propósito das festas solenes

1. As festas davam aos israelitas a oportunidade de refletir sobre a bondade de Deus. Algumas convocações coincidiam com as estações do ano agrícola e, assim, lembravam aos hebreus que Deus lhes provia continuamente o sustento. Também lhes ofereciam a oportunidade de devolver a Deus uma parte do que ele lhes havia dado. Outras das festas celebravam grandes acontecimentos na história de Israel nos quais Deus interviera para livrar ou sustentar seu povo.

2. Propósito principal das festas. Encontra-se a palavra "santo" dez vezes no capítulo 23, ressaltando o propósito das festas. Também se destaca o número sagrado "sete", que significa: "totalidade, culminação ou perfeição". O sistema das festas solenes constituía-se sobre o ciclo de sete:

> O sétimo dia era de descanso.
> O sétimo ano também era de descanso.
> O sétimo ano sabático era seguido do ano do jubileu.
> O sétimo mês era especialmente sagrado, com três dias de festa.
> Havia sete semanas entre Páscoa e Pentecostes.
> A Festa da Páscoa durava sete dias.
> A Festa dos Tabernáculos durava sete dias.

Assim, as festas solenes deviam contribuir para que a santidade penetrasse na totalidade da vida do povo de Deus.

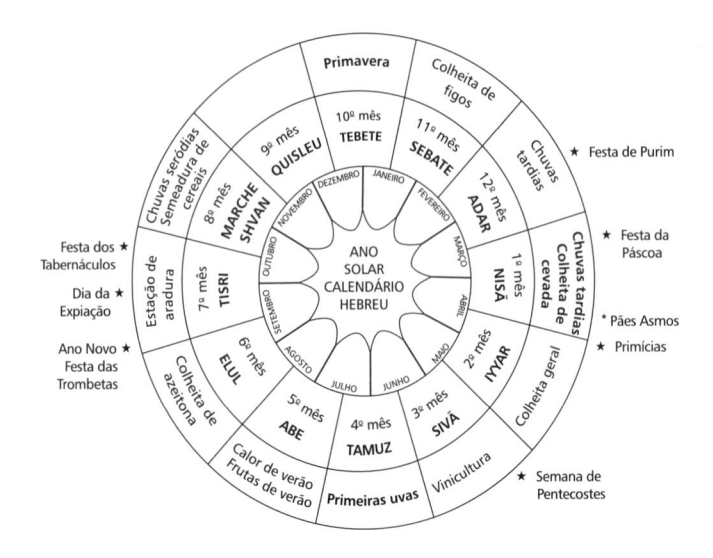

A celebração das festas solenes demandava 67 dias do ano, nos quais os israelitas deviam deixar seus trabalhos e entregar-se ao culto a Deus. Tinham, dessa forma, a oportunidade de colocar-se em contato com seu Criador. Ross observa que provavelmente é mais difícil dar-lhe nosso tempo que dar-lhe qualquer outra coisa: roubamos dele o tempo de nossas devoções privadas, do culto público, do serviço à humanidade.[15] Não é de estranhar, pois, a falta de santidade em nossa vida.

Deus nunca quis que as convocações viessem a ser um rito formalista e vazio. Em várias ocasiões, os profetas repreenderam severamente aos israelitas por celebrá-las dessa forma. O grande propósito divino das festas era espiritual: a jubilosa reunião da nação com seu Deus, o Senhor.

C. Significado das festas solenes

1. O dia de descanso. Capítulo 23.3. O dia de repouso era a primeira festa do calendário sagrado. Aos israelitas lembrava seu Criador e o fato de que ele descansou de sua obra criadora no sétimo dia. Também fazia-os ter presente que o Senhor os livrara da escravidão do Egito e agora poderiam dedicar a ele um dia da semana

---

[15] Ross, op. cit., p. 219.

(Deuteronômio 5.12-15). Toda a nação devia observá-lo estritamente ou sofrer a maldição de Deus (Êxodo 31.14). É a única festa do antigo pacto que se observa no cristianismo, mas o dia de sua observância foi mudado para o primeiro dia da semana (ver Atos 20.7; 1Coríntios 16.2; Apocalipse 1.10).

2. A Páscoa e os pães Asmos. Capítulo 23.5-8. Era uma das três convocações anuais (Páscoa, Pentecostes, Tabernáculos) em que todos os homens hebreus tinham de ir a Jerusalém a fim de participar de sua observação. Celebrava-se a saída do Egito e a redenção efetuada com o cordeiro pascal (Êxodo 12.1—13.10) e, portanto, era considerada uma das festas mais importantes do calendário hebraico. Durante os sete dias da festa não se permitia que os israelitas tivessem em casa pão com levedura, indicando assim que a nação redimida não devia viver em pecado. Matava-se o cordeiro, que era comido na noite do primeiro dia da festa. Muitos estudiosos pensam que Jesus substituiu essa festividade pela Santa Ceia (ver Lucas 22.7-20), sendo ele próprio a nossa Páscoa, "sacrificado por nós" (1Coríntios 5.7).

A Festa da Páscoa assinalava o começo da colheita da cevada. A cevada amadurecia umas três semanas antes do trigo. Uma vez que os israelitas entrassem em Canaã, teriam de levar um molho das primícias ao sacerdote como oferta de primeiros frutos e depois disso poderiam segar e comer a colheita (23.9-14; Êxodo 23.19; Números 28.26; Deuteronômio 26.1-3). Desse modo, os judeus reconheciam que recebiam do Senhor as bênçãos materiais.

No primeiro dia da semana depois da Páscoa,[16] o sacerdote apresentava o molho movendo-o diante do Senhor, o Sustentador de seu povo. A oferta das primícias é uma formosa figura profética de Cristo, "primícias dos que dormem" (1Coríntios 15.20). Ele ressuscitou dos mortos no primeiro dia da semana, por isso mudou-se o dia de descanso do sétimo para o primeiro dia da semana (Atos 20.7; 1Coríntios 16.2).

---

[16] Há diferença de opinião entre os estudiosos da Bíblia quanto ao dia da oferta das primícias. Alguns acham que caía no segundo dia de observância da Páscoa, e outros pensam que caía no domingo depois da Páscoa. Se a última opinião for correta, então Cristo ressuscitou justamente no dia em que os judeus observavam a oferta das primícias.

Em Apocalipse 1.10 esse dia é chamado "dia do Senhor". O interessante é que Cristo foi crucificado durante a semana de celebração da Páscoa e ressuscitou no primeiro dia da semana seguinte.

3. A Festa das Semanas ou Pentecostes. Capítulo 23.15-21. Na época de Jesus denominava-se "pentecostes", palavra grega que significa "quinquagésimo", pois caía sete semanas ou cinquenta dias depois da Páscoa. Essa festividade marcava o fim da colheita do trigo (Êxodo 23.16), e eram oferecidas a Deus as primícias do sustento básico dos israelitas. Assim como a Páscoa recordava a Israel que Deus era seu Redentor, de igual maneira a Festa das Semanas lembrava-lhe que o Senhor era também seu Sustentador, o Doador de toda boa dádiva.

O Espírito Santo foi derramado sobre os 120 discípulos na Festa de Pentecostes. O resultado foi que 3 mil pessoas se converteram mediante a ungida pregação de Pedro. Eram as primícias de uma grande colheita de almas.

4. A lua nova e a Festa das Trombetas. Capítulo 23.23-25; Números 28.11-15; 29.1-6. O tocar das trombetas proclamava o começo de cada mês, o qual se chamava lua nova (Números 10.10). Observava-se a lua nova oferecendo sacrifícios pelo pecado e holocaustos acompanhados de oblações de presente (Números 28.11-15).

O primeiro dia do sétimo mês[17] do ano religioso estava destinado à Festa das Trombetas. Marcava o fim da estação da colheita e o primeiro dia do ano novo do calendário civil. Celebrava-se entre os hebreus com grande festividade e alegria, e tinha início com toque de trombetas. Ofereciam-se sacrifícios e não se permitia nele trabalho servil algum. O motivo da festa era anunciar o começo do ano e preparar o povo para o apogeu das observâncias religiosas, a celebração do Dia da Expiação e da Festa dos Tabernáculos.

Para nós, as trombetas anunciam a segunda vinda de Cristo e o começo da festa perpétua dos redimidos (1Tessalonicenses 4.16,17; 1Coríntios 15.52). Ao final da colheita de almas, quando "a plenitude dos gentios haja entrado [...]. De Sião virá o Libertador" (Romanos 11.25,26). Aleluia!

---

[17] O sétimo mês do ano religioso, *Tisri*, correspondia mais ou menos ao mês de setembro. O ano civil era distinto do religioso, que começava em *Nisã* (Êxodo 12.2).

5. O Dia da Expiação. Capítulos 16 e 23.26-32. Era o dia mais importante do calendário judeu. Chamava-se *yoma*, "o dia". Era a coroa e ponto culminante de todo o sistema de sacrifícios. "Isaías 53 é para a profecia messiânica [...] o que é Levítico 16 para o sistema mosaico inteiro de tipos, a flor mais perfeita do simbolismo messiânico." No Dia da Expiação, o sumo sacerdote reunia todos os pecados de Israel acumulados durante o ano e os confessava a Deus, pedindo perdão. Somente ele podia entrar no lugar santíssimo e fazer expiação sobre o propiciatório da arca. Fazia-o somente uma vez por ano, no Dia da Expiação.

a) Os preparativos. O povo não devia trabalhar. Deviam afligir suas almas jejuando, demonstrando desse modo humildade e tristeza por seu pecado. O sumo sacerdote banhava-se completamente, simbolizando purificação espiritual. Não devia vestir-se com as magníficas vestimentas de cores, como em outras ocasiões, mas vestir a túnica de linho branco que representava a pureza absoluta, requisito para entrar na presença do Deus santo. O vestido branco e limpo simbolizava a justiça perfeita de Jesus Cristo, nosso grande Sumo Sacerdote.

b) Arão fazia expiação por seus próprios pecados e pelos dos outros sacerdotes. Sacrificava um bezerro e levava o sangue em um vaso. Com um incensário cheio de brasas tomadas do altar do incenso e com os punhos cheios de incenso, entrava no lugar santíssimo. Imediatamente punha o incenso sobre as brasas para que o fumo perfumado cobrisse o propiciatório. Assim, seus pecados eram cobertos e ele não morria. O incenso simbolizava a oração que subia a Deus pelo perdão de pecados. Depois ele espargia o sangue sete vezes sobre o propiciatório, no lugar santo e sobre o altar de bronze, expiando os pecados do sacerdócio e suas faltas ao ministrar no lugar santo.

c) Arão fazia expiação pelo povo. Os dois bodes escolhidos para o sacrifício já haviam sido trazidos ao tabernáculo. Arão lançava sortes sobre os animais: uma sorte para o Senhor e outra para Azazel. Arão sacrificava o bode sobre o qual caía a sorte pelo Senhor. Já havia entrado no lugar santíssimo para expiar seus pecados e agora da mesma maneira fazia expiação por seu povo.

A seguir punha as mãos sobre a cabeça do animal vivo e confessava todas as iniquidades de Israel. O bode era enviado ao deserto para nunca mais voltar. Então Arão lavava suas vestes, banhava-se e se vestia. Oferecia carneiros como sacrifícios do holocausto.

Que significa Azazel? Diz uma nota na Bíblia de Jerusalém: "Azazel, como bem parece ter compreendido a versão siríaca, é o nome de um demônio que os antigos hebreus e cananeus acreditavam que habitasse o deserto, terra árida onde Deus não exerceria a sua ação fecundante". Outros o interpretam como Satanás ou possivelmente o lugar remoto para onde era enviado o bode. Não obstante, tais interpretações são errôneas, porque em nenhuma outra parte da Bíblia se encontra uma oferta a demônios ou a Satanás, e Deus proibiu expressamente sacrificar a demônios (17.7). O maligno é um usurpador e indigno de ser reconciliado. Por outro lado, se fosse um lugar no deserto do Sinai, seria difícil enviar um animal para lá quando Israel entrasse na Palestina.

A melhor interpretação encontra-se na própria tradução da palavra "Azazel". Muitos eruditos a interpretam como "remissão, tirar e enviar a outra parte". A versão grega traduz a palavra em 16.10 como "enviar a outro lugar". Portanto, os dois bodes formam um único sacrifício pelo pecado. Um deles era sacrificado para expiar o pecado, e o outro, aquele sobre o qual o sumo sacerdote colocava as mãos e confessava os pecados de Israel, representava o alijamento da culpa não somente da presença de Deus, mas também da presença do povo. O bode era levado a um lugar solitário e posto em liberdade para não mais voltar ao acampamento. Assim é com o nosso Deus. Por meio de Cristo, nosso pecado e a culpa dele resultante estão alijados para sempre. "Quanto está longe o Oriente do Ocidente, assim afasta de nós as nossas transgressões" (Salmos 103.12).

Jesus Cristo, nosso Sumo Sacerdote, não necessitava oferecer sacrifício por si mesmo. Ele entrou de uma vez para sempre no lugar santíssimo (o céu), não levando o sangue de bodes, mas seu próprio sangue, e nos redimiu eternamente (Hebreus 9.11,12). Ele tem um sacerdócio imutável e pode "salvar perfeitamente os que por ele se chegam a Deus, vivendo sempre para interceder por eles" (Hebreus 7.24,25).

6. A Festa dos Tabernáculos. Capítulo 23.33-43. Era a última festa do ano e durava oito dias. Comemorava-se o fim da época da colheita e também a peregrinação no deserto. Quando os israelitas entrassem na terra prometida, a festa os lembraria de que haviam sido estrangeiros e peregrinos na terra e que o Senhor os havia sustentado e guiado milagrosamente.

Os israelitas construíam cabanas e viviam nelas para lembrar-se dos anos em que haviam morado em tendas. Era uma festa alegre. "[E] vos alegrareis perante o Senhor, vosso Deus, por sete dias" (Levítico 23.40). No primeiro dia os israelitas levavam ramos de palmeiras e de outras árvores frondosas, regozijando-se no Senhor. O motivo era recordar que Deus os havia ajudado, tinha-lhes dado graça para suportar o desconforto e as provas da peregrinação e os havia trazido à terra que manava leite e mel. No último dia da festa, celebrava-se a provisão sobrenatural de água no deserto (João 7.37-39).

A festa das tendas ou dos tabernáculos ensina-nos que é dever cristão nos regozijarmos no Senhor, lembrando-nos sempre da bondade de Deus, que nos ajuda em nossa peregrinação. Algum dia, os peregrinos estarão no céu "trajando vestes brancas e com palmas nas suas mãos", regozijando-se na salvação de seu Deus e do Cordeiro (Apocalipse 7.9,10). O desconforto da peregrinação já será coisa passada, e as vitórias serão motivo de gozo indizível.

7. O ano sabático. Capítulo 25.1-7. Ao entrar na terra prometida, os israelitas deviam passar um ano em cada sete sem semear nem colher. A terra devia descansar. O que ela produzisse espontaneamente naquele ano seria para todos, tanto para os animais como para os homens. Deus daria colheitas abundantes no sexto ano para que não fosse necessário trabalhar no ano seguinte (25.18-22). Os hebreus deviam perdoar a seus devedores pobres e colocar em liberdade os escravos (Deuteronômio 15.1-11; Êxodo 21.2-6). Assim, os israelitas se lembravam de que Deus os livrara da servidão no Egito.

Contudo não seria um ano de ociosidade. Segundo a instrução mosaica, os sacerdotes e levitas deviam ensinar-lhes a palavra de Deus e a lei (Deuteronômio 31.10-13). Não há indício de que a nação tenha observado essa lei, e tal desacato foi um dos motivos do cativeiro babilônico (2Crônicas 36.21).

8. O ano do jubileu. Capítulo 25.8-22. Além de observar o ano sabático, os israelitas deviam celebrar o ano do jubileu, isto é, dois anos seguidos de descanso a cada cinquenta anos. Deviam apregoar a liberdade aos escravos hebreus, devolver ao dono originário a terra que haviam adquirido dele e perdoar as dívidas dos outros. Dessa forma, punha-se freio ao desejo desmedido de acumular bens materiais e impedia-se que houvesse extremos de pobreza e riqueza.

Ao citar Isaías 61.1,2 na sinagoga de Nazaré, Jesus anunciou que tinha vindo para proclamar "o ano aceitável do SENHOR" (o ano do jubileu). Cumpre-se na redenção e liberdade dos cativos; isso será consumado na segunda vinda de Cristo com a ressurreição dos seus e com o livramento da própria criação da escravatura da corrupção (Romanos 8.19-23).

O princípio de que a terra pertencia ao Senhor motivou as leis referentes à sua ocupação (25.23). Permitia-se ao hebreu ocupar o território de Canaã, porém ele não devia vender a terra com perpetuidade, pois não era ele o verdadeiro dono, mas forasteiro e estrangeiro neste mundo, por causa de sua vocação celestial. Em circunstâncias de necessidade, o hebreu podia vender sua terra provisoriamente, mas era seu o direito de redimi-la em qualquer oportunidade, pagando uma indenização adequada ao novo possuidor. Também estava contemplada a possibilidade de que um parente próximo do necessitado resgatasse a propriedade vendida. Se o terreno não fosse resgatado pelo dono original nem pelo parente próximo, era devolvido grátis ao dono original quando chegasse o ano do jubileu.

São evidentes certos paralelos entre a relação do israelita com seu terreno e as possessões materiais do cristão. Como o hebreu não era o verdadeiro dono de seu terreno, mas apenas o utilizava provisoriamente, assim o cristão deve considerar suas posses algo temporal, emprestado por Deus. O cristão é apenas mordomo dos bens de seu Deus (Lucas 19.11-27). Por ser estrangeiro e peregrino, acompanhado por Deus em sua viagem pela terra, já que sua verdadeira pátria se encontra no céu, não deve apegar-se às coisas do presente mundo.

Deus proveu leis que aliviassem os males dos hebreus pobres e deserdados (25.35-55). Conquanto os israelitas devessem amar aos estrangeiros (19.34; Deuteronômio 10.19), haviam de tratar a seus "irmãos" israelitas de uma forma especial. Quando um israelita empobrecia, o vizinho mais rico devia dar-lhe alimento, alojamento e emprestar-lhe dinheiro sem cobrar juros. Se um hebreu se visse obrigado a vender-se a outro para sair de dívidas, não havia de ser tratado com rigor como escravo, mas como servo a soldo com contrato temporário. Ficava nessa condição somente até o ano sabático ou ano do jubileu, quando era posto em liberdade. Também podia ser resgatado a qualquer momento por um parente próximo, que pagava uma soma de dinheiro equivalente ao trabalho do homem vendido durante o tempo que ainda restava até ao ano de libertação. Por que o Senhor ordenou que os israelitas se tratassem com tanta deferência? Porque haviam sido redimidos e libertados por Deus da escravidão do Egito; "não serão vendidos como se vendem os escravos" (25.42; ver também 25.38 e 55). Somente a Deus cabia-lhes servir, e os servos de Deus devem ser tratados com humanidade.

Em Levítico 25.25 encontra-se pela primeira vez referência ao parente próximo (em hebraico *goel)* como quem podia resgatar a seu irmão ou a propriedade de seu irmão. O *goel* tinha de ser o parente consanguíneo mais próximo (Rute 2.20; 3.9,12; 4.1,3,6,8). No período bíblico, também era vingador do sangue de seu irmão, dando morte ao homicida em caso de assassínio (Números 35.12-29). Outro dever do parente próximo era casar-se com a viúva de seu falecido irmão se este morria sem deixar filho varão. O primeiro varão desta união levirata trazia o nome do falecido e recebia a herança do finado, para que seu nome não se extinguisse em Israel (Deuteronômio 25.5-10). A ideia fundamental do sistema do *goel* é a proteção do pobre ou do desventurado. Muitas vezes se alude ao Senhor como *goel* ou remidor de seu povo (Jó 19.25; Salmos 19.14; 49.15; Isaías 41.14; Jeremias 50.34). Jesus Cristo é sobretudo nosso *goel* ou parente próximo; ele não se envergonhou de chamar-nos "irmãos", fez-se carne e nos redimiu de todo o mal, da escravidão do pecado, da perda de nossa herança e do aguilhão da morte.

D. Ameaças, promessas, votos. Capítulos 26 e 27

No período pré-cristão, Deus não havia revelado ainda a doutrina de castigo e recompensa além-túmulo, de modo que as ameaças relacionadas com a desobediência e as promessas relacionadas com a obediência se referiam à vida presente. Se os israelitas obedecessem, desfrutariam de abundância de paz aqui na terra, uma numerosa descendência e vitória sobre os inimigos. Se desobedecessem a Deus, sofreriam enfermidades, fome, invasões e cativeiro. São mais extensas as maldições do que as bênçãos porque o ser humano é propenso a pecar. Deus tem de recorrer à ameaça para motivá-lo a andar no caminho por ele traçado.

No capítulo 27 encontram-se as prescrições referentes às ofertas votivas. As oferendas eram motivadas por gratidão a Deus e bênçãos recebidas ou por se verem libertos de males temidos. As pessoas que faziam votos podiam consagrar-se ao Senhor ou consagrar seus filhos ao serviço divino, tal como algum trabalho secundário no tabernáculo. Tudo o que se oferecia a Deus em um momento de devoção religiosa pertencia a ele, a menos que fosse redimido mediante um preço equivalente ao prometido. Especificam-se neste capítulo a importância do dinheiro da redenção, o qual o sacerdote tinha o direito de reduzir prudentemente segundo as circunstâncias pessoais daquele que fazia o voto. Não era obrigatório fazer votos a Deus, mas era necessário, isso sim, cumprir os votos feitos. Não obstante, não era lícito que alguém empobrecesse sua família consagrando a Deus tudo o que possuía. Observa William Evans que o simples fato de dizer *corbã* ("isto é, oferta ao Senhor", Marcos 7.11,12) não isentava nenhum homem da responsabilidade de prover para sua família.[18]

As pessoas isoladas por serem *anátema* ("destinadas à destruição") não podiam ser resgatadas, pois já haviam sido sentenciadas à morte. Exemplos do anátema são a tribo de Amaleque, a pessoa de Acã e a cidade de Jericó. Somente Deus tinha o direito de declarar uma pessoa anátema e o fazia falando por meio de líderes divinamente designados, tais como Moisés e Josué.

---

[18] Evans, William. **The Books of the Pentateuch**. 1916. p. 226.

PERGUNTAS
As festas solenes, ameaças, promessas, votos.
Capítulos 23, 16, 25–27

1. a) Com que ocasiões e acontecimentos se relacionavam as santas convocações?
   b) Qual era a única convocação solene que não constituía motivo de regozijo? O que nos ensina o fato de que a maioria era ocasiões de júbilo?
   c) Indique os propósitos das festas sagradas. Você encontra alguma observância cristã como a das festas (1Coríntios 11.17-34; Judas 12)?
   d) Que número se destaca no calendário das festas? Qual é o motivo do uso desse número?
   e) Quais eram as festas relacionadas com acontecimentos históricos? (Cite-as e diga o acontecimento histórico que se celebrava.)
   f) A que festas todos os varões israelitas estavam obrigados a comparecer?
2. Mencione os dois eventos que se comemoravam ao observar o dia de descanso.
3. a) As grandes obras de Cristo (sua morte, ressurreição e o derramamento do Espírito) realizaram-se cada uma em alguma das festas anuais. Em que festas?
   b) Qual o motivo da oferta das primícias? Qual é o simbolismo cristão?
   c) Por que se chama "Pentecostes" à Festa das Semanas?
   d) Como se cumpriu espiritualmente sua relação com a colheita?
4. a) Quais as duas coisas que a Festa das Trombetas determinava?
   b) Que paralelo se encontra na doutrina cristã?
5. a) Por que era tão importante o Dia da Expiação?
   b) Em que sentido ele era diferente das outras festas?
   c) Explique como Cristo cumpriu a obra do sumo sacerdote (Hebreus 9.23-28).
   d) Indique o simbolismo do incenso na obra expiatória do sumo sacerdote (16.11-13; Lucas 23.34; Romanos 8.34; Hebreus 7.25).
   e) O que significava soltar longe do acampamento o segundo bode?

f) Por que era necessário purificar o tabernáculo?
6. a) Qual é o motivo da Festa dos Tabernáculos?
   b) Que lição podemos derivar dessa festa?
7. a) Que propósito prático se cumpria ao não cultivar a terra nos anos sabáticos?
   b) Que atos de misericórdia deviam os israelitas praticar nos anos sabáticos (Deuteronômio 15.1-6; Êxodo 21.2-6)?
   c) Que ato adicional (que não se praticava nos anos sabáticos) deviam os israelitas cumprir no ano do jubileu (25.13)? Qual era seu valor social?
   d) Jesus declarou que ele iniciou o verdadeiro ano do jubileu (Lucas 4.18,19). O que isso quer dizer?
8. a) Por que não se permitia ao israelita vender sua terra com perpetuidade? Qual é a lição espiritual (25.23)?
   b) Quais eram os deveres do parente próximo? Como se cumprem em Cristo alguns deles?
   c) Note os princípios ensinados em 25.17,23,36,38,42,55. Que luz esses versículos lançam sobre nossa relação com Deus e com o próximo?

CAPÍTULO 5

Números

INTRODUÇÃO

1. Título e conteúdo. O título vem da versão grega. Denominou-se Números porque se registram dois recenseamentos: no princípio e no capítulo 26. Contudo, um dos títulos hebreus, *Bedmidhbar* (no deserto), reflete melhor o caráter do livro, pois relata a história das peregrinações de Israel desde o Sinai até a chegada à margem esquerda do rio Jordão. Abarca um espaço de quase 39 anos e forma um elo histórico entre os livros de Êxodo e de Josué.

2. Caráter do livro. Números é uma miscelânea de três espécies: acontecimentos históricos da peregrinação de Israel no deserto; leis para Israel, de caráter permanente; e regras transitórias válidas para os hebreus até que chegassem a Canaã. A história e as leis vão misturadas em partes aproximadamente iguais em extensão. As exigências das situações vividas davam origem a novas leis.

Considera-se que Números está enfocado para os aspectos de serviço e conduta. Myer Pearlman observa: "Em Êxodo vimos Israel redimido; em Levítico vimos Israel em adoração; e agora em Números vemos Israel servir".[1] Em outras palavras, nos livros de Êxodo e Levítico vemos os ensinos de Deus, e em Números, vemos Israel aprendendo-os.

3. Mensagem: o fracasso de Israel. Números é um dos livros mais humanos e mais tristes da Bíblia. Mostra como os hebreus fracassaram em cumprir os ideais que Deus lhes havia proposto. Chegaram aos limites da terra prometida, mas tinham a personalidade de escravos covardes, dependentes e incapazes de enfrentar a perspectiva da luta. Perderam a pequena fé que haviam tido e quiseram voltar ao Egito.

---

1 PEARLMAN, Myer. Através da Bíblia livro por livro. 2. ed. São Paulo: Vida, 2006. p. 40.

Daí começaram suas peregrinações, que duraram 38 anos. Não obstante, Números relata detalhadamente só a história do primeiro período e a do último, pois nos anos intermediários de apostasia nada aconteceu de valor religioso permanente. É uma história trágica de falta de fé, de queixas, murmurações, deslealdade e rebelião. Como consequência, quase toda a geração que havia presenciado as maravilhas do livramento do Egito pereceu no deserto sem entrar na terra prometida. Somente três homens, Moisés, Josué e Calebe, sobreviveram até ao fim do relato do livro. E somente dois dos três, Josué e Calebe, entraram em Canaã.

Por outro lado, Deus levantou uma nova geração de hebreus, instruídos nas leis divinas e preparados para a conquista de Canaã. A vida selvagem e incerta da peregrinação no deserto desenvolveu neles uma personalidade distinta da do homem escravo. Acostumaram-se à dureza, a suportar a escassez de alimento e de água, ao perigo contínuo de um ataque súbito dos povos do deserto. No final do livro, os israelitas haviam chegado à margem do Jordão e estavam preparados para tomar posse de Canaã.

4. Assunto. INFIDELIDADE NO DESERTO

5. Esboço.

I. Preparativos para a viagem a Canaã (1.1—10.10)
   A. Recenseamento e organização de Israel (1—4)
   B. Santificação do acampamento e leis diversas (5—8)
   C. A Páscoa e as Trombetas (9.1—10.10)
II. A viagem do Sinai a Cades-Barneia (10.11—12.16)
   A. A partida de Israel; Hobabe (10.11-36)
   B. O descontentamento do povo e o desânimo de Moisés (11)
   C. As críticas de Miriã e Arão (12)
III. O fracasso em Cades-Barneia devido à incredulidade (13—15)
   A. Os espias exploram a terra (13)
   B. A reação de Israel e o juízo de Deus (14)
   C. Preceitos diversos (15)
IV. Controvérsia acerca da autoridade (16,17,19)
   A. A rebelião de Corá (16)
   B. A prova das varas (17)

    C. A purificação do acampamento (19)
V. Experiências na viagem para Moabe (20—25)
    A. O pecado de Moisés e Arão (20.1-13)
    B. Edom não permite a passagem (20.14-21)
    C. A serpente de bronze (21.4-9)
    D. Vitórias militares de Israel (21.1-3,21-35)
    E. Balaão (22—25)
VI. Preparativos para entrar em Canaã (26—36)
    A. O segundo recenseamento (26)
    B. Leis sobre heranças (27.1-11)
    C. Nomeação do sucessor de Moisés (27.12-23)
    D. Guerra santa contra Midiã (31)
    E. Divisão da Transjordânia (32)
    F. Ordens referentes à ocupação de Canaã (33.50—36.13)

6. Ensino: Como o Senhor lida com seu povo. a) O Senhor havia feito aliança com o seu povo e sempre se encontrava em seu meio, guiando-os, cuidando deles e protegendo-os. Apesar das queixas, da falta de fé e da ingratidão de Israel, Deus supria suas necessidades e os protegia de seus inimigos. O Senhor, em sua infinita misericórdia, proporcionou-lhes um grande líder e os salvou de todas as suas aflições.

    b) Deus utilizou as experiências do deserto para disciplinar seu povo e desenvolver-lhe o caráter. Apesar de todos os benefícios com que o Senhor cumulava seu povo, eles se encontravam continuamente envoltos em desesperadas crises porque não queriam sujeitar-se a uma vida de jubilosa obediência à sua vontade. Deus disciplinava-os com o propósito de liviá-los de um espírito insensato de rebelião e orgulho. Era a disciplina de um pai amoroso.

    c) Deus demonstrou que nada podia frustrar seus propósitos nem anular sua aliança com os patriarcas. Nem a infidelidade, nem os ataques das nações hostis, nem os estratagemas de um profeta assalariado puderam impedir a realização do plano de Deus. Israel entraria na terra prometida.

    d) Para o cristão, o livro de Números tem grande significado. À semelhança dos israelitas, o cristão saiu do Egito, a terra de servidão e opressão, renasceu pelo sacrifício do Cordeiro e se encaminhou para o cumprimento das promessas de Deus. Mas tem de passar como peregrino pelo deserto deste mundo antes de entrar na terra prometida (1Pedro 2.11; Hebreus 11.8-16). Pode aprender muito estudando os fracassos dos israelitas, as leis de santidade e a bondade de Deus narrados em Números.

I. PREPARATIVOS PARA A VIAGEM A CANAÃ.
Capítulos 1.1–10.10

Israel havia passado quase um ano no Sinai, tinha recebido a lei, construído o tabernáculo e agora estava para marchar rumo à terra prometida.

A. Recenseamento e organização de Israel.
Capítulos 1–4

1. Recenseamento das tribos. Capítulo 1. Os problemas que a viagem de uma numerosíssima multidão acarreta em seu percurso através do deserto são maiores do que se possa imaginar. Era preciso organizar bem as tribos e estabelecer a lei e a ordem, tanto no acampamento como durante a caminhada.

O primeiro passo para organizar Israel era levantar um recenseamento. Por que se realizou o censo? Os israelitas iam conquistar Canaã e era necessário arrolá-los e prepará-los para a guerra. O serviço militar era obrigatório em Israel, quase sem exceções, a partir dos 20 anos. O censo das doze tribos apresentou a cifra de 603.550 homens de guerra, sem incluir os levitas. Por suas funções sagradas no santuário, os levitas estavam isentos do serviço militar. Constituíam uma guarda especial do tabernáculo. Eram contados não a partir dos 20 anos de idade, mas de um mês para cima. O segundo censo, feito ao terminar a peregrinação no deserto, dá-nos uma cifra um pouco menor do que aquela do primeiro censo (26.51), o que indica que os rigores da viagem no deserto e a disciplina divina impediam Israel de continuar crescendo numericamente como havia crescido no Egito.

2. Disposição das tribos nos acampamentos. Capítulo 2. O Senhor mandou organizar Israel em quatro acampamentos com três tribos em cada um. Os quatro acampamentos estavam organizados em esquadra retangular, com o tabernáculo no centro e os israelitas ao redor dele. Moisés e os sacerdotes ficavam diante da porta do átrio do tabernáculo; ao leste das tribos de Judá, Issacar e Zebulom; ao sul, Rúben, Simeão e Gade; ao ocidente, Efraim, Manassés e Benjamim; ao norte, Dã, Aser e Naftali. As tribos de Judá, Rúben, Efraim e Dã eram líderes; cada uma delas encabeçava seu grupo de tribos e portava bandeiras. Segundo a tradição judaica, a bandeira da tribo de Judá tinha a figura de um leão; a de Rúben, uma cabeça humana; a de Efraim, um boi, e a de Dã, uma águia.

O ACAMPAMENTO DE ISRAEL

A disposição das tribos ao acampar era a seguinte:

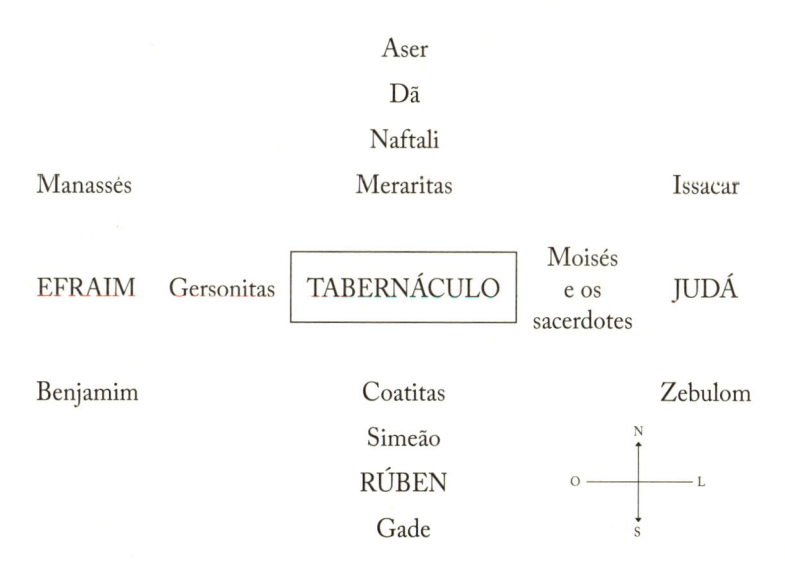

		Aser		
		Dã		
		Naftali		
Manassés		Meraritas		Issacar
EFRAIM	Gersonitas	TABERNÁCULO	Moisés e os sacerdotes	JUDÁ
Benjamim		Coatitas		Zebulom
		Simeão		
		RÚBEN		
		Gade		

N
O ——— L
S

ISRAEL EM MARCHA

Ao levantar-se o acampamento, mudava-se a posição das tribos (10.11-28). Judá e as tribos do leste encabeçavam a marcha, e as do norte formavam a retaguarda, como se vê no diagrama a seguir:

JUDÁ	RÚBEN		EFRAIM	DÃ
Arca, Issacar	Os gersonitas e os meraritas levam o tabernáculo	Simeão · Os coatitas levam os vasos dos tabernáculos	Manassés	Aser
Zebulom		Gade	Benjamim	Naftali
←		←		

A posição proeminente de Judá, diante da porta do tabernáculo no acampamento e à testa da nação quando esta marchava, devia-se em parte à sua superioridade numérica sobre as demais tribos; não obstante, pode ser que a localização de honra ocorresse porque teria sido designada futura casa real na profecia de Jacó (Gênesis 49.10).

A organização de Israel era militar. Cada tribo tinha sua posição no acampamento e seu comandante. A nação inteira estava organizada como um exército sob o comando de Deus, que era o Chefe Supremo e tinha sua tenda no meio deles. Ele dirigia os movimentos por meio da nuvem (9.15-23). Os levitas, que acampavam imediatamente em torno do santuário, eram a guarda de honra e de serviço.

A Igreja também tem de guerrear contra as forças do mal e tomar posse da terra prometida. Embora suas armas não sejam carnais e Deus lute por ela, convém que ela se assente e calcule o custo da luta e seus recursos antes de empreender o projeto (Lucas 14.25-33). Convém, igualmente, que ela organize bem as atividades, seja a de visitação, de evangelização ou de construção de um templo. Podem-se nomear líderes para os grupos. Há lugar para que todo cristão trabalhe, porém consegue--se muito mais trabalhando como equipe bem coordenada do que como indivíduos que trabalham sozinhos (Marcos 6.39-42). Então a igreja será "formidável como um exército com bandeiras" (Cantares 6.4,10).

3. Os levitas. Capítulos 3 e 4. Visto que Deus havia redimido os primogênitos das famílias de Israel por ocasião da Páscoa no Egito, todos os primogênitos lhe pertenciam. Contudo, como ficou dito, o Senhor tomou a tribo de Levi em lugar dos primogênitos. Os levitas estavam incumbidos do cuidado do tabernáculo e do ministério nos aspectos externos, enquanto os sacerdotes oficiavam no culto cerimonial.

De acordo com Gênesis 46.11, Levi teve três filhos: Gérson, Coate e Merari. Os descendentes dos três filhos constituíam três divisões, e cada divisão tinha um cargo especial em relação com o cuidado do tabernáculo. Seus deveres eram ajudar no transporte do tabernáculo quando o povo mudava o acampamento de um lugar para outro e formar a guarda quando estavam estacionados; nesse caso, ficavam os gersonitas ao ocidente, os coatitas ao sul e as famílias de Merari ao norte. Os gersonitas tinham a seu cargo o cuidado das cobertas do tabernáculo (3.25,26). Transportavam couros, peles e tecidos em dois carros puxados por quatro bois (7.6,7). Os coatitas tinham a seu cargo os móveis e utensílios do tabernáculo (3.31), os quais eram transportados em quatro carros puxados por oito bois (7.8). Os meraritas cuidavam das tábuas da armação (3.36,37), que eram levadas nos ombros, utilizando-se varais. Quando estavam para levantar acampamento, os sacerdotes envolviam as partes do tabernáculo cobrindo-as com tecidos e couros; tudo isso nos demonstra a profunda reverência com que manejavam as coisas relacionadas com o culto em Israel.

Os primogênitos haviam de ser substituídos pelos levitas como obreiros leigos em Israel. Mas um recenseamento (provavelmente contando apenas os que haviam nascido desde o êxodo do Egito) revelou que os primogênitos excediam em número os levitas. Era necessário resgatar com dinheiro os primogênitos que não tinham substitutos levitas para o serviço de Deus. Então as doze tribos continuaram com a responsabilidade do serviço militar enquanto os levitas se encarregavam dos ofícios sagrados.

B. Santificação do acampamento e leis diversas. Capítulos 5–8

1. A expulsão dos impuros. Capítulo 5.1-4. Essa medida foi necessária para manter tanto a santidade do acampamento como a higiene do povo. Quanto a contaminar-se por contato com um morto, Deus queria ensinar a Israel que, quando uma pessoa falece e seu espírito vai para o Senhor, o corpo já não tem valor; é algo que deve ser sepultado. Além do mais, a morte deve ser lembrada como a pena do pecado.

2. Lei sobre ciúmes. Capítulo 5.11-31. Essa lei serve tanto de severa advertência à mulher propensa a cometer adultério como de proteção à mulher inocente em caso de suspeitas infundadas por parte de seu marido ciumento. Acerca da prova, diz um comentarista:

As circunstâncias dessa terrível cerimônia: colocação da mulher com o rosto voltado para a arca; sua cabeça descoberta, sinal de que estava desprovida da proteção do esposo (1Coríntios 11.7); a bebida amarga posta em suas mãos, preparatória de uma apelação para Deus; o solene esconjuro do sacerdote (versículos 19-22), estavam todas calculadas para excitar a imaginação de uma pessoa consciente de culpa.[2]

A prova para verificar se a mulher era inocente ou não exigia um milagre de Deus. Não há evidência bíblica de que essa lei estivesse em vigor depois da peregrinação no deserto.

3. O voto dos nazireus. Capítulo 6.1-21. A palavra "nazireu" significa "separado" ou "consagrado"; portanto, alguém que tomava o voto havia de viver separado para Deus. Era um voto voluntário (salvo em casos especiais, como o de Sansão) que qualquer pessoa, homem ou mulher, podia fazer para consagrar-se a Deus e viver em maior santidade. Podia ser por toda a vida (como o de João Batista), mas geralmente era por um período determinado. Três requisitos se indicam aqui:

a) Abster-se de todo o fruto da vide. À semelhança do sacerdote, quando oficiava, o nazireu negava a si mesmo o uso das bebidas fortes a fim de estar em melhor condição de servir a Deus (Levítico 10.9-11). Além disso, o fruto da vide simbolizava em Israel o gozo natural (Salmos 104.15), e o nazireu devia encontrar seu gozo no Senhor (Salmos 36.8,9).

b) Não cortar o cabelo como sinal público de que havia tomado voto. O cabelo comprido de Sansão simbolizava que ele consagrava sua força e virilidade a Deus.

c) Não tocar corpo morto, nem mesmo o cadáver de pessoa da própria família, porque o nazireu era santo para o Senhor.

Impunha-se um severo castigo quando o voto era quebrado, inclusive quando não o era intencionalmente. Ao terminar o período

---

[2] JAMIESON, Robert; FAUSSET, A. R.; BROWN, David. **Comentario exegético y explicativo de la Biblia**. v. 1. s.d. p. 125.

do voto, o nazireu tinha de desfazer-se de seu cabelo e queimá-lo sobre o altar junto com outros sacrifícios em uma cerimônia pública.

4. A bênção sacerdotal. Capítulo 6.22-27. Esta formosa bênção constitui o mais excelente da poesia hebraica. Tem uma mensagem oportuna, tanto para os que enfrentavam os inimigos e as incertezas da vida no deserto, como para o homem moderno.

Semelhante à doxologia apostólica de 2Coríntios 13.13, esta tem uma tríplice invocação e as cláusulas são progressivamente mais elevadas. Primeiro, convida-se o Senhor a abençoar ao seu povo (com boas colheitas, gado, boas temporadas e filhos). A seguir, suplica-se que os guarde (de todo o mal, dos inimigos, de magras colheitas, da enfermidade e da esterilidade). Na segunda invocação, o Senhor é convidado a voltar o seu rosto com agrado e alegria sobre seu povo e estender-lhe seu favor. (Expressa-se em hebraico a alegria e a complacência como "fazer resplandecer o rosto", e o mal e o temor como "empalidecer"; Salmos 31.16; Provérbios 16.15; Joel 2.6.) Finalmente, pede-se que ele "levante o seu rosto" sobre o seu povo (em reconhecimento e aprovação) e lhes dê paz (segurança, saúde, tranquilidade e paz com Deus e com os homens).

Jamieson, Fausset e Brown observam que as expressões nas três cláusulas correspondem às funções da Trindade: "do Pai, de 'abençoar-nos e guardar-nos'; do Filho, de 'mostrar-nos a graça'; e do Espírito Santo de 'dar-nos paz' [...]. A segurança alentadora foi acrescentada: 'e eu os abençoarei'".[3]

5. A oferta dos príncipes de Israel. Capítulo 7. Com sincera devoção ao Senhor, os doze príncipes das tribos fizeram uma oferta espontânea e muito generosa ao Senhor, dando desse modo exemplo aos endinheirados de contribuir para o sustento e promoção da religião. Apresentaram dádivas durante doze dias. As ofertas foram feitas ao ser ungido o altar, ao ser consagrado o tabernáculo e seus vasos, pois aparecem na cronologia depois de Levítico 8.10,11. Consistiam em carros e bois para transportar as partes pesadas do tabernáculo, utensílios de metal precioso para o santuário e animais para o sacrifício.

---
[3] Jamieson; Fausset; Brown, op. cit., p. 126.

As ofertas dos príncipes agradaram ao Senhor, e ele ordenou a Moisés que as entregasse aos levitas para o serviço do tabernáculo. Observamos que a Bíblia menciona os detalhes dos donativos, ensinando-nos assim que Deus nota todos os aspectos de nossa vida e serviço (ver Mateus 10.40-42; Lucas 21.1-4).

6. Consagração dos levitas. Capítulo 8.5-26. Embora a tribo de Levi tenha sido designada para o serviço divino, o fato de ser levita não era a única condição para entrar no ofício sagrado. Os levitas deviam ser apartados para a obra do tabernáculo mediante uma cerimônia especial. A consagração dos levitas era muito mais simples do que a dos sacerdotes. Não eram necessárias as lavagens, nem as unções, nem a investidura com roupa oficial. Efetuava-se a purificação dos levitas oferecendo sacrifícios, sendo espargidos com água misturada com cinzas de bezerra ruiva, barbeando-se e lavando seus vestidos. A água pura e a navalha afiada representam o afastamento de tudo quanto impede a dedicação espiritual e assinalam a purificação de tudo quanto mancha o corpo e o espírito. Os sacerdotes impunham as mãos sobre os levitas na cerimônia de consagração.

Os levitas entravam na profissão aos 25 anos de idade, provavelmente como aprendizes em prova sob a vigilância de levitas mais velhos, e aos 30 anos eram admitidos no pleno exercício de seus deveres (ver 4.3 e 8.24). Ao atingir os 50 anos, o levita era eximido dos trabalhos rigorosos, mas podia continuar servindo nos deveres mais fáceis do tabernáculo.

C. A páscoa e as trombetas. Capítulos 9.1–10.10

1. A celebração da Páscoa. Capítulo 9.1-14. Foi a primeira celebração dessa festa desde o êxodo e, possivelmente, a única no deserto, pois Israel não observava a circuncisão (requisito para celebrar a Páscoa, Êxodo 12.48), desde a rebelião contra o Senhor até entrar em Canaã (14.20-35; Josué 5.2-7). Surgiu um problema. Alguns homens haviam tocado um cadáver e estavam cerimonialmente impuros; não se permitia que celebrassem a Páscoa, mas seriam cortados de Israel se não a observassem. Moisés consultou o Senhor e recebeu a resposta. Seria permitido celebrá-la um mês depois. Isso no ensina que, quando há duas leis divinas conflitantes, o cristão deve cumpri-las dentro de suas possibilidades e então escolher a solução que esteja mais de acordo com o espírito do evangelho. As exigências de Deus não são arbitrárias nem irrazoáveis. Além disso, as leis são para o bem do cristão. Nas palavras de Cristo encontra-se este princípio: "O sábado foi feito por causa do homem, e não o homem por causa do sábado" (Marcos 2.27).

2. As Trombetas. Capítulo 10.1-10. As trombetas de prata serviam a vários propósitos:

a) Convocar a congregação para a reunião diante do tabernáculo.

b) Reunir os príncipes das tribos diante de Moisés.

c) Indicar às tribos acampadas ao oriente do acampamento o momento de pôr-se a caminho.

d) Preparar Israel para a guerra.

e) Lembrar ao Senhor a necessidade de seu povo e conseguir a ajuda divina.

f) Para que o Senhor se lembrasse de seu povo durante as festas sagradas e dos sacrifícios de paz e holocaustos. Não devemos pensar que Deus se esqueceria deles, porém eles não deviam dar isto como certo; o povo devia atuar. De igual maneira ocorre com a oração. Deus conhece nossas necessidades, mas também temos de apresentá-las a ele.

Os sacerdotes tocavam as trombetas indicando que todo o acampamento estava sob a ordem de Deus. Isso nos ensina igualmente que Deus deseja que seu povo trabalhe unido para levar a cabo a obra espiritual. Finalmente, é de notar que a segunda vinda de Cristo será acompanhada do som de trombetas. Elas indicam que a igreja tem de partir no êxodo mais impressionante de toda a história.

PERGUNTAS
Introdução a Números. Preparativos para a viagem a Canaã. Capítulos 1.1–10.10

1
  a) Por que esse livro recebe o nome de "Números"?
  b) Por que o título hebraico é mais apropriado do que o título grego?
  c) Que espaço de tempo esse livro abrange?
  d) Onde estavam os israelitas ao iniciar-se o livro e onde estavam ao terminar?

2   a) Qual é o assunto do livro?
    b) Por que os israelitas fracassaram no deserto?
3   a) Que luz Números lança sobre o caráter de Deus? E sobre o propósito divino das experiências no deserto?
    b) Note o significado do livro para o cristão.
4   a) Por que se fez recenseamento em Israel? Qual é a verdadeira proteção (10.8,9; Deuteronômio 20.2-4)?
    b) Que aplicação você extrairia para a igreja do recenseamento e da organização de Israel (Lucas 14.31,32; 2Coríntios 10.3-6; Efésios 6.10-13)?
    c) Que tribo não foi incluída no recenseamento inicial? Por quê?
5   a) Que tribo tinha a posição de proeminência no acampamento de Israel? Por quê?
    b) Qual era o centro do acampamento, que lhe dava unidade? Percebe-se uma lição espiritual em tal disposição (Sofonias 3.17; Efésios 4.3-6)?
    c) Qual o significado do fato de que a arca era transportada na frente durante a jornada de Israel? Faça uma aplicação espiritual. (Note o significado da arca. Ver também 10.33; Deuteronômio 1.32,33.)
6   a) Que finalidade prática a expulsão dos impuros do acampamento tinha em mira (5.1-4)?
    b) O que pretendia essa lei ensinar a Israel quanto à morte, ao considerar os cadáveres coisa imunda (Romanos 5.12)?
    c) Indique o duplo propósito da lei sobre o ciúme.
7   a) Quais eram as três exigências do voto nazireu?
    b) Mencione três personagens bíblicas que foram nazireus.
    c) Qual é a verdade ou lição principal que o voto nazireu ensina?
8   Que significado tinha invocar ou "pôr o nome" do Senhor sobre seu povo (Números 6.27; Deuteronômio 28.10; Daniel 9.18,19; Provérbios 18.10)?
9   a) Por que se dedica tanto espaço em Números à oferta dos príncipes?
    b) Por que motivo se fazia oferta, segundo o capítulo 7?
10 Que lição podemos derivar do relato da primeira celebração da Páscoa?

11 Extraia três lições de 9.15-23 acerca da direção divina.
12 Relacione o toque das trombetas com a pregação do evangelho. (Ver 1Tessalonicenses 1.8 na Bíblia de Jerusalém; 1Coríntios 14.8.)

II. A VIAGEM DO SINAI A CADES-BARNEIA. Capítulos 10.11–12.16

A. A partida de Israel; Hobabe. Capítulo 10.11–36

Que quadro impressionante! Israel, uma nação de mais de 2 milhões de pessoas, começou a marcha em perfeita ordem militar, cada tribo em seu posto, as bandeiras no alto e todos conduzidos pela nuvem.

Moisés convidou seu cunhado para ser o guia de Israel. Hobabe conhecia bem o deserto e sabia onde estavam os mananciais, os oásis e os melhores lugares para acampar. Mas por que Israel necessitava de um guia, se a nuvem já vinha realizando esse trabalho? Respondemos com duas perguntas: Por que o cristão necessita do conselho do homem experimentado no caminho se ele tem o Espírito Santo para guiá-lo? Acaso Deus não nos dá a oportunidade de exercer nosso juízo nos detalhes da vida, embora nos guie nas decisões importantes?

O convite mencionava dois motivos pelos quais Hobabe devia unir-se a Israel: "[E] te faremos bem; porque o Senhor falou bem sobre Israel" (10.29), e "de olhos nos servirás" (v. 31). O primeiro apelava para o próprio interesse de Hobabe, e o segundo para seu desejo de ser útil, de fazer algo grande para o bem de outros. Não se assemelha ao convite cristão feito ao incrédulo? Conquanto Hobabe não o tenha aceitado no princípio, evidentemente mudou de ideia e acompanhou Israel, porque encontramos referência a seus descendentes em Canaã na época dos juízes (Juízes 1.16; 4.11).

B. O descontentamento do povo e o desânimo de Moisés. Capítulo 11

1. As murmurações. Dentro em breve Israel desviou seu olhar de Deus e começou a queixar-se no deserto. Sem dúvida os hebreus sofriam por causa do sol abrasador, das privações e dos perigos, mas isso justificaria a ingratidão, a irritação e o espírito rebelde? Como se esqueceram depressa da dura escravidão do Egito e do milagroso livramento operado por Deus! Encontra-se em parte a causa do descontentamento em 11.4. "E o vulgo" (a Bíblia de Jerusalém o traduz "a turba") seriam os asiáticos sujeitos à servidão como os hebreus. Aproveitaram a ocasião do êxodo para escapar do Egito (Êxodo 12.38). Como os mundanos que estão na igreja de hoje, os estrangeiros ainda cobiçavam as coisas do Egito porque seu coração estava lá. Fomentaram, sem dúvida, o descontentamento em muitos dos episódios da passagem pelo deserto.

As murmurações descritas em Números são oito. Começam nesta seção com queixas nos extremos do arraial, depois lamentações no próprio acampamento, e finalmente críticas da parte dos líderes mais fidedignos, Arão e Miriã. Cada vez se destaca Moisés como o intercessor abnegado.

2. A falta de carne e a pesada carga de Moisés. Aqui vemos Moisés como servo de Deus vencido pelo excessivo trabalho e pela frustração de não poder satisfazer às necessidades do povo. Já se julga impotente, cansado, impaciente com o povo e desejoso de deixar seu encargo. Muitos dos mais nobres homens de Deus têm tido, às vezes, a mesma experiência.

Deus solucionou o problema de Moisés comunicando seu Espírito aos 70 anciãos a fim de que eles pudessem levar algo da carga que Moisés vinha levando sozinho. Eles profetizaram. Daria-se o caso de que falassem em outras línguas como os 120 discípulos no cenáculo? Quando Eldade e Medade profetizaram, Josué preocupou-se com a posição de liderança de Moisés. Mas o nobre líder não sentia nenhuma inveja ou temor de que outro lhe tomasse o lugar. Seu único desejo era que a obra do Senhor prosperasse. Sua resposta (11.29) foi profética e se cumpriu no dia de Pentecostes (Joel 2.28; Atos 2.16).

Novamente Deus trouxe, por meio de um vento, codornizes que caíram exaustas no arraial. Os israelitas, em sua avidez, provavelmente comeram a carne crua, e muitos morreram da praga que sobreveio. De igual maneira, se persistirmos em pedir coisas materiais que desejamos sem consultar a vontade de Deus, ele às vezes nos concede essas petições, porém sofremos as consequências espirituais: "E ele satisfez-lhes o desejo, mas fez definhar a sua alma" (Salmos 106.15).

C. As críticas de Miriã e Arão. Capítulo 12

É muito desagradável a um líder encontrar deslealdade entre seus seguidores, mas é gravíssimo quando os desleais são os subalternos mais chegados a ele. Diz-se que Miriã foi a instigadora da crítica, pois somente ela foi castigada (12.10). Embora Miriã e Arão falassem contra Moisés por causa da mulher estrangeira com quem ele se casara, o motivo verdadeiro encontra-se em 12.2. Não estavam contentes com ocupar o segundo posto em Israel; à semelhança de muitos perturbadores, esqueceram-se de que Deus os observava.

Moisés era muito humilde e não se defendeu. Estava tão ocupado servindo a Deus que não prestou atenção aos ataques desferidos contra ele próprio. Sempre se manifestou zeloso por defender a honra do Senhor, mas deixava que Deus vingasse a sua causa. Primeiro o Senhor falou no tabernáculo a Arão e a Miriã, indicando-lhes que Moisés era superior a todos os demais profetas (12.6-8). O grande líder era "fiel em toda a minha casa", ou seja, em governar a nação escolhida. Deus não falou por meio de visões ou sonhos como falava a outros profetas, mas falou-lhe "face a face", isto é com intimidade, como um amigo fala a outro (Êxodo 33.11). Somente Moisés viu a "semelhança do Senhor" não como uma forma divina, mas como "alguma evidência inequívoca de sua presença gloriosa"[4] (Êxodo 33.20-23), pois Deus é espírito, invisível e sem forma (Deuteronômio 4.12,15; João 1.18; Colossenses 1.15). A seguir, Deus feriu Miriã com a lepra. A intercessão de Moisés foi recompensada com a cura de Miriã, porém ela teve de ser expulsa do arraial por sete dias, como uma advertência do quanto é grave criticar os servos do Senhor (2Pedro 2.10-12; Salmos 105.15; Hebreus 13.7).

III. O FRACASSO EM CADES-BARNEIA DEVIDO À INCREDULIDADE. Capítulos 13–15

Depois de viajar 320 quilômetros através de passagens escarpadas, montanhas e elevadas mesetas do deserto de Parã, os israelitas chegaram a Cades, na fronteira de Canaã. Deus confirmou seu propósito de dar-lhes a terra. Tudo o que tinham de fazer era conquistá-la e

---

[4] Jamieson; Fausset; Brown, op. cit., p. 133.

tomar posse dela. Foi a hora crítica na história de Israel no deserto. Demonstrou que os hebreus não estavam preparados para apropriar-se da promessa de Deus. Fracassaram por sua incredulidade e tiveram de permanecer mais trinta e oito anos no deserto. É um dos relatos mais dramáticos da Bíblia e repleto de lições espirituais.

A. Os espias exploram a terra. Capítulo 13

1. A missão dos espias. Capítulo 13.1-25. Ao comparar Deuteronômio 1.22-23 com o relato de Números, vê-se que o envio dos espias teve sua origem no pedido do povo a Moisés. Não estavam seguros de que Canaã fosse um país de abundância, como Deus havia dito. Temiam a guerra e queriam saber se seria possível conquistar Canaã. Não confiavam nas reiteradas promessas de Deus de que ele lhes daria a terra. Moisés não discerniu o verdadeiro motivo desse pedido e lhe pareceu bem. O Senhor concedeu aos israelitas sua petição com o fim de manifestar o que estava no coração do povo. Assim é às vezes; Deus nos permite fazer nossa vontade, ainda que seja para nosso mal.

2. O relatório dos espias. Capítulo 13.26-33. Conquanto os dez espias tenham admitido que a terra manava leite e mel, apressaram-se a falar sobre os grandes obstáculos, sobre as cidades fortificadas e sobre os gigantes. Haviam visto o que pensaram que veriam, e o relataram com crescente pessimismo. De igual maneira aumentou o terror dos israelitas ao ouvirem o relatório. Calebe acalmou o povo com palavras de ânimo e fé. Não negou o que os dez espias disseram, mas colocou sua esperança no que Israel podia fazer com a ajuda de Deus. Para ele e Josué não se tratava de Israel contra os gigantes, mas de Deus contra os gigantes. Contudo os dez espias os contradiziam. Excluíam a Deus e exageravam seu relatório original. Agora todos os cananeus eram gigantes, na opinião deles. Não poderiam conquistar Canaã, diziam.

B. A reação de Israel e o juízo de Deus. Capítulo 14

1. A rebelião de Israel. Capítulo 14.1-10. Os israelitas preferiram aceitar o critério dos dez espias a depositar sua fé no Deus invisível. Que quadro vergonhoso o dos israelitas, dando gritos de desespero e chorando a noite inteira! Quiseram nomear outro líder e voltar para o Egito. Reconheceram que o Senhor os havia conduzido até ali, mas chegaram ao auge dizendo que ele os havia trazido a uma armadilha para matar os homens a espada e fazer suas mulheres e filhos escravos dos cananeus.

Pensaram no perigo de guerrear, mas não no de voltar ao Egito sem Moisés, sem a nuvem, sem o maná e sem a proteção do Senhor! Como os receberiam os egípcios? Poderiam aguentar novamente o jugo da servidão? Se há dificuldades no caminho do cristão, quanto mais haverá no daquele que volta atrás.

Os quatro fiéis procuraram dissuadir os rebeldes de seu erro. Josué argumentava: "O Senhor é conosco; não os temais" (v. 9). Mas a multidão deu rédea solta à sua paixão e falou de apedrejá-los. Naquele momento, Deus interveio, mostrando sua glória no tabernáculo.

2. A intercessão de Moisés. Capítulo 14.11-19. Este trecho ilustra como a intercessão de um homem de Deus pode salvar uma nação de ser destruída. Os argumentos de Moisés baseavam-se na reputação de Deus e em sua insondável misericórdia. O grande mediador pediu a Deus que manifestasse seu caráter e poder perdoando ao povo.

A palavra *jesed*, traduzida por "beneficência" e "benignidade" nos versículos 18 e 19, é de grande significado. Expressa lealdade, fidelidade, amizade e constância. Deus é fiel a seu pacto e a suas obrigações. Encontra-se esta palavra mais ou menos 250 vezes no Antigo Testamento.

3. Perdão e castigo. Capítulo 14.20-38. Conquanto Deus tenha perdoado a Israel, também o disciplinou. Queria ensinar-lhes "que mau e quão amargo é deixares ao Senhor, teu Deus" (Jeremias 2.19). Os dez espias morreram e o povo foi condenado a peregrinar quarenta anos no deserto, um ano para cada dia da exploração de Canaã. Todos os homens maiores de 20 anos morreriam no deserto, salvo os dois espias fiéis.

Era a incredulidade de Israel que o impedia de conquistar Canaã e o excluía da terra prometida. Não estavam em condições de tomar posse dela. Se tivessem entrado com semelhante incredulidade, teriam sofrido uma horrível matança. "Vede, irmãos, que nunca haja em qualquer de vós um coração mau e infiel, para se apartar do Deus vivo [...]. Hoje, se ouvirdes a sua voz, não endureçais o vosso coração, como na provocação" (Hebreus 3.12,15).

4. A vã tentativa dos israelitas. Capítulo 14.39-45. Os israelitas arrependeram-se de sua rebeldia e trataram de conquistar Canaã por suas próprias forças, porém já era tarde. Haviam perdido a oportunidade de apossar-se da terra, e somente lhes restava a lúgubre perspectiva de peregrinar mais trinta e oito anos no deserto.

C. Preceitos diversos. Capítulo 15

Talvez as leis do capítulo 15 tenham sido dadas pouco depois de o Senhor haver decretado que a incrédula geração hebreia, a qual se havia recusado a entrar em Canaã, morresse no deserto. Os preceitos referentes aos sacrifícios que haviam de ser oferecidos quando Israel entrasse em Canaã (15.1-21) animariam os hebreus jovens a crer que a nação se apropriaria da terra prometida.

A provisão para expiar as faltas inadvertidas (15.22-29) contrasta acentuadamente com o castigo severo do pecado consciente (15.30,31). Talvez os israelitas arrependidos da incredulidade em Cades-Barneia tivessem perdido a esperança de poder agradar a Deus. O Senhor animou-os, recordando-lhes a misericórdia que podia ser obtida mediante sacrifícios que expiassem pecados cometidos por ignorância (Levítico 4 e 5). Toda desobediência, ainda que não intencional, era pecado, mas, se não fosse deliberada, podia ser expiada. Por outro lado, o israelita e também o estrangeiro radicado em Israel que com plena consciência "injuriasse ao Senhor", desprezando sua Palavra e quebrando o seu mandamento, seria destruído. O castigo do homem que foi encontrado ajuntando lenha no dia de descanso servia de exemplo e advertência de quão grave é à vista do Senhor o pecado intencional (15.32-36).

As franjas que os israelitas tinham de fazer nas bordas de seus vestidos serviam para lembrar-lhes que deviam obedecer aos mandamentos do Senhor e não andar segundo a vontade humana. A obediência a Deus havia de ser a característica distintiva de Israel. O que pode fazer o cristão para não se esquecer da redenção divina e da importância de cumprir a vontade de Deus?

PERGUNTAS
A viagem do Sinai a Cades-Barneia. O fracasso em Cades-Barneia. Capítulos 10.11–15.41

1. a) Quais eram os que promoviam descontentamento entre os israelitas (11.4; Êxodo 12.38)?
   b) Por que ardeu tanto a ira do Senhor (Salmos 78.18-20)?
   c) Em sua opinião, qual seria um possível paralelo espiritual com os alimentos e condimentos do Egito, dos quais o israelitas tinham "grande desejo"?
   d) Quais eram os dois problemas que a Moisés pareciam irremediáveis?
   e) Como Deus os solucionou?
   f) Que indício da humildade de Moisés vemos no capítulo 11?

2. a) Qual foi o aparente motivo da crítica de Miriã e Arão (12.1)? E a verdadeira razão (12.2)?
   b) Como deve comportar-se um homem de Deus diante das críticas? Como Moisés reagiu ante a crítica (1Pedro 2.23)?
   c) Que testemunho Deus deu acerca de Moisés (Hebreus 3.1-6)?
   d) Por que Deus castigou tão severamente Miriã?

3. a) De acordo com Deuteronômio 1.22,23, onde se originou a ideia de enviar espias para explorar Canaã? Por que fizeram tal pedido?
   b) Quais eram as características de Canaã?
   c) Que fator Josué e Calebe levaram em conta e que os dez espias restantes ignoraram? (Escreva também a referência bíblica.)

4. a) Que condição de coração manifestaram os israelitas em sua reação ante o relatório dos dez espias?
   b) Que lição prática você deriva desse episódio? Como reagimos diante de obstáculos no caminho para a terra da promissão (Filipenses 3.13,14; Atos 20.22-24)?
   c) O que nos ensina o capítulo 14 acerca da incredulidade? (Ver 1Coríntios 10.5; Hebreus 3.7-12; Judas 5.)

5. a) Sobre que bases Moisés formulou sua intercessão? Ele apresenta aqui alguma razão que não se encontra em sua intercessão no episódio do bezerro de ouro (Êxodo 32.11-13)?

b) Por que Deus castigou Israel depois de haver-lhe perdoado?
c) Qual foi o castigo de Israel?
d) Indique como o castigo de Israel foi em realidade um ato de misericórdia divina.

IV. CONTROVÉRSIA ACERCA DA AUTORIDADE. Capítulos 16, 17, 19

A. A rebelião de Corá. Capítulo 16

1. O motivo da rebelião. A contestação de Corá à autoridade religiosa de Arão e o desafio de Datã e Abirão ao governo de Moisés constituem uma das ameaças mais sérias que os líderes tiveram de enfrentar porque abrangia dois aspectos: religioso e político. Corá era levita e parece que cobiçava o sacerdócio (16.10). Datã e Abirão, por serem descendentes de Rúben, primogênito de Jacó, pensavam que a autoridade civil pertencia a eles. As duas facções formaram uma aliança político-religiosa e conseguiram o apoio de 250 príncipes de Israel. Denunciavam que Moisés e Arão haviam-se apegado aos postos de autoridade por tempo indefinido e argumentavam: "Por que haviam de ser esses ofícios conferidos aos dois irmãos? Acaso não era toda a congregação santa? E não poderiam outros, tanto quanto eles, gozar da presença de Deus?".

Certamente toda a nação era santa, consagrada a Deus (Êxodo 19.6), mas os rebeldes voltaram as costas para o fato de o Deus de Israel haver escolhido Moisés e Arão para desempenhar os dois cargos principais e, portanto, a rebelião era contra o próprio Deus (16.11). Datã e Abirão descreveram o Egito como uma "terra que mana leite e mel" (16.13), e esta zombaria demonstra sua falta absoluta de reverência.

2. A prova. Moisés não fez esforço algum para justificar sua posição nem a de Arão. Não recordou aos israelitas o que havia feito por eles nem falou de seus abnegados labores, mas levou o problema diretamente a Deus em oração. A prova que Moisés a seguir propôs permitia que fosse Deus quem indicasse quais eram os detentores do sacerdócio e da autoridade. O terrível juízo divino sobre os rebeldes demonstra o quanto é grave levantar-se contra as autoridades que Deus pôs sobre a congregação.

Não devemos interpretar a frase "desceram vivos ao sepulcro" (16.33) como que tenham chegado em forma corporal ao lugar subterrâneo onde residiam os espíritos dos mortos. Significa que foram sepultados vivos (16.32). Os "homens que pertenciam a Corá", que foram tragados pela terra (16.32), provavelmente eram servos de Corá; não os filhos de Corá, porque números 26.11 diz: "Mas os filhos de Corá não morreram".

Evidenciou-se a má atitude da congregação de Israel durante a prova efetuada por Moisés no dia seguinte. Aparentemente, muitos israelitas se desviaram pelas palavras insolentes dos amotinados contra Arão e Moisés. Sua cegueira e obstinação chegaram ao cúmulo de culpar Moisés pelo castigo terrível dos rebeldes. Deus interveio para ensinar-lhes a respeitar seus servos, e o triste resultado foi que 14.700 pessoas morreram em uma praga. Arão assemelha-se a Jesus Cristo, o grande Mediador, ao colocar-se "entre os mortos e os vivos; e cessou a praga" (16.48).

Perdoar, mantendo vivos os filhos de Corá, demonstrou a insondável graça divina. Embora tenham sido excluídos do sacerdócio, seus descendentes chegaram a ocupar postos de honra no serviço do santuário. Um deles, Samuel, foi um destacado profeta e último juiz de Israel (1Crônicas 6.33). Atribuem-se vários salmos aos filhos de Corá. Isso revela que, no Reino de Deus, apesar dos fracassos dos pais, a pessoa pode chegar ao auge do êxito e da honra.

3. Lições práticas. O pecado de Corá encontra-se às vezes na igreja. Há cristãos que não querem submeter-se às autoridades constituídas por Deus. Raciocinam assim: Considerando que todos os cristãos são santos e formam um "sacerdócio real" (1Pedro 2.9), não é necessário dar atenção aos pastores ou a outros líderes. Alguns chegam ao extremo de ignorar a igreja, considerando-a desnecessária e antiquada.

O relato da rebelião de Corá lança luz sobre a maneira pela qual os servos de Deus devem atuar em semelhantes situações:

a) O líder recordará que foi eleito por Deus e que o ataque é contra a autoridade que Deus estabeleceu na igreja (Efésios 4.7-11).

b) Uma atitude de deslealdade ou rebeldia notada na congregação não deve ser determinante para a decisão do líder. Pode ser conveniente que ele se retire, mas há casos em que deve permanecer firme e confiar no apoio divino.

c) Deve recorrer a Deus e não procurar defender-se, não usar de astúcia nem de violência. Deus vindicará a seus servos e condenará toda língua que se levante contra eles em juízo (Isaías 54.17). Alguém observou: "Há somente uma coisa pior do que não ter razão: é ter razão acompanhada de um espírito mau".

d) O verdadeiro servo de Deus sentirá compaixão pelos que se opõem a ele. Moisés exortou Corá e os levitas, advertindo-os de seu erro. Embora Moisés se mostrasse muito humano em sua reação aos líderes intratáveis (16.15), depois teve pena da congregação rebelde e procurou salvá-la do juízo de Deus (16.42-46).

B. A prova das varas. Capítulo 17

Conquanto Deus já tivesse dito que somente a família de Arão e seus descendentes serviriam como sacerdotes (16.40), deu a Israel prova adicional da superioridade da tribo de Levi e da família de Arão em assuntos religiosos: a vara de Arão floresceu. A vara era tida por símbolo de autoridade e preeminência, um cetro. Posto que a vara não podia reverdecer por si própria, a prova demonstrou que o sacerdócio de Arão não se baseava em seus dons naturais, mas na eleição divina. A vara foi colocada no tabernáculo para lembrar continuamente aos hebreus que a vontade de Deus é soberana quanto ao sacerdócio.

C. I. Scofield, em sua versão anotada da Bíblia, traça a semelhança entre o florescimento da vara de Arão e a ressurreição de Jesus Cristo. Destaca que a ressurreição foi a prova divina de que Cristo é o Sumo Sacerdote escolhido por Deus. A autoridade do sacerdócio de Arão havia sido negada na revolta de Corá, portanto Deus mesmo a confirma (17.5). Cada um dos chefes de tribo levou uma vara completamente seca; Deus deu vida somente à vara de Arão. Da mesma maneira, todos os fundadores de religiões morreram, e Cristo também entre eles; mas somente ele ressuscitou dentre os mortos e foi exaltado para ser Sumo Sacerdote (Hebreus 4.14; 5.4-10).

C. A purificação do acampamento. Capítulo 19

Considerando que uma multidão de pessoas morreram por causa da rebelião de Corá, e os meios comuns para remover a contaminação resultante de tocar em cadáveres não eram provisão suficiente, o Senhor proveu um sacrifício especial para purificar o acampamento. Os israelitas haviam de lavar-se segundo as regras de purificação. Preparou-se a água da purificação misturando nela as cinzas da novilha ruiva; a cerimônia foi, em alguns aspectos, semelhante à da purificação do leproso. O escritor da carta aos Hebreus alude a este fato quando menciona a "cinza e uma novilha" (9.13). Isso encerra um claro simbolismo. Como as cinzas da novilha ruiva limpavam cerimonialmente o israelita contaminado, assim o sangue de Jesus satisfaz a justiça divina, limpa a consciência do pecador e o reconcilia com Deus.[5]

V. EXPERIÊNCIAS NA VIAGEM PARA MOABE. Capítulos 20-25

A. O pecado de Moisés e Arão. Capítulo 20.1-13

1. A ocasião. Acredita-se que o acontecimento no qual Moisés e Arão pecaram aconteceu no último ano da peregrinação de Israel. No mesmo ano morreram Miriã, Arão e Moisés.

Parece que o termo Cades se refere a toda uma região, e não a uma área pequena. Não havia água que beber e surgiu aquele espírito de murmuração que havia sido o pecado da geração anterior. Ao ver nos filhos o mesmo espírito que vira nos pais, Moisés ficou amargurado. À semelhança de Jeremias, poderia ter dito: "Em vão castiguei os vossos filhos; eles não aceitaram a correção" (Jeremias 2.30).

2. O pecado. Qual foi a falta que Moisés cometeu? Salmos 106.32,33 diz que os israelitas o deixaram indignado e "irritaram o seu espírito, de modo que falou imprudentemente com seus lábios". Deus lhe havia dado a instrução de falar à rocha da qual sairia a água, porém Moisés perdeu a paciência e irou-se. Em vez de falar à rocha, falou com ira ao povo e, a seguir, feriu a rocha duas vezes. Não somente

---

[5] SMICK, Elmer. Numbers. In: PFEIFFER, Charles F.; HARRISON, Everett F. (redatores). **The Wycliffe Bible Commentary.** 1972. p. 137.

desobedeceu a Deus, mas se arrogou o poder de operar milagres, dizendo: "Tiraremos água". Não santificou a Deus (27.14).

Deus denominou essa atitude de Moisés de incredulidade e rebelião (20.12; 27.14). Já não tinha a mesma paciência com o povo e compaixão por ele, como havia tido. Fracassou em seu ponto mais forte: sua mansidão. Arão abrigou a mesma atitude, de maneira que Deus lhes deu o mesmo castigo imposto ao restante daquela geração. Não foi um castigo demasiado duro por um único ato de desobediência? Como o broto de uma planta revela se há raiz sob a superfície, a impaciência de Moisés demonstrou que ele já não era apto para introduzir Israel na terra. Deus suscitaria outro líder para fazê-lo. Arão morreu dentro de pouco tempo e Moisés chegou apenas até a fronteira de Canaã.

B. Edom não permite a passagem. Capítulo 20.14-21

Edom negou a Israel a passagem por seu território, provavelmente porque considerava perigoso para sua segurança nacional a entrada de uma multidão tão grande. Ao dizer "teu irmão Israel" (20.14), Moisés usou o argumento de parentesco de raças que certamente existia, visto que haviam sido os irmãos gêmeos Esaú e Jacó os antepassados de Edom e de Israel, respectivamente (Gênesis 25.23; 36.1-9). Desde o princípio existiu inimizade entre os dois, e amiúde Edom era condenado pelos profetas (Isaías 34.1-17; Jeremias 49.7-22; Ezequiel 25.12-14; 35.1-15).

C. A serpente de bronze. Capítulo 21.4-9

Visto que os edomitas se negaram a dar passagem a Israel, os israelitas tiveram de rodear a terra de Edom, tomando uma rota longa em um "grande e terrível deserto" (Deuteronômio 8.15). Desanimados pelas dificuldades da viagem, os israelitas voltaram a murmurar. Deus castigou-os, enviando serpentes ardentes e venenosas que morderam o povo. Ainda na região de Elate, ao norte do golfo de Acaba, encontram-se víboras venenosas com manchas de cor vermelha. De imediato os israelitas se aperceberam de seu pecado e pediram a Moisés que intercedesse por eles. O antídoto indicado por Deus foi a serpente de bronze.

Jesus Cristo referiu-se a esse acontecimento como semelhante à sua obra na cruz (João 3.14-16). Mas como é que a serpente, símbolo de Satanás e do mal, pode ser símbolo de Jesus Cristo? Na realidade, não é uma figura de nosso Senhor, mas do pecado carregado sobre Cristo na cruz (2Coríntios 5.21). A imagem da serpente morta e impotente, levantada na haste, simboliza a destruição do pecado e do castigo da lei (Colossenses 2.14,15).

À vista de Deus, o homem está envenenado e agoniza no deserto deste mundo. Mas o inimigo foi destruído na cruz e o aguilhão do pecado foi retirado (1Coríntios 15.55,56). Um olhar de fé ao doador da saúde e da vida traz o remédio espiritual.

D. Vitórias militares de Israel. Capítulo 21.1-3,21-35

Conquanto Israel não procurasse a guerra, devia enfrentar os ataques dos cananeus e amorreus. Ao ser atacado pelo rei de Arade, que se situava ao sul do mar Morto, Israel buscou a ajuda do Senhor e prometeu destruir completamente as cidades do inimigo. Deus concedeu a vitória a Israel, e os israelitas cumpriram a promessa. O uso da maldição ensina que essa era uma guerra santa, e todo aquele que se opunha a Deus estava debaixo de seu juízo.

Proibia-se a Israel travar guerra contra os moabitas e amonitas, pois eram descendentes de Ló e, portanto, parentes dos hebreus (Gênesis 19.30-38). Não obstante, quando os reis Seom e Ogue negaram passagem a Israel e enviaram exércitos para combatê-los, os israelitas os derrotaram e se apossaram do território palestino ao oriente do rio Jordão, desde o rio Arnom ao sul até o norte, uma distância de aproximadamente 180 quilômetros. A derrota de Seom e Ogue era o começo da conquista da terra prometida, pois Deus queria que seu povo habitasse ambos os lados do Jordão. Os cananeus encheram-se de terror ao saber que o Senhor lhes tiraria Canaã para a seguir entregá-la aos israelitas (Josué 2.9).

E. Balaão. Capítulos 22-25

1. Quem é Balaão? Balaão era de Petor, na Mesopotâmia, perto do rio Eufrates (22.5). Seus poderes sobrenaturais eram altamente estimados pelos moabitas e pelos midianitas (22.6). É um dos mais misteriosos e estranhos personagens da Bíblia. Era profeta de Deus ou meramente um adivinho em cuja boca o Senhor colocou suas palavras? Tinha certa comunhão com Deus (22.8-12), sabia algo da justiça divina (Miqueias 6.5) e algo sobre a vida além-túmulo (23.10), ouvia os ditos de Deus, via "a visão do Todo-poderoso" (24.4) e não falaria o que Deus não lhe dissesse (22.18). Por outro lado, parece que às vezes buscava agouros ou sinais a respeito do futuro (24.1). Daí se infere que tinha dom de profecia, mas seu conhecimento de Deus estava obscurecido, em certa medida, pelos conceitos pagãos.

2. Balaão vacila. Capítulo 22. Balaque temia os israelitas, conforme acordo com os midianitas, enviou a Balaão a mensagem de que viesse a fim de amaldiçoar Israel. Assim também muitas vezes o adversário procura encontrar um cristão com o intuito de usá-lo contra o avanço do povo de Deus. No princípio, Balaão se nega a ir com a delegação de Balaque porque Deus lhe havia proibido amaldiçoar Israel, pois era o povo bendito. Contudo, ao ver a segunda delegação composta de personagens importantes, de novo perguntou a Deus, pois desejava amaldiçoar Israel para receber o pagamento de Balaque. Desta vez Deus lhe deu permissão para acompanhar os mensageiros do rei, mas sob a condição de que faria o que o Senhor lhe ordenasse.

Surgem algumas perguntas quanto ao incidente em que o anjo do Senhor estorvava a viagem do profeta. Mudara Deus de ideia ao permitir que Balaão acompanhasse a segunda delegação moabita quando o havia advertido de que não fosse com a primeira? Depois, será que Deus se arrependera de haver-lhe dado permissão e por isso enviou o anjo para detê-lo? A resposta encontra-se em 23.19. Parece que não era a vontade diretiva de Deus que Balaão fosse com eles, mas tão só a sua vontade permissiva. Provavelmente ele permitiu que Balaão acompanhasse os moabitas para demonstrar a Balaque o caráter singular de Israel e o poder divino para frustrar toda adivinhação contra o povo de Deus. Balaão foi repreendido porque interpretou a permissão divina de ir com os príncipes como se fosse permissão de amaldiçoar Israel. Ele foi motivado pelo dinheiro de Balaque.

Em segundo lugar, como é possível que a jumenta de Balaão falasse? O animal não é capaz de falar nem de raciocinar. É evidente que foi um milagre de Deus. Se Satanás podia falar por meio da serpente no Éden, acaso Deus não pode falar por uma jumenta? Em todo o incidente, Deus ensina a Balaão que só lhe é permitido falar o que ele próprio transmite.

3. As profecias de Balaão. Capítulos 23 e 24. Balaão profetizou quatro vezes prognosticando a prosperidade futura de Israel e a destruição de seus inimigos. As profecias de Balaão são as seguintes:

a) Israel não era apenas uma nação entre outras muitas nações, mas "um povo que habita à parte" (Bíblia de Jerusalém). Gozaria da grande bênção de ter uma descendência numerosa (23.7-10).

b) Deus é imutável e não muda de ideia como fazem os homens, portanto abençoaria a Israel dando-lhe força irresistível para derrotar seus inimigos. Deus não via o mal em Israel, pois via os israelitas por meio do pacto, e as maldições e adivinhações não surtiriam efeito contra o seu povo (23.18-24).

Os cristãos podem lançar mão das promessas de Números 23.21 e 23. Deus vê seu povo não tal como é, mas por meio da justiça provida por seu Filho. Com os justos, as maldições dos espíritas e adivinhos não têm poder.

c) Israel se estenderia amplamente e obteria domínio irresistível sobre as nações inimigas (24.3-9).

d) Levantaria-se em futuro longínquo um rei brilhante em Israel que conquistaria Moabe e Edom. Amaleque seria arruinado eternamente e inclusive a Síria pereceria (24.15-24).

A quem se refere a "estrela que procederá de Jacó" e o "cetro que subirá de Israel"? Muitos estudiosos da Bíblia creem que o rei Davi cumpriu essa profecia, pois ele conquistou Moabe e Edom (2Samuel 8.2,14). Outros estudiosos julgam que a profecia se refere primeiro a Davi e depois ao Messias, Jesus Cristo. Nesse contexto a "estrela" significa um governador brilhante. Comenta uma nota da Bíblia de Jerusalém: "A estrela é, no antigo Oriente, sinal de um Deus e, por consequência, de um rei divinizado". Através dos séculos, a igreja cristã tem interpretado a profecia como messiânica.

4. O ensino de Balaão. Capítulo 25. Ao fracassar em seu intento de prejudicar Israel mediante a maldição, Balaão recorreu a outro estratagema. Aconselhou Balaque a induzir os israelitas a participar das festas religiosas dos midianitas e a cometer fornicação com eles (Apocalipse 2.14). Sabia que Deus julgaria essa falta de santidade e, assim, Balaão conseguiria seu propósito perverso. A ação enérgica de Fineias deteve a mortandade resultante e conseguiu para ele e seus descendentes a promessa do sumo sacerdócio.

5. Lições práticas.

a) Balaão representa o cristão que cumpre a letra da lei, mas viola seu espírito. Não falaria o que Deus não lhe dissesse, mas queria fazer o mal. Quis que Deus mudasse de ideia e lhe permitisse fazer sua própria vontade. Então, não podendo amaldiçoar o povo de Deus por palavra, procurou prejudicá-lo ensinando os midianitas a colocar tropeços diante deles.

b) Balaão é uma amostra do profeta mercenário que deseja negociar com seu dom: "[A]mou o prêmio da injustiça" (2Pedro 2.15).

c) Balaão, em seu trato com os midianitas, exemplifica a má influência dos mestres insinceros, que procuram fazer avançar a causa da igreja aconselhando-a a fazer aliança com o mundo e os mundanos (31.16; Apocalipse 2.14).

d) O relato de Balaão ilustra o quanto é vazio em uma pessoa o conhecimento de Deus se não estiver acompanhado do sincero desejo de obedecer-lhe. Balaão desejava morrer a morte dos retos, mas não queria viver uma vida reta. Em consequência, morreu nas mãos dos israelitas na guerra contra Midiã (31.8).

e) Ensina-nos que nada pode prevalecer contra os propósitos de Deus nem contra seu povo. Além disso, Deus faz que a ira do homem o louve (Salmos 76.10).

PERGUNTAS
Controvérsia acerca da autoridade. Experiências na viagem para Moabe. Capítulos 16, 17; 19–25

1. a) Por que foi gravíssima a rebelião descrita no capítulo 16?
   b) Quais foram os argumentos dos rebeldes contra a autoridade espiritual de Arão e de Moisés? Explique (16.13,14).
   c) O que havia de mal em seus argumentos? (Ver Hebreus 5.4; 2Coríntios 10.18.)
   d) Qual era o verdadeiro motivo de cada partido dos rebeldes?

2 Como reagiu Moisés?
3 a) Por que Deus ameaçou destruir toda a congregação (16.19)? Que lição isso nos ensina?
   b) Por que Deus castigou tão severamente os rebeldes? (Pense no que teria acontecido se os rebeldes tivessem êxito.)
4 a) Como os israelitas interpretaram a destruição dos rebeldes? O que isso nos ensina acerca do coração dessa gente?
   b) Note como Arão atuou na qualidade de mediador. Por que atuava tão vigorosamente em algumas ocasiões (Êxodo 11.10; Números 14.5; 16.46-50) e no entanto foi tão fraco no episódio do bezerro de ouro (Êxodo 32.1-6, 21-24)? Examine o fator que lhe infundia coragem. Onde ele encontrava sua força?
5 a) Como Deus confirmou a eleição de Arão como sumo sacerdote (Capítulo 17)?
   b) Que semelhança fica evidente entre a confirmação de Arão como sumo sacerdote e a maneira pela qual Deus confirmou que Jesus era seu eleito?
6 a) Compare o método prescrito por Deus para tirar água da rocha pela segunda vez com o do relato de Êxodo 17.5,6. Que diferença você observa?
   b) Qual foi o pecado de Moisés e Arão? (Note que Moisés fracassou justamente em sua qualidade mais forte; ver 12.3).
   c) Por que Deus foi tão severo com Moisés, privando-o de entrar na terra prometida?
7 a) Por que o Senhor enviou serpentes que mordiam os israelitas?
   b) Para que o remédio pudesse ser eficaz, que disposição deviam ter os israelitas?
   c) O que simbolizava a serpente (João 3.14,15; 2Coríntios 5.21)?
   d) Qual foi a nova maneira de conseguir água? Faça uma aplicação prática.
8 Qual era o significado das vitórias militares de Israel naquele tempo?
9 a) Tinha Balaão o dom de profecia ou era adivinho? Cite algumas razões para apoiar sua resposta.
   b) Note como foi clara a primeira ordem de Deus a Balaão (22.12). Por que Balaão voltou a perguntar a Deus pela segunda vez (22.19)?

c) Qual foi seu erro de conceito quanto ao caráter de Deus (23.19,20)?

d) Qual foi a fraqueza de Balaão? (Indique o versículo do Novo Testamento que o descreve.)

10 a) Se Deus havia dado a Balaão permissão para acompanhar a delegação de Balaque, por que enviou um anjo para detê-lo? (Note o motivo de Balaão e compare-o com 22.12.)

b) Se Balaão houvesse amaldiçoado Israel, teria sido eficaz sua maldição (23.23)? Explique. O que isso nos ensina acerca de maldições pronunciadas contra cristãos?

c) Explique por que Deus não viu iniquidade em Israel (23.21; Gênesis 15.6; Êxodo 12.13).

d) Que profecia Balaão fez que podia ser messiânica? Se não era messiânica, a quem se referia?

e) Tendo fracassado o intento de prejudicar Israel por meio de maldições, a que outro ardil recorreu Balaão? (Ver 31.16; Apocalipse 2.14.)

f) Explique por que Deus recompensou tanto a Fineias por um ato de violência (25.10-13; 1Coríntios 5.1-2,6-7; 2Coríntios 7.11)?

g) Note o desejo de Balaão quanto à sua morte (23.10) e como morreu (31.8). Por que não se cumpriu seu desejo?

VI. PREPARATIVOS PARA ENTRAR EM CANAÃ. Capítulos 26–36

Sabendo que logo Israel entraria em Canaã, Moisés fez alguns preparativos.

A. O segundo recenseamento. Capítulo 26

A geração que havia sido contada no primeiro recenseamento já havia morrido, com exceção de Moisés, Josué e Calebe. Os israelitas fizeram novas listas por motivos militares e em preparação para a partilha de Canaã. O segundo recenseamento indicou que o número total dos israelitas não havia diminuído muito. Havia 2 mil homens a menos que no primeiro censo levantado há trinta e nove anos.

B. Leis sobre heranças. Capítulo 27.1-11

Em caso de não haver herdeiros varões em uma família, as filhas do defunto teriam direito de herdar.

C. Nomeação do sucessor de Moisés. Capítulo 27.12-23

Havia chegado para Moisés o momento de morrer. Quando feriu a rocha duas vezes, Moisés perdeu a paciência, irritou-se e falou com ira, chamando para si a glória. Agora, porém, revelou outro espírito. Submeteu-se ao juízo de Deus sem pensar em si mesmo. Sua única solicitude foi pelo bem-estar do povo e especialmente para que Deus designasse um dirigente que fosse um verdadeiro pastor para o rebanho de Deus (27.16,17).

Por que Moisés não deixou tudo nas mãos de Deus, confiando que os israelitas elegeriam sabiamente seu sucessor? Moisés reconhecia que tanto seu próprio critério como o do povo podiam estar errados. Era uma época crítica, pois Moisés havia ocupado o cargo durante um período muito longo. O povo também tinha uma tarefa muito importante pela frente, isto é, a conquista de Canaã.

Muitos pastores têm falhado neste ponto. Quando o sucessor não é a pessoa adequada para desempenhar o cargo, a igreja não prospera e a obra de anos pode pôr-se a perder.

Moisés não procurou designar como líder um de seus filhos, Gérson ou Eliézer. Não confiava em seu próprio raciocínio para estudar a situação e escolher um homem, mas pediu a direção de Deus. Pediu que Deus pusesse "um homem [...] que saia diante deles, e que entre diante deles", uma expressão hebraica que se aplicava a um homem capaz de começar e terminar com êxito as tarefas que empreendesse. Deus designou a Josué, "homem em quem há o espírito". Stanley Horton explica que isso significa "que tem o Espírito nele" é, cheio do Espírito.[6]

Fazia muito tempo que Josué estava com Moisés, ajudando-o como seu braço direito. Agora ele assumia sua responsabilidade.

Por que era necessário que Eleazar confirmasse a eleição do novo líder Josué? Para dissipar toda dúvida de que a eleição vinha de Deus.

---

[6] HORTON, Stanley. **El maestro.** 2º trimestre, 1967. p. 57.

Moisés honrou a Josué e reconheceu em público que ele era o dirigente escolhido por Deus.

D. Guerra santa contra Midiã. Capítulo 31

Deus mandou Israel considerar Midiã um inimigo e destruí-lo por completo pela sedução de Baal-Peor (31.16). Igualmente, se permitisse a Midiã permanecer, haveria o perigo de que viesse a corromper os israelitas novamente. Era uma guerra santa. Como quem executa uma sentença divina, o Exército ia acompanhado do sacerdote e das trombetas sagradas. Tinha o propósito de inculcar no coração dos hebreus o quanto é grave o pecado da prevaricação contra o Senhor.

A guerra santa teve um lugar importante nos inícios da história de Israel. O Senhor seria soberano e levaria a cabo seus propósitos na história, apesar de toda a oposição. Seria o grande Dirigente dos exércitos de Israel e lhes daria a vitória. Mas uma parte dos cativos e o despojo de guerra lhe pertenciam e haveriam de ser entregues aos sacerdotes e levitas. No caso de Midiã, uma parte da nação escapou e mais tarde veio a ser um grande opressor de Israel (Juízes 6—8).

E. Divisão da Transjordânia. Capítulo 32

A terra de Canaã, prometida por Deus aos patriarcas, tinha por limite oriental o rio Jordão, mas a derrota dos amorreus havia feito os israelitas donos de uma boa porção da Transjordânia, terra rica em pastagens. As tribos de Rúben, Gade e Manassés pediram-na para si, alegando sua grande quantidade de gado. Embora Deus os houvesse livrado do Egito e lhes houvesse prometido herança em Canaã, não estavam dispostos a deixar a escolha de sua terra nas mãos divinas. Moisés permitiu que Rúben, Gade e a meia tribo de Manassés tomassem posse da Transjordânia, na condição de que participassem da conquista de Canaã.

Essas duas tribos e meia receberam uma das porções mais ricas da Palestina, porém seus descendentes pagaram um preço muito elevado. A Transjordânia não dispunha de fronteiras naturais que lhes oferecessem devida proteção contra os invasores. Consequentemente, as outras tribos tiveram de enviar seus exércitos muitas vezes nos séculos seguintes para defender os transjordanianos dos conquistadores estrangeiros (1Samuel 11; 1Reis 22.3). Há intérpretes da Bíblia que entendem que as duas tribos e meia proporcionam um exemplo do que se passa com os cristãos carnais. Satisfazem-se com o livramento da culpa do pecado e não desejam entrar na plenitude do Espírito; por fim, eles são os mais vulneráveis aos ataques do inimigo.

F. Ordens referentes à ocupação de Canaã. Capítulos 33.50–36.13

Prevendo a imediata entrada dos israelitas na terra prometida, Moisés deu-lhes várias ordens. Exortou-os a expulsar completamente os cananeus, pois, se não o fizessem, estes lhes seriam por "espinhos" nos olhos e "aguilhões" nas ilhargas. Nomeou líderes que estariam incumbidos da partilha de Canaã. A divisão seria por sorteio e em proporção ao tamanho das tribos. Os levitas não receberiam nada, visto que teriam de servir a todo o Israel. Não obstante, receberiam 48 cidades disseminadas por Canaã. Três cidades foram designadas para refúgio. Alguém que matasse a outro por acidente poderia encontrar asilo ali. Os assassinos conscientes, por crimes premeditados, não obstante, não seriam aceitos em tais cidades. Haveriam de ser executados, pois se a terra do Senhor se contaminasse com o sangue do inocente, poderia ser limpa unicamente com o sangue do homicida.

Números termina apresentando leis referentes à herança nos casos em que a mulher se casasse com um israelita fora da tribo a que ela pertencia. Para conservar os termos das tribos, as mulheres herdeiras do patrimônio paterno não deviam casar-se fora de sua própria tribo. Assim o livro de Números termina com a expectativa da entrada iminente em Canaã.

PERGUNTAS
Preparativos para entrar em Canaã. Capítulos 26–36

1 Por que se fez de novo o recenseamento de Israel?
2 a) Com que se preocupou Moisés ao saber que logo morreria? Que luz esse fato lança sobre seu caráter?
   b) Como Moisés solucionou o problema?

c) Como foi preparado Josué para ser líder de Israel? (Ver Êxodo 17.9-11; 24.13; 33.11; Números 11.28; 14.6-8.)

d) Derive da passagem 27.12-23 uma lição prática para o pastor que está prestes a sair de sua igreja.

3 a) Cite o motivo pelo qual Deus mandou destruir Midiã.

b) Faça um paralelo com a guerra contra o pecado (Colossenses 3.5-11; Mateus 5.29,30).

c) Que tipo de guerra era a que os israelitas empreenderam contra Midiã?

d) Em certo sentido, essa guerra era uma preparação para outra. Mencione qual era essa outra.

e) Por que Moisés ordenou que os israelitas matassem as mulheres midianitas que tinham cativas?

f) Como os chefes militares reconheceram que o Senhor lhes havia dado a vitória (31.48-54)?

4 a) Por que as tribos de Rúben e Gade pediram a Moisés que lhes desse o território da Transjordânia?

b) O que é censurável em seu pedido (Filipenses 2.21; 1Coríntios 10.24; Salmos 37.3)?

c) Que consequências sofreram os descendentes de Gade e de Rúben?

d) Qual é a grande verdade que Números 32.23 nos ensina acerca do pecado? (Explique-o em suas próprias palavras e cite um exemplo bíblico desse princípio.)

5 a) Mencione algumas instruções finais que Moisés deu aos israelitas a fim de prepará-los para a conquista de Canaã.

b) Por que os levitas não receberiam território em Canaã como as demais tribos? Que privilégio Moisés lhes assegurou?

c) Por que a lei mosaica exigia que o homicida fosse executado?

Capítulo 6
Deuteronômio

INTRODUÇÃO

1. Título e fundo histórico. A palavra *deuteronômio* provém da versão grega e significa "segunda lei" ou "repetição da lei". O livro consiste em sua maior parte nos discursos de Moisés, dirigidos ao povo na fértil planície de Moabe; Israel estava prestes a cruzar o rio Jordão e iniciar a conquista de Canaã, e Moisés estava por terminar sua carreira.

Visto que a primeira geração que saiu do Egito havia morrido e a segunda não havia presenciado as obras maravilhosas de Deus realizadas nos primeiros anos, nem as entendia, Moisés trouxe-as à memória do povo. Também lhes recordou os preceitos da lei do Sinai para que os gravassem no coração, pois esses preceitos os guardariam da iniquidade dos cananeus. Depois Moisés escreveu os discursos em um livro. Portanto, distingue-se dos outros livros do Pentateuco por seu estilo oratório e seu fervor exortativo.

2. Propósitos.

a) Preparar o povo para a conquista de Canaã. Deus havia sido fiel em dar a Israel vitória após vitória sobre seus inimigos. A presença e o poder de Deus eram a garantia de que ele lhes entregaria a terra. Moisés anima-os repetindo 34 vezes a frase: "Entrai e possuí a terra" e adiciona 35 vezes: "A terra que o Senhor teu Deus te deu".

b) Apresentar os preceitos da lei em termos práticos e espirituais para serem aplicados à nova vida em Canaã.

c) Dar a Israel instruções e advertências quanto aos detalhes da conquista, aos requisitos dos futuros reis, como distinguir entre profetas verdadeiros e profetas falsos, as bênçãos que a obediência traz e os malefícios da desobediência.

d) Estimular lealdade ao Senhor e à sua lei. Pode-se dizer que o ensino de Deuteronômio é a exposição do grande mandamento, "Amarás, pois, o Senhor, teu Deus, de todo o teu coração, e de toda a tua alma, e de todo o teu poder" (6.5).

3. Conteúdo. Deuteronômio é muito mais que a mera repetição da lei. Explicam-se os privilégios e as responsabilidades do povo escolhido e sua relação com o Senhor. O Senhor é o único Deus (4.35; 6.4), o "Deus fiel, que guarda o concerto e a misericórdia até mil gerações aos que o amam" (7.9). Israel é o povo escolhido de Deus em virtude da aliança que fez com eles no Sinai. Israel é um reino de sacerdotes e nação santa (Êxodo 19.6). Os israelitas herdarão todas as promessas feitas a seus pais. Considerando que Israel é o único povo com quem o Senhor estabeleceu concerto, deviam reverenciá-lo e amá-lo (4.10; 5.29; 6.5; 10.12; 11.1,13,22). Por meio do pacto, Israel gozava dos privilégios mais sublimes.

Chama-se Deuteronômio de "O livro das recapitulações", pois Moisés recapitula a história de Israel no deserto, acentuando que o Senhor sempre foi fiel à sua aliança, embora Israel tenha sido infiel. Encontra-se repetida muitas vezes no livro a ordem "lembra-te", ou seu equivalente. O lembrar-se da bondade de Deus no passado deve estimular a gratidão de seu povo. Assim se expressou o apóstolo: "Nós o amamos porque ele nos amou primeiro" (1João 4.19).

Ademais, Moisés exorta Israel a que observe estritamente os mandamentos do Senhor, para que se cumpra seu futuro glorioso prometido na lei. Se Israel desse atenção a Deus, o mesmo poder que os havia livrado do Egito e sustentado durante quarenta anos no deserto os guardaria na terra prometida. Por outro lado, se Israel descuidasse de sua relação com Deus e seguisse a deuses falsos, seria castigado a ponto de ser espalhado nas terras de seus inimigos. Por isso Deuteronômio é o livro da piedade, uma exortação viva e expressiva recordando as graves consequências de esquecer os benefícios do Senhor e apartar-se de seu culto e de sua lei.

4. Esboço. Os discursos de Moisés dividem-se naturalmente em três seções. Com brilho, Myer Pearlman capta a ênfase das divisões, respectivamente: "recorde! obedeça! cuidado!".[1]

I. "Recorde!" Recapitulação da história das peregrinações (1.1—4.43)
   A. Recapitulação dos fracassos de Israel (1)
   B. Vitórias e repartição do território ao leste do Jordão (2 e 3)
   C. Exortação à obediência (4.1—43)
II. "Obedeça!" Exposição da lei (4.44—26.19)
   A. Os Dez Mandamentos e sua aplicação (4.44—11.32)
   B. Leis referentes ao culto e à vida santa (12.1—16.17)
   C. Leis de justiça e de humanidade (16.18—26.19)
III. "Cuidado!" Profecias sobre o futuro de Israel (27—34)
   A. Bênçãos e maldições (27—30)
   B. Últimos dias de Moisés (31—34)

5. Importância de Deuteronômio. Esse livro desempenhou um papel importante na história e na religião de Israel. O código deuteronômico foi a norma para julgar as ações dos reis de Israel. Ao ser descoberto no templo, sua leitura despertou um grande avivamento no ano 621 a.C. (2Reis 22). Foi a base das exortações de Jeremias e de Ezequiel. Os judeus escolheram a grande passagem de 6.4,5 como seu credo ou declaração de fé.

O Novo Testamento refere-se a Deuteronômio e cita-o mais de 80 vezes. Parece que era um dos livros prediletos de Jesus, pois ele o citava amiúde. Por exemplo, citou versículos de Deuteronômio para resistir ao Diabo em sua tentação. Também a profecia acerca do profeta que seria como Moisés (18.15-19) preparou o caminho para a vinda de Jesus Cristo.

6. Assunto. Exortação à lealdade ao Senhor e advertência contra a apostasia.

---
1 PEARLMAN, Myer. Através da Bíblia livro por livro. 2. ed. São Paulo: Vida, 2006. p. 48-52.

7. Métodos de tratar o material de Deuteronômio. Não se dedicará neste estudo tanto espaço a Deuteronômio quanto foi dedicado a outros livros escritos por Moisés. O quinto livro do Pentateuco contém muitas repetições de trechos encontrados nos livros anteriores. Além do mais, Deuteronômio é fácil de entender, pois está escrito em linguagem popular, como se fosse um sermão. Este estudo tratará mais extensamente as partes de Deuteronômio que apresentam material novo e destacará os princípios gerais das divisões do livro.

I. RECORDE! RECAPITULAÇÃO DA HISTÓRIA DAS PEREGRINAÇÕES. Capítulos 1.1–4.43

A. Recapitulação dos fracassos de Israel. Capítulo 1

1. Tempo e lugar. Capítulo 1.1-5. Os quarenta anos da peregrinação de Israel estavam para completar-se. A geração incrédula já havia morrido. Israel encontrava-se na planície de Moabe, perto do rio Jordão. Ali Moisés se dirige à nova geração que está prestes a apossar-se da terra prometida aos patriarcas. Seus discursos têm o propósito de preparar o povo para conquistar Canaã e renovar a aliança do Sinai.

2. Eleição dos juízes e Cades-Barneia. Capítulo 1.6-46. Em seu primeiro discurso, Moisés recapitula a história de Israel, começando pelo relato da partida de Horebe. Narra como nomeou os juízes. Esse relato tinha, talvez, o propósito de lembrar aos israelitas que Deus havia multiplicado grandemente a descendência de Abraão. Era uma prova da fidelidade de Deus, que cumpriria sua promessa de entregar aos israelitas a terra de Canaã.

Ele lembra a eles que a primeira geração havia perdido a oportunidade de entrar em Canaã por causa de sua incredulidade e rebelião. O fato de não entrar na terra constituiu pecado, porque o Senhor havia jurado aos patriarcas que daria a terra a eles e a seus descendentes. Era um juramento imutável do Deus imutável. Israel foi severamente castigado ao ser excluído de Canaã até que morresse a primeira geração.

Moisés adiciona pormenores em Deuteronômio que não se encontram nos livros anteriores. Por exemplo, de acordo com 1.22, foram os israelitas que sugeriram a Moisés enviar espias, mas, segundo Números 13.2, foi Deus quem o ordenou. Não há contradição alguma, pois Deus mandou que Moisés despertasse a atenção do povo para que se manifestasse o que havia em seu coração. Explica em 9.20 por que foi poupada a vida de Arão quando ele fez o bezerro de ouro. Por outro lado, Moisés omite certos detalhes: não menciona Corá em 11.6 no relato da rebelião de Datã e Abirão (Números 16), provavelmente porque alguns dos filhos de Corá foram perdoados e permaneciam na congregação. Seu pecado fora removido e não seria lembrado jamais (Salmos 103.12).

B. Vitórias e repartição do território ao leste do Jordão. Capítulos 2 e 3

Moisés lembra a Israel que o Senhor os havia abençoado em tudo (2.7), os havia guiado naquele "grande deserto" e lhes havia dado vitórias sobre seus inimigos em Seom e Ogue. Por outro lado, não lhes havia permitido atacar os edomitas, por serem eles descendentes de Esaú, nem aos moabitas e aos amonitas, que eram descendentes de Ló. Como soberano sobre as nações, Deus lhes havia especificado certo território como sua herança.

C. Exortação à obediência. Capítulo 4.1-43

Considerando o que havia sucedido à geração anterior, Moisés apela fervorosamente para Israel a fim de que não cometa o mesmo erro, que guarde a lei e a ponha em ação. Se obedecesse à lei, viveria e tomaria posse de Canaã.

Outro motivo para obedecer a Deus era que somente Israel tinha o alto privilégio de ser seu povo. Somente de Israel o Senhor estava tão perto. Havia-lhes falado com voz audível e com eles havia firmado um concerto.

Notamos o zelo de Deus. Como o marido que dá à sua esposa amor sem reserva e exige dela lealdade, assim Deus exige a mais absoluta fidelidade de seu povo. Moisés adverte solenemente que o fato de apartar-se de Deus para prestar culto aos ídolos traria como consequência a dispersão dos hebreus. Por outro lado, o arrependimento traria a restauração.

Quando Moisés fala ao povo, geralmente emprega o pronome "vós" (4.1-8,11-18,20-23), mas algumas vezes pensa em seus integrantes individualmente e usa o pronome "tu" (4.9,10; 19.1-21). Em outras oportunidades, ele próprio se inclui em sua nação e se expressa com a primeira pessoa do plural, "nós" (2.8).

PERGUNTAS
Introdução a Deuteronômio. Recapitulação das peregrinações. Capítulos 1.1–4.43

A. Sobre a Introdução

1. a) O que significa a palavra Deuteronômio?
   b) Em que sentido é apropriado o título desse livro?
   c) Em que sentido é inadequado?
2. Mencione as circunstâncias nas quais Moisés escreveu Deuteronômio.
3. Cite brevemente quatro motivos ou propósitos que Moisés teve para escrever o livro.
4. a) Em que difere o estilo de Deuteronômio dos demais livros do Pentateuco?
   b) Por quê?
5. Indique de que forma se dá importância a Deuteronômio no Novo Testamento.
6. Mencione o tema de Deuteronômio.
7. Quais são as três grandes divisões do livro?
8. Que motivo levou Moisés a recapitular a história de Israel? (Mencione o aspecto negativo e o positivo.)

B. Sobre a Bíblia

1. a) Note como Moisés descreve o fracasso de Israel em Cades-Barneia. Quais são as três palavras que ele emprega para descrever o pecado da nação? (1.26,27,32). Em sua opinião, qual dos aspectos de seu pecado era a raiz dos outros dois?
   b) Por que os israelitas eram tão culpados por negar-se a entrar na terra (1.19,31-33)?
   c) Qual é o testemunho que Deus dá com relação a Calebe (1.36)? Como Calebe seria recompensado?

2 a) Que relação você encontra entre a obra realizada por Deus e a responsabilidade do homem (2.24,31-34)? Qual é nossa parte?
   b) Como a história da tomada da Transjordânia ajudaria Israel a conquistar Canaã (3.1-11)? Pense no que se encontrava pela frente em Canaã (Números 13.28). A seguir, faça uma aplicação prática.

3 a) O que significa "acrescentar" aos mandamentos e "diminuir" deles (4.2,6; 12.32; Mateus 15.8,9; 5.19; Apocalipse 22.19)?
   b) Mencione as duas razões pelas quais Israel devia servir ao Senhor (4.7,8). Explique outros motivos de gratidão (4.20,31, 34-38).
   c) Indique o propósito sublime pelo qual Deus libertou Israel (4.20). Compare-o com a pregação do evangelho (Atos 15.14).

II. OBEDEÇA! EXPOSIÇÃO DA LEI.
Capítulos 4.44–26.19

A. Os Dez Mandamentos e sua aplicação.
Capítulos 4.44–11.32

1. O decálogo. Capítulos 4.44—6.3. Os Dez Mandamentos eram a base da aliança que o Senhor fez com Israel. Chamam-se "testemunhos" (4.45), pois constituem a revelação do caráter, da vontade e do propósito divinos. A lei declara que Deus é uno e santo. Aponta, também, o caminho que o homem deve seguir para viver em harmonia com o seu Criador e com o próximo.

O decálogo começa com as palavras: "Eu sou o Senhor, teu Deus, que te tirei da terra do Egito, da casa da servidão" (5.6). O Senhor exige obediência porque: a) é Deus, o Soberano; b) estabeleceu relação pessoal com o seu povo. A expressão "teu Deus" ou sua equivalente encontra-se mais de 300 vezes em Deuteronômio e é a base da verdadeira fé. Lembra a relação que existe entre um pai e seus filhos; c) o Senhor redimiu seu povo da servidão, portanto espera que os redimidos obedeçam à sua voz.

A diferença entre o decálogo apresentado aqui e o de Êxodo 20 encontra-se no quarto mandamento. Para observar o dia de descanso, Deuteronômio adiciona outra razão além de que o Criador tenha descansado: os israelitas haviam sido resgatados da servidão do Egito e deviam dar a seus servos e animais de trabalho o dia de descanso semanal (5.14,15).

2. O grande mandamento. Capítulo 6.4,5. Os judeus chamam a estes versículos *Shemá* por ser a primeira palavra que se traduz "ouve". É o credo dos judeus; duas vezes por dia os judeus piedosos repetem o *Shemá*. É a afirmação da fé monoteísta, porém não nega a possibilidade de que Deus seja trino, isto é, que em um mesmo Deus haja três pessoas. A palavra traduzida "único" (6.4) não é um termo hebraico que indique unidade indivisível; parece, antes, ensinar que o Senhor é o único Deus. A Bíblia Nácar-Colunga traduz a frase assim: "*Yavé es nuestro Dios. Yavé es único.*" (Yavé é nosso Deus. Yavé é único.)

Deve-se amar a Deus "de todo o teu coração, e de toda a tua alma, e de todo o teu poder" (Deuteronômio 6.5). Jesus citou-o como o primeiro e grande mandamento. Depois citou, de Levítico 19.18, as palavras "amarás o teu próximo como a ti mesmo", a fim de apresentar o âmago da lei e a síntese mais perfeita da verdadeira religião (Mateus 22.37-40).

3. A religião no lar. Capítulo 6.6-9. "E estas palavras que hoje te ordeno estarão no teu coração; e as intimarás a teus filhos." Os pais não devem depender da instrução pública da religião, mas devem instruir os filhos nos lares. Os israelitas falhavam neste dever e apostatavam cada vez mais. Também muitos cristãos descuidam da instrução dos filhos nas coisas espirituais e depois estes se apartam do caminho do Senhor.

4. Advertência contra a idolatria e exortações à obediência. Capítulos 6.10—11.32. Moisés previu o perigo de que os israelitas, uma vez estabelecidos na terra de Canaã, se esquecessem de seu Deus e servissem a deuses estranhos. Advertiu também a Israel quanto à covardia e à autossuficiência, e proibiu-lhe buscar acordo com as nações derrotadas. Deus escolheu Israel para ser um povo santo, especial (7.6), "o seu povo próprio, de todos os povos que há sobre a face da terra" (14.2).

Acrescenta que Deus lhes entregaria a terra de Canaã porque a havia prometido aos pais, não porque os israelitas fossem mais numerosos que outros (ao contrário, era o mais insignificante dos povos, 7.7), nem tampouco porque fossem retos e justos, mas porque os cananeus eram extremamente ímpios (9.4,5). Longe de ser justos, os israelitas murmuravam e se rebelavam continuamente. No Sinai, prestaram culto ao bezerro de ouro, em Massá, ameaçaram apedrejar Moisés e em Cades-Barneia recusaram-se a entrar na terra prometida.

Os "vespões" que o Senhor enviou sobre os cananeus (7.20) foram possivelmente os bandos de egípcios que invadiram Canaã naquela época, já que o vespão era um dos emblemas do Egito. O arqueólogo João Garstang pensa, no entanto, que se deu o nome de "vespões" às guerras que debilitaram os cananeus antes que os israelitas invadissem Canaã.

O Senhor pede de seu povo quatro coisas: que temam a Deus, que andem em todos os seus caminhos, que o amem e que o sirvam (10.12). A lei santa de Deus e sua justiça inflexível enchem-nos de temor, ao passo que sua misericórdia e graça nos inspiram a servi-lo. Dessa maneira, o monte Sinai está relacionado com o monte Calvário. Muitas pessoas não entendem o significado da cruz porque não conhecem a lei e suas exigências.

B. Leis referentes ao culto e à vida santa. Capítulos 12.1-16.17

O propósito das leis deste grupo era obter a consagração completa ao Senhor. As exigências no tocante aos dízimos, às primícias e aos sacrifícios estavam relacionadas com o estabelecimento de um único lugar de culto, que no princípio foi o tabernáculo e, mais tarde, o templo.

1. Precauções contra a idolatria. Capítulos 12 e 13. Ao entrar em Canaã, os israelitas estariam rodeados de idolatria; por esse motivo Moisés os preparou para resistir a essa tentação e lhes ordenou três coisas:

a) Deviam destruir completamente todos os locais do culto pagão para que a terra fosse santa.

b) Deviam prestar culto ao Senhor em um único lugar. Isso havia de preveni-los contra a tendência de misturar os costumes idólatras cananeus com o culto puro devido ao Senhor. O próprio Senhor escolheria o centro religioso para colocar nele o seu nome (isto é, revelar seu caráter e glória), e para esse lugar os israelitas deviam trazer seus sacrifícios e suas ofertas.

c) Deviam erradicar os que caíssem na idolatria. Deus permitiria que se levantassem falsos profetas para provar seu povo e dessa maneira descobriria se o amavam de todo o seu coração ou não. Não deviam deixar que os falsos profetas os enganassem com seus sinais e milagres. Deviam matá-los. Também os idólatras deviam ser mortos publicamente. Seus pertences seriam queimados a fim de que os verdugos não fossem motivados pela esperança de receber lucros por sua obra. Não era severo infligir a pena capital por idolatria? Era imprescindível preservar Israel da idolatria, pois, de outro modo, sofreriam o mesmo castigo dos cananeus. A vinda do Redentor dependia da preservação moral da raça escolhida. Já não se castiga a idolatria com a pena capital; agora devemos permitir que o joio, a falsa religião, cresça ao lado do trigo, e os anjos se encarregarão da separação no fim do mundo (Mateus 13.38-43).

2. Deveres filiais e religiosos. Capítulos 14.1—16.17. Como povo consagrado ao Senhor, os israelitas deviam manifestar a santidade em todos os aspectos da vida. Essa santidade devia expressar-se de várias formas:

a) Não deviam praticar os costumes pagãos (14.1). Como filhos de Deus, feitos à sua imagem, não deviam desfigurar seus corpos (ver 1Coríntios 6.19,20).

b) Deviam comer somente o que era limpo (14.3-21). O apóstolo Paulo interpreta o imundo em termos espirituais como tipos do impuro na esfera moral (2Coríntios 6.17).

c) Deviam oferecer a Deus os dízimos dos frutos de seu trabalho (14.22-29). Os produtos da terra e tudo o que o homem possui devem ser considerados dádiva de Deus e uma décima parte há de ser separada para o Senhor. No versículo 29 do capítulo 14 evidencia-se o grande cuidado de Deus para com os pobres e se encontra a promessa de abençoar ao que dá generosamente. Hoje também "a religião pura e imaculada" inclui o cuidado para com os necessitados (Tiago 1.27).

d) Deviam cancelar as dívidas a cada sétimo ano, o ano de remissão (15.1-6,12-18). Essa lei tinha o propósito de evitar que os ricos aumentassem seus bens e os pobres se empobrecessem mais com o correr do tempo. Também deviam deixar em liberdade os que tinham sido forçados a vender-se ou colocar-se a serviço do seu credor para liquidar suas dívidas. A remissão do Senhor mostra que ele é misericordioso.

É, também, símbolo da libertação muito maior que Cristo realizaria (Lucas 4.18).

e) Deviam fazer anualmente as três peregrinações ao centro religioso para celebrar as três festas sagradas (16.1-17).

PERGUNTAS
Exposição da lei. Capítulos 4.44–16.17

A. Sobre a Bíblia

1. a) O que é que o uso do pronome "tu" sugere na formulação dos dez mandamentos?
   b) Ao dar a lei a Israel, por que foi necessário que Moisés atuasse como mediador entre Deus e o povo?
   c) Que atitude manifestada nas palavras dos israelitas Deus elogia (5.28)?
   d) Qual seria o resultado de temer a Deus e guardar sempre seus mandamentos (5.29)?

2. a) Qual é o *grande* mandamento (6.3-5)?
   b) O que é que o grande mandamento ensina no tocante à natureza de Deus?

3. a) Que responsabilidade dos pais para com os filhos se acentua em 6.6-9 e 11.18-20?
   b) Os judeus escreviam literalmente os mandamentos sobre partes de suas vestes e nos umbrais de suas casas. Onde deveriam ter gravado a lei (em lugar muito mais importante)?

4. a) Por que Deus escolheu Israel em lugar de outros povos? (A razão encontra-se no capítulo 7.)
   b) Indique a grande finalidade pela qual Deus escolheu Israel.

5. Por que Deus expulsaria os cananeus (capítulo 9)?

6. a) Qual é o ensino espiritual sobre a circuncisão que se encontra no capítulo 10? Note também 30.6. (Que significa "não mais endureçais a vossa cerviz"?)
   b) O que este capítulo ensina acerca da relação entre o povo de Deus e o povo estrangeiro que vivia em seu meio? Note também o que ensinam as seguintes referências: 16.11,14; 24.17,19-21; 26.12; 29.11-15.

c) Que expressão da natureza de Deus é a base para tratar com justiça e misericórdia os indefesos, os estrangeiros e os necessitados (10.17)?

d) Note o monoteísmo do capítulo 10. Indique os versículos que o acentuam.

7   Quais os três argumentos apresentados por Moisés no capítulo 11 para persuadir os israelitas a guardar os mandamentos e a ensiná-los a seus filhos (11.2-9,10-17,22-25)?

8   a) Observe as instruções de Moisés para proteger os israelitas da idolatria cananeia: 12.1-14. Mencione duas ordens importantes.

b) Observe quantas vezes ocorre a frase "o lugar que o Senhor vosso Deus escolher, para ali pôr o seu nome". A que lugar se refere?

c) O que significa "ali pôr o seu nome"?

9   Dê uma aplicação espiritual às ordens em 12.2,3; 13.5,12-15.

10 a) Com que finalidade Deus emprega os falsos profetas (13.1-3)? Faça uma aplicação prática.

b) Como saberiam os israelitas quando um profeta era falso, segundo esses versículos?

c) Se fosse permitido aos verdugos apossar-se dos despojos dos hereges executados, que risco corriam os inocentes? (Note o possível motivo de declarar herege uma pessoa.)

C. Leis de justiça e de humanidade. Capítulos 16.18–26.19

Visto que em Israel governava uma teocracia (governo de Deus), as funções civis e religiosas se uniam para que tudo caísse sob a direção divina.

1. Administração da justiça. Capítulos 16.18—17.13. Os juízes seriam escolhidos pelo povo hebreu. Como representantes de Deus e para proteger os direitos de seu povo, deviam julgar com imparcialidade.

2. Instruções acerca de um rei. Capítulo 17.14-20. No devido tempo, Deus daria um rei a Israel. Moisés antecipava as condições sob as quais haveria de estabelecer-se o seu reinado. São as seguintes:

a) Devia ser eleito por Deus. Seria israelita, e não estrangeiro. Saul e Davi cumpriram estes requisitos, mas tiveram seu cumprimento mais completo em Cristo, o grande Rei.

b) Isso significa que o rei não devia depender do poderio militar nem de alianças com outras nações, mas do poder divino. Tampouco devia imitar os outros reis orientais com uma demonstração de glória terrena.

c) Não devia tomar para si muitas mulheres; devia ser espiritual, e não sensual. Tampouco devia casar-se com a finalidade de formar aliança com outras nações.

d) Não devia amontoar riquezas para si, isto é, não devia usar seus poderes com finalidades egoístas, mas para servir ao povo de Deus. "Onde estiver o vosso tesouro, ali estará também o vosso coração" (Lucas 12.34).

e) Devia escrever-se para o rei uma cópia da lei. O rolo original das escrituras de Moisés estava guardado no santuário. Os levitas e sacerdotes haviam de entregar a cada rei uma cópia quando este fosse coroado. Dessa maneira, o soberano podia ler diariamente a Palavra divina com o fito de temer a Deus, de sujeitar-se à lei revelada e de tomar suas decisões segundo a vontade de Deus. Parece que se acrescentam instruções para o rei limitando seus poderes ("Para que o seu coração não se levante sobre os seus irmãos", Deuteronômio 17.20a).[2] Deus não queria que os reis de Israel fossem soberanos absolutos nem déspotas arbitrários sobre o povo do concerto, mas subalternos do Rei Celestial. Que formoso exemplo para o pastor de um rebanho!

3. As porções dos levitas. Capítulo 18.1-8. Considerando que o Senhor protegeu a vida dos primogênitos na noite da Páscoa, estes lhe pertenciam (Êxodo 13.1-2,11-16). Deus tomou os levitas em lugar dos primogênitos (Números 3.11,12) para servir no tabernáculo, ensinar a lei e ajudar os sacerdotes. Portanto, não receberiam território

---

[2] Ao estabelecer a monarquia, o profeta Samuel declarou "o direito do reino" (sem dúvida alguma a declaração incluía Deuteronômio 17.14-20) e o escreveu em um livro (1Samuel 10.25). Acredita-se que o livro preparado por Samuel era uma espécie de constituição que descrevia os privilégios reais e as limitações a que o monarca devia sujeitar-se.

como as demais tribos. "[O] Senhor é a sua herança" (10.9). Estariam dispersos por todas as partes a fim de que seus serviços estivessem ao alcance de todo o povo hebreu e deviam ser sustentados pelos dízimos dos israelitas.

4. Os profetas e o Profeta. Capítulo 18.9-22. Encontra-se aí a promessa de Deus de que levantaria uma ordem de profetas, com a proibição de recorrer a adivinhos e a espiritistas. Através dos séculos, o homem tem desejado conhecer o futuro e ver além. Desse desejo nasceu o espiritismo, o qual forma parte de muitas religiões pagãs que enganam os que vão em busca de consulta aos médiuns. Moisés ordenou aos israelitas que erradicassem por completo a prática de adivinhações, de espiritismo e de magia.

Não era necessário consultar os espiritistas para saber o futuro, porque Deus enviaria profetas verdadeiros, e suas credenciais seriam de tal sorte que não deixariam lugar para dúvidas. Seriam profetas do Senhor e não de outro deus (18.20). O homem que se lança ao ofício profético sem ser chamado por Deus é um profeta falso (18.20). Os autênticos não profetizariam de seu próprio coração, mas falariam somente as palavras que Deus lhes desse (18.18). Suas palavras se cumpririam infalivelmente (18.22). Não obstante, podia ocorrer, em certos casos, que falsos profetas operassem milagres e se cumprissem suas palavras, mas ficariam a descoberto por causa de sua doutrina, em desacordo com a de Deus (13.1,2). Deus permitiria que fizessem sinais para provar seu povo, a fim de que se manifestasse se o amavam ou não (13.3). Finalmente, o verdadeiro profeta honraria a Palavra escrita de Deus (Isaías 8.19,20).

Conquanto se possa aplicar essa passagem (18.15-19) à ordem dos profetas, tais versículos falam antes de tudo do Profeta por excelência, que seria superior a Moisés (Atos 3.22-23; 7.37).

Há semelhanças entre Moisés e Jesus; a vida de Moisés foi salva na infância e, durante sua juventude, ele renunciou à corte real para identificar-se com o seu povo; assim também sucedeu com Jesus. Chegaram a ser os dois grande libertadores. À semelhança de Moisés, Jesus foi o mais humilde dos homens (Números 12.3; Mateus 11.29), cheio de compaixão e amor (Números 27.16,17; Mateus 9.36), um intercessor poderoso (Deuteronômio 9.18; Hebreus 7.25), falava a Deus face a face, isto é, tinha a mais íntima comunhão com Deus (34.10; João 1.18), refletia a glória de Deus (Êxodo 34.29,30; 2Coríntios 4.4), era o grande revelador da vontade e do caráter de Deus (João 1.17), era o mediador de seu povo, operador de grandes milagres e autor de uma nova dispensação.

5. As cidades de refúgio. Capítulo 19.1-14; Números 35.6-28. Segundo as antigas leis de Israel, quando alguém feria ou matava uma pessoa, embora fosse por acidente, podia ser morto pelo parente mais próximo da vítima. Este se chamava "vingador do sangue". Moisés indicou três cidades ao oriente do Jordão que serviriam de asilo aos que matassem outros por acidente. Josué separou outras três cidades ao ocidente do mesmo rio.

Os anciãos da cidade julgavam o fugitivo para ver se tinha ou não culpa de homicídio. Se havia matado sem má intenção ou por casualidade, podia ficar na cidade e estar seguro dentro de seus limites. Se, porém, saísse, o vingador do sangue tinha o direito de matá-lo. Se ficasse lá até que morresse o sumo sacerdote, então tinha liberdade de voltar ao seu lar sem maior perigo.

Isso mostra que Deus nos julga não segundo nossos atos por si mesmos, mas segundo a intenção do coração. O asilo era somente para o matador involuntário. Essas cidades constituem uma ilustração de Jesus, pois "nenhuma condenação" há para os que estão nele (Romanos 8.1). Contudo, Jesus recebe não somente os que fazem mal por casualidade, mas também os que realmente têm culpa. Como as cidades de refúgio estavam espalhadas em Israel de modo que qualquer pessoa pudesse alcançá-las, assim também Jesus é acessível a todos. Do mesmo modo que o fugitivo tinha de permanecer na cidade para estar seguro, o cristão tem de permanecer em Cristo se quiser ser salvo (João 15.6).

6. Leis diversas. Capítulos 19.15—26.19. Uma vez que as leis que se encontram nestes capítulos são muitas e a maioria delas corresponde a uma época passada, consideraremos somente algumas delas.

a) A lei se mostra minuciosa quanto ao serviço militar (20.5-8). Aquele que acabava de construir uma casa nova, ou de semear uma vinha, ou de contrair matrimônio, estava isento do serviço militar. Não se aceitavam os medrosos, pois não seriam bons guerreiros e seu medo seria contagioso.

b) Os israelitas deviam destruir completamente os cananeus e suas cidades (20.16-18). O propósito era que a religião do Senhor não fosse contaminada com os costumes pagãos.

c) Os israelitas deviam manter diferenças de vestimenta entre os sexos (22.5). Dada a semelhança do atavio masculino e feminino, era necessário poder distinguir entre ambos. De início Deus criou o homem e a mulher, e cada um tem sua natureza e funções distintas. Essa lei protegia-os da perversão e da imoralidade.

d) A escravidão, o concubinato, a poligamia e o divórcio eram tolerados, mas muito restritos (21.10-17; 23.15,16; 24.1-4; Êxodo 21.2-11). A escravidão não existia em grande escala, como em outras nações, e as leis mosaicas quanto a essas infelicidades eram muito humanitárias. Deus permitiu tais abusos porque os hebreus ainda não estavam preparados para a elevada moral do Sermão do Monte.

Moisés não instituiu o divórcio, mas tolerava um costume arraigado já em Israel (Mateus 19.8). A lei mosaica aliviava um pouco sua injustiça, pois obrigava o homem a alegar uma ofensa completa como causa para repudiar sua mulher e dar-lhe um certificado legal de repúdio. O repúdio da mulher limitava-se a uma única causa: haver o marido descoberto nela alguma "coisa feia" (24.1). Embora o Antigo Testamento não defina a "coisa feia", Jesus a descreve como "prostituição" (Mateus 19.9). Se o homem repudiava sua mulher, ela tinha a possibilidade de casar-se com outro, porém nunca com seu primeiro marido. Era uma advertência contra o divórcio precipitado. À semelhança de outros males, o divórcio era permitido "por causa da dureza do vosso coração" (Mateus 19.8).

PERGUNTAS
Exposição da lei. Capítulos 16.11–26.19

1 a) Por que Moisés prescreveu condições para que Israel escolhesse um rei (17.14-20)?
   b) Como poderia o rei encontrar a sabedoria necessária (2Timóteo 3.15-17)?

c) Que rei, no Antigo Testamento, violou quase todas as condições aqui descritas (1Reis 10.26—11.4)?

2 a) Como Deus enfrentou o desejo dos israelitas de saber acerca do futuro?
   b) Cite quatro características de um verdadeiro profeta.
   c) Quem é o profeta semelhante a Moisés?
   d) Que ordem acerca do Profeta vindouro dá Moisés (18.15; ver Marcos 9.5)?

3 a) De que forma as regras das cidades de refúgio protegiam os que não eram culpados e ao mesmo tempo promoviam o castigo dos que o eram?
   b) O que nos ensinam as regras quanto à maneira pela qual Deus vê os atos de violência? (Que aspecto da violência se leva em conta?)

4 a) Que papel os sacerdotes deviam desempenhar em tempos de guerra (20.1-4)? Faça um paralelo espiritual quanto ao ministério de um pastor.
   b) O que determinaria a isenção do serviço militar, segundo 20.5-7?
   c) Por que os medrosos haviam de voltar para suas casas? Você vê nisso um paralelo espiritual?

5 a) Por que devia manter-se diferença de vestimenta entre os sexos (22.5)?
   b) Por que Deus não aboliu os males da escravidão, do concubinato e da poligamia?
   c) O que fez Deus para minorar esses males?
   d) Foi Moisés quem estabeleceu o divórcio em Israel?
   e) À luz do Novo Testamento, qual é a "coisa feia" em um cônjuge que constitui motivo para repudiá-lo (24.1; Mateus 19.4-9)?
   f) Como se aliviava um pouco a possibilidade de injustiça no repúdio de uma mulher? (Cite três regras da lei mosaica.)

6 Observe como o apóstolo Paulo usava ou aplicava referências de Deuteronômio.
Compare 19.15 com 1Timóteo 5.19; 22.10 com 2Coríntios 6.14a; 21.23 com Gálatas 3.13; 25.4 com 1Coríntios 9.9 e 1Timóteo 5.18.

III. CUIDADO! PROFECIAS SOBRE O FUTURO DE ISRAEL. Capítulos 27–34

A. Bênçãos e maldições. Capítulos 27–30

Moisés explica pormenorizadamente as bênçãos e as maldições que acompanham o pacto do Sinai e convida a nova geração a renová-lo; todavia, a ratificação final do pacto com o Senhor seria feita em Canaã depois de atravessar o rio Jordão.

1. A promulgação da lei em Ebal. Capítulo 27. Ao entrar na terra prometida, Israel tinha de passar pelo vale entre os montes Ebal e Gerizim. Esse vale forma um anfiteatro natural, ideal para proclamar a lei ante uma multidão. Aí deviam apresentar sacrifícios de holocausto e ofertas de paz. O holocausto significava consagração, e a oferta de paz, comunhão com Deus. Dessa maneira, ao entrar na terra, os israelitas se consagrariam de novo ao Senhor e gozariam da comunhão com seu grande Dirigente espiritual. Eram atos imprescindíveis para receber o apoio divino e alcançar a vitória sobre os cananeus.

Seis das tribos iam tomar posição sobre as faldas do monte Ebal e as outras seis sobre Gerizim. Quando os levitas lessem as maldições, os israelitas situados na falda de Ebal responderiam com "Amém". Quando se lessem as bênçãos, as tribos que estavam sobre Gerizim responderiam da mesma forma (Josué 8.33,34). Dessa maneira, antes de conquistar Canaã, os israelitas teriam gravadas em seu coração as condições que determinariam a bênção ou a maldição. É interessante que o altar devia ser edificado sobre Ebal, o monte da maldição. Isso aponta para o Redentor, que se ofereceu sobre o altar de Deus, sendo feito maldição por nós, e assim nos libertou (Gálatas 3.13).

2. Sanções da lei, bênçãos e maldições. Capítulo 28. Moisés enumera extensamente e com vários detalhes minuciosos as bênçãos e as maldições, de modo que, com a entrada dos israelitas na terra prometida, a escolha de seu destino estava diante deles. A obediência traria bênção e a desobediência acarretaria maldição. Se os israelitas houvessem prestado atenção às advertências de Moisés, teriam sido salvos de grandes padecimentos através de sua história.

A obediência traria as seguintes bênçãos a Israel (28.1-14):

1) Prosperidade extraordinária e geral — 2—6
2) Livramento dos inimigos — 7
3) Abundância de produção — 8,11,12
4) Bênçãos espirituais — 9,10
5) Proeminência entre as nações — 1,10,13

A desobediência traria as seguintes maldições (28.15-68):

1) Maldições pessoais — 16—20
2) Peste — 21,22
3) Estiagem — 23,24
4) Derrota nas guerras — 25—33
5) Praga — 27,28,35
6) Calamidade — 29
7) Cativeiro — 36—46
8) Invasões dos inimigos — 45—57
   a) Devastação da terra — 47—52
   (Cumpriu-se nas invasões dos assírios e babilônios.)
   b) Canibalismo em tempo do cerco — 53—57
(Ver 2Reis 6.28; Lamentações 2.20.)
9) Pragas — 58—62
10) Dispersão entre as nações — 63—68

Várias vezes cumpriu-se a dispersão: em 722 a.C., quando os assírios tomaram Samaria; em 597-586 a.C., com a chegada dos babilônios; e em 70 d.C., com os romanos. Descreve-se com precisão em 28.68 o que aconteceu no ano 70 d.C., quando Tito destruiu Jerusalém e vendeu os judeus como escravos.

Halley observa que esse capítulo "esboça toda a história futura da nação hebreia e pinta em cores vívidas o cativeiro babilônico e a destruição nas mãos dos romanos. Forma uma das evidências mais surpreendentes e indiscutíveis da inspiração divina da Bíblia".[3]

---

[3] HALLEY, Henry. **Compendio manual de la Biblia**. s.d., p. 145.

3. Último discurso de Moisés. Convite para renovar o pacto. Capítulos 29 e 30. Moisés apela pessoalmente para essa geração a fim de que reassumam o pacto e jurem ser leais. Prediz a apostasia de Israel e seu castigo; experimentarão a bênção e a maldição; finalmente, a graça de Deus abriria a porta para o arrependimento e para o perdão. Deus circuncidará o coração de seu povo a fim de que o amem e obedeçam a ele. A circuncisão de coração refere-se à transformação da vontade de modo que sirvam ao Senhor com sinceridade.

Eles não deveriam pensar que a lei seja demasiado difícil de cumprir. Não está no céu nem além do mar, não é inatingível, "está mui perto de ti, na tua boca e no teu coração, para a fazeres" (30.11-14). O que importa é o coração. Se este está em harmonia com Deus, é fácil obedecer ao Senhor. Paulo parafraseou essa passagem substituindo a palavra escrita pela Palavra encarnada (Romanos 10.6-8).

Moisés apresenta a Israel duas alternativas: servir ao Senhor ou servir aos seus inimigos. Ao deixar o Senhor, Israel será então sempre presa dos invasores. Unicamente o braço invisível de Deus pode protegê-lo, se o povo apoiar-se nele. Também sucede assim na vida de todo cristão: Deus é a única defesa contra as paixões, contra os vícios e contra os maus costumes.

B. *Últimos dias de Moisés. Capítulos 31–34*

1. Últimas disposições: Capítulo 31.1-29. Ao completar 120 anos, o grande dirigente sabia que lhe restava pouco tempo antes de morrer. Animou os israelitas a esforçar-se por tomar posse de Canaã, colocou Josué em seu posto de sucessor e entregou o livro da lei aos levitas para ser guardado junto da arca no lugar santíssimo. Moisés deu instruções aos levitas para que congregassem o povo nos anos sabáticos a fim de ler-lhes a lei. Desse modo, os levitas receberam o cargo docente em Israel.

O que era o livro da lei (31.9)? Acredita-se que era mais que o código da lei que havia sido dado no monte Sinai. Possivelmente incluía quase todo o livro de Deuteronômio, ou pelo menos a parte importante que se encontra entre os capítulos 27 a 30. O capítulo 31 contém evidência clara de que Moisés escreveu as coisas importantes da fé hebraica.

2. O cântico de Moisés. Capítulos 31.30—33.47. Após cruzar o mar Vermelho, Moisés havia entoado um hino ao Senhor (Êxodo 15.1; Apocalipse 15.3), e agora, quando está prestes a concluir sua carreira, compõe outro cântico de júbilo ao Senhor. Recebe esse cântico o nome de "chave de toda a profecia" porque conta o nascimento e a infância de Israel, sua integridade e apostasia, seu castigo e restauração. Por outro lado, o tema é o nome de Deus, sua terna solicitude por seu povo, sua justiça e misericórdia. O cântico de Moisés tinha muita importância, pois "os cânticos nacionais se gravam profundamente na memória e exercem poderosa influência para comover os sentimentos de um povo".[4]

Encontram-se algumas figuras retóricas de muito interesse nesse cântico. Deus é designado como "Rocha" de Israel (32.4,18,30,31) metáfora expressiva do poder e da estabilidade divina. Ele era o Refúgio e o Defensor de seu povo. Em tempos de ataque, as pessoas em perigo costumavam, às vezes, subir nas rochas de onde podiam defender-se mais facilmente; por isso considerava-se a rocha lugar propício de refúgio.

Moisés ilustra o cuidado carinhoso e extraordinário de Deus para com seu povo no deserto empregando três figuras poéticas: Israel é "a porção do Senhor" e "sua herança" (32.9). Isso indica que Deus preservou para si Israel como herança especial. Guardou-o como um homem guarda a menina dos seus olhos, parte vital e muito delicada (32.10). Também compara o cuidado divino ao da solicitude da águia, que ensina seus filhotes a voar e intervém em caso de a jovem águia, em sua primeira tentativa, começar a cair ao solo. A mãe passa por baixo de seu filhote que cai e o leva sobre suas asas (32.11).

O termo *Jesurum* (32.15) é uma expressão de carinho; significa "criança mimada" ou, possivelmente, "o justo". Contudo, Jesurum seria como um animal engordado que, em vez de sentir gratidão e submeter-se ao seu generoso senhor, escoiceia. Assim Israel, visto profeticamente, a despeito das grandes bênçãos que receberia do Senhor, voltaria as costas a ele e se entregaria à idolatria.

3. Moisés abençoa as tribos. Capítulo 33. Pouco antes de subir ao monte Nebo para contemplar a terra prometida e morrer,

---

[4] Jamieson, Robert; Fausset, A. R.; Brown, David. **Comentário exegético y explicativo de la Biblia.** v. 1. s.d. p. 178.

Moisés abençoou as tribos de Israel. Convocou-as, exceto a de Simeão,[5] e profetizou poeticamente as bênçãos que elas receberiam ao estabelecer-se em Canaã. A última bênção de Moisés e a última bênção de Jacó contrastam muito entre si. Jacó sintetizou a história da conduta de seus filhos, que às vezes foi triste e humilhante. Moisés, pelo contrário, deixa de lado os pecados deles e apresenta a graça que Deus revelou a seu favor.

Como se explica a diferença entre as duas bênçãos, uma vez que ambas se referem às tribos de Israel? Um comentarista, C. H. Mackintosh, observa: "Jacó contempla seus filhos do ponto de vista pessoal; Moisés os vê segundo a relação que existe com o Senhor em virtude do concerto".[6]

Convém notar que as bênçãos se concretizariam com a colocação de cada tribo na terra de Canaã, tal como foi dividida mais tarde. Com olho profético, o velho dirigente viu a terra prometida e a localização posterior de cada tribo. Também se relacionam as bênçãos de cada tribo com a necessidade ou função de cada uma delas. Para Rúben, que havia perdido a primogenitura, Moisés pediu a multiplicação de seus filhos. Judá teria grande poder; seria como o que toma a dianteira nas ações militares contra os inimigos de Israel. Levi recebeu o sacerdócio e o ministério de consultar ao Senhor em paga por seu zelo pela causa do Senhor na ocasião em que Moisés decretou a morte dos impenitentes adoradores do bezerro de ouro. Moisés contemplou a tranquilidade futura de Benjamim ao habitar nos montes. Acerca das tribos de José, Efraim e Manassés, foi profetizada a fertilidade de sua terra e também sua grande força, semelhante à de um búfalo. Zebulom e Issacar prosperariam em empresas comerciais nas costas do mar. Dã seria valente e forte como um leão jovem que chega à plenitude de suas forças. Naftali receberia uma terra fértil na região do mar da Galileia. De Aser, Moisés profetizou grande abundância de oliveiras e segurança. O segredo para receber todas as bênçãos encontra-se no incomparável Deus de Jesurum. Os israelitas alcançariam vitória sobre

---

[5] Simeão foi omitida nas bênçãos de Moisés possivelmente porque ia ser absorvida por Judá em época posterior.
[6] Apud HORTON, Stanley. **El maestro**. 2º trimestre, 1967. p. 63.

seus inimigos porque Deus a concederia. Quando Israel se colocava nos braços eternos, esses mesmos braços o conduziam pelo campo de batalha e o utilizavam para executar o juízo divino contra os corrompidos cananeus.

4. A morte de Moisés. Capítulo 34. Como parte da recompensa por sua fidelidade, Deus permite a Moisés contemplar a terra prometida do topo do monte Nebo. Contudo, por sua desobediência no incidente das águas de Meribá, não se lhe permite entrar naquela terra. Isso demonstra que, embora Moisés seja libertador, não é o libertador por excelência, pois não pôde alcançar para seu povo a vitória final. Não obstante, não houve profeta antes nem depois em Israel como ele. Deus levou o espírito de Moisés consigo e sepultou o corpo em um lugar desconhecido dos israelitas. Se o lugar de seu sepultamento fosse conhecido, o povo o teria convertido em um santuário idólatra. Muitos creem que Josué escreveu este último capítulo como tributo final a Moisés.

Moisés nunca entrou na terra prometida? Não o vemos mais nas páginas das Sagradas Escrituras? Sim, nós o vemos na Palestina falando com Cristo no monte da Transfiguração. Quão apropriado era conceder-lhe essa honra! Moisés havia tido uma grande parte na preparação da vinda e obra daquele cujo ministério foi prefigurado pelo grande líder de Israel.

PERGUNTAS
Profecias sobre o futuro de Israel. Capítulos 27–34

1. a) O que deviam fazer os israelitas ao entrar na terra prometida? (27.1-10). Por quê?
   b) Note a solicitude de Deus para que seu povo tenha alegria. Veja também 12.7,12; 16.11,14.
   c) Por que Moisés enumerou as bênçãos e as maldições?
   d) Que atitude do coração traria como consequência a maldição (28.45-48; Hebreus 10.26-31; 12.25-29)?
   e) Como se cumpriram as advertências de Moisés?
2. a) Por que Moisés exortou os israelitas a que retomassem o pacto a essa altura (capítulo 29)? Que lição espiritual podemos derivar da renovação do pacto?

b) Por que Moisés não confiava em que os israelitas seriam fiéis a Deus? (Compare 29.4,18,19 com Atos 20.29,30.)
c) Segundo Deuteronômio 29.29, por que Deus revela o futuro ao homem? (Ver Tiago 1.22.)

3 a) Quais eram as condições para a restauração e bênção (capítulo 30)?
b) Que grande bênção Deus daria aos israelitas a fim de que pudessem cumprir sua lei?
c) O que quer dizer Deuteronômio 30.11-13? (Interprete lendo 30.11 e 14.)
d) Que novo significado o apóstolo Paulo dá a esses versículos? (Ver Romanos 10.6-9.)
e) Que atitude demonstrava ter Moisés diante da morte (capítulo 31)? Que lição você retira desse fato?

5 a) Qual é o tema do cântico de Moisés?
b) Qual é o traço do caráter de Deus que o cântico ressalta?
c) Que traço do caráter de Israel manifestado através dos séculos se salienta no capítulo 32?

6 a) Como contrasta a bênção de Moisés com a de Jacó? Por quê?
b) Com que aspecto do futuro das tribos se relacionava a bênção divina, segundo o capítulo 33?
c) Onde se encontrava o segredo para receber as bênçãos (33.26,27)?

7 a) Que lições você retira da morte de Moisés?
b) Moisés entrou, finalmente, na terra prometida? Explique.
c) Quem, provavelmente, escreveu o último capítulo de Deuteronômio?

Projeto:

Medite sobre a vida de Moisés e depois escreva sobre os fatores de caráter que o levaram à grandeza e à utilidade. Pode dar o título: "O homem que Deus usa".

Apêndice

I. A ALTA CRÍTICA

Durante os séculos XVIII e XIX, nas universidades alemãs, foram aplicados à Bíblia métodos de investigação e de análise que os historiadores haviam desenvolvido para reconstruir o passado. Procuraram descobrir a data de cada livro, seu autor, seu propósito e as características do estilo e da linguagem. Questionaram: Quais são as fontes originais dos documentos bíblicos? São dignas de confiança? Qual é o significado e o fundo histórico de cada um deles? A esse movimento deu-se o nome de Alta Crítica.

A Baixa Crítica, por outro lado, é a que se ocupa do estudo do texto em si. Observa os manuscritos existentes para estabelecer qual é o texto mais aproximado do original. Suas investigações têm deixado textos muito exatos e dignos de confiança.

A crítica bíblica, tanto a textual como a alta, pode lançar muita luz sobre as Escrituras se aplicada com reverência e erudição. Os Pais da Igreja, os reformadores e os eruditos evangélicos têm realizado tais estudos com grande benefício. Não obstante, os críticos alemães, sob a influência do racionalismo daquele tempo, chegaram a conclusões que, comprovadas, poderiam destruir toda a confiança na integridade das Escrituras.

Os críticos alemães aproximaram-se do estudo da Bíblia com certos pressupostos ou preconceitos: 1) Rejeitaram todo o elemento milagroso. Isto é, para eles, a Bíblia não é inspirada por Deus, porém um livro a mais, um livro como outro qualquer. 2) Aceitaram a teoria idealizada pelo filósofo Hegel de que a religião dos hebreus tinha seguido um processo evolutivo. Segundo essa teoria, no princípio, Israel acreditava em muitos espíritos, depois foi desenvolvendo a crença em um só Deus, e mais tarde chegou à fase sacerdotal.

Também o culto hebreu evoluiu quanto a seus sacrifícios, suas festas sagradas e seu sacerdócio.

Os críticos racionalistas desenvolveram a teoria de que o Pentateuco não foi escrito por Moisés, mas é uma recompilação de documentos redigidos, em sua maior parte, no século V a.C. Jean Astruc (1753), professor de medicina em Paris, iniciou essa teoria, notando que se usava o nome "Elohim" (Deus) em algumas passagens do Gênesis e "Javé" em outras. Para Astruc, isso era prova de que Moisés havia usado dois documentos como fontes, cada um com sua maneira especial de designar a Deus, para escrever o Gênesis. Mais tarde, os estudiosos alemães descobriram o que lhes pareciam certas repetições, diferenças de estilo e discordância nas narrativas. Chegaram à conclusão de que Moisés não escreveu o Pentateuto; o escritor foi um redator desconhecido que empregou várias fontes ao escrevê-lo.

Em fins do século XIX, Julius Wellhausen e Karl H. Graf desenvolveram a "hipótese Graf-Wellhausen", que foi aceita como a base fundamental da Alta Crítica. Usaram a teoria da evolução religiosa de Israel como um dos meios para distinguir os supostos documentos que constituiriam o Pentateuto. Também a utilizaram para datar esses documentos. Por exemplo, se lhes parecia que determinado documento tinha uma teologia mais abstrata do que outro, chegavam à conclusão de que havia sido redigido em data posterior, já que a religião ia ficando cada vez mais complicada. De modo que estabeleceram datas segundo a medida de desenvolvimento religioso que imaginavam. Relegaram o livro do Gênesis, em sua maior parte, a uma coleção de mitos cananeus, adaptados pelos hebreus.

Wellhausen e Graf denominaram os supostos documentos da seguinte maneira:

1) O "Jeovista" (J), que prefere o nome Jeová. Teria sido redigido possivelmente no reinado de Salomão e considerado o mais antigo.

2) O "Eloísta" (E) que designa a Deus com o nome comum de Elohim. Teria sido escrito depois do primeiro documento, por volta do século VIII a.C.

3) O Código Deuteronômico (D) compreenderia todo o livro de Deuteronômio. Teria sido escrito no reinado de Josias pelos sacerdotes que usaram essa fraude para promover um despertamento religioso (2Reis 22.8).

4) O Código Sacerdotal (P) é o que coloca especial interesse na organização do tabernáculo, do culto e dos sacrifícios. Poderia ter adquirido corpo durante o cativeiro babilônico e forneceu o plano geral do Pentateuto.

Eles consideraram que os documentos, com exceção do "D", correm paralelamente aos primeiros livros do Pentateuto. A obra final teria sido redigida no século V a. C., provavelmente por Esdras. Essa especulação de Wellhausen e Graf chama-se "a teoria documentária, J. E. D. P.".

Os eruditos conservadores rejeitam totalmente a teoria documentária J. E. D. P. Dizem que os títulos de Deus não estão distribuídos no Gênesis de maneira tal que se possa dividir o livro como sustentam os da teoria documentária. Por exemplo, não se encontra o nome de Jeová em dezessete capítulos, mas os críticos atribuem porções de cada um desses capítulos ao documento "Jeovista". Além do mais, não deve causar-nos estranheza que Moisés tenha designado a Deus com mais de um título. No Corão (livro sagrado dos muçulmanos), há algumas passagens que empregam o título divino "Alá" e outras, "Rabe", e nem por isso se atribui o Corão a vários autores.

E que dizer então quanto aos relatos duplicados e contraditórios que os críticos supostamente encontraram em Gênesis? Os conservadores explicam que alguns são ampliações, tais como as ordens de que os animais entrem na arca (6.19 e 7.2); o primeiro era uma ordem geral e o segundo dá um detalhe adicional. Os dois relatos da criação (1.1—2.4a e 2.4b—2.25) são suplementares. O primeiro apresenta a obra geral da criação, e o segundo dá o enfoque do homem e seu ambiente.

Também chamam a atenção certas diferenças de linguagem, estilo e ponto de vista entre os diversos documentos. Contudo, esses juízos são muito subjetivos. Não se deve estranhar que, quando Moisés escreveu as partes legais e cerimoniais, tenha empregado um vocabulário e um estilo um tanto diferentes do que empregou nas partes históricas. Ademais, Gordan Wenham, erudito contemporâneo, versado em Antigo Testamento, diz que as diferenças de estilo, usadas para distinguir as fontes do Pentateuco, já não têm significado à luz das antigas convenções literárias.[1] Diz outro erudito moderno, R. K. Harrison, que inclusive certo defensor da Alta Crítica admite que "as diferenças são poucas e podem ser classificadas como acidentais".[2]

Os arqueólogos descobriram muitíssimas evidências que confirmam a historicidade de grande parte do livro do Gênesis, por isso já não se pode denominá-lo "uma coleção de lendas cananeias adaptadas pelos hebreus". Mas não encontraram prova alguma de supostos documentos que tenham existido antes do Pentateuco.

Um autor evangélico ressalta quão absurdas são as conclusões da Alta Crítica: exige que aceitemos como reais um número de documentos, autores e recompiladores sem o mínimo indício de evidência externa. "Não deixaram atrás de si marca nenhuma, nem na literatura nem na tradição hebraica, tão tenaz para com a lembrança de seus grandes nomes."[3] De modo que o estudioso evangélico não deve crer que o Pentateuco seja obra de um redator da época de Esdras. Parece que os documentos J. E. D. P. existem somente na imaginação dos eruditos, que preferem aceitar as especulações dos racionalistas em vez de crer na doutrina da inspiração divina.

II. TEORIAS ACERCA DA CRIAÇÃO

O que dizem as Escrituras e os cientistas modernos acerca da antiguidade da Terra? Os geólogos, os arqueólogos e os demais cientistas tiram suas conclusões calculando o tempo exigido para a carbonificação da crosta terrestre, para a acumulação de sal no oceano e para a formação de rochas sedimentares. Os cientistas cristãos,

---

[1] ALEXANDER, David; ALEXANDER, Pat (redatores). **Manual bíblico ilustrado**. 1976. p. 183.
[2] HARRISON, R.. K. Deuteronomy. In: GUTHRIE, D.; MOTYER, J. A. (redatores). The new Bible commentary revised. 1970. p. 202.
[3] MANLEY, G. T.; ROBINSON, G. C.; STIBBS, A. M. (redatores). **Nuevo auxiliar bíblico**. 1958. p. 57.

na busca de uma explicação, formularam várias teorias reinterpretando o relato bíblico em termos científicos que não o violentem. Consideremos algumas:

1. Teoria do vazio ou arruinamento e nova criação. Segundo essa teoria, houve uma criação perfeita em passado distante (Gênesis 1.1) seguida de uma grande catástrofe ocorrida entre Gênesis 1.1 e 1.2, a qual deixou a terra desolada e em caos (Jeremias 4.23-26; Isaías 24.1 e 45.18). A ruína da Terra foi o resultado do juízo divino, quando Satanás e seus anjos caíram (Ezequiel 28.12-15; Isaías 14.9-14; 2Pedro 2.4 e Judas 6). A frase "sem forma e vazia" (Gênesis 1.2) poderia ser traduzida "veio a ser algo caótico e vazio". O caos mencionado em 1.2 terminaria com um vasto período de tempo no qual ocorreram os fatos pré-históricos. Depois desse cataclismo, a terra foi criada de novo em seis dias literais.

Essa teoria calcularia a antiguidade da terra e permitiria a interpretação literal dos seis dias da criação. Não obstante, defronta-se com sérias dificuldades: a Bíblia realmente ensina que a queda de Satanás provocou uma catástrofe universal? As descrições de Jeremias 4.23-26 e de Isaías 24.1 têm algo a ver com a época pré-adâmica? Parece que essas profecias se referem a um futuro posterior ao momento da profecia. Jeremias referiu-se à invasão babilônica, e Isaías, ao juízo final das nações. Consideremos a frase de Isaías 45.18b, a respeito da terra: "não a criou para ser um caos, mas para ser habitada" (*ARA*). Ela se refere ao caos resultante de uma catástrofe, ou, antes, a uma fase no processo da criação primitiva? Seria estranho que o relato bíblico dedicasse apenas um versículo à criação e dois capítulos à recriação. Ademais, as referências no restante da Bíblia parecem aceitar que os seis dias criativos se referem à criação original. Desse modo, tal teoria pode ser considerada altamente especulativa e carente de sólidas evidências bíblicas.

2. Teoria da criação progressiva. Alguns julgam o primeiro capítulo do Gênesis como uma "descrição poética dos passos sucessivos da criação". Os dias da criação representariam eras de tempo indefinido, ou seja, épocas geológicas, nas quais Deus paulatina e progressivamente levou a cabo sua atividade criadora. "Manhã" e "tarde" referem-se ao começo e fim de cada período. Os dias de criação nos proporcionam "quadros majestosos vertidos no conhecido molde bíblico do número sete".[4] Mostram que o mesmo termo "dia" é usado em Gênesis 2.4 para resumir o período completo da criação.

Argumenta-se que é lógico que Deus tenha empregado uma forma poética para descrever o processo da criação, pois sua revelação acomoda-se ao entendimento do homem. Os homens do Antigo Testamento não teriam compreendido uma descrição literal. Na opinião dos que aceitam essa teoria não existe problema algum em crer que os dias da criação representavam vastos períodos de tempo, visto que Deus é eterno e "um dia para o Senhor é como mil anos, e mil anos, como um dia" (2Pedro 3.8). Essa teoria também pode harmonizar-se bem com muitas das teorias correntes de determinados cientistas, mesmo contemplando a ideia de que poderiam ter sido desenvolvidas as diferentes formas dos animais dentro dos gêneros criados por Deus.

Surge uma discrepância entre essa teoria e o relato bíblico quanto ao dia da criação dos luminares. Criou Deus no princípio (Gênesis 1.1) todo o universo, inclusive o Sol, a Lua e as estrelas, ou foram criados os luminares no quarto dia? (Ver Gênesis 1.14-19.) E, se foram criados no quarto dia, como se explica a existência de luz desde o princípio da criação? Os que creem que os dias da criação foram períodos de vinte e quatro horas dizem que era luz cósmica, ou seja, luz criada por Deus à parte dos luminares. Deve ter existido como energia. Contudo, encontram dificuldade em explicar como começou o ritmo do dia e da noite (Gênesis 1.5), que em sua forma atual resulta da rotação da Terra sobre seu eixo e da posição do Sol. Alguns estudiosos supõem que Deus teria criado um foco de luz próximo da Terra que servisse provisoriamente até à criação do Sol no quarto dia.

Em contraposição à explicação de um foco provisório de luz, os que aceitam a teoria progressiva da criação creem que a descrição da criação no primeiro capítulo do Gênesis apresenta-se do ponto de vista de uma pessoa colocada sobre a Terra. Os corpos celestes foram criados no primeiro dia (primeiro período da criação), mas não eram visíveis até à quarta era geológica. De modo que essa teoria interpreta

---

[4] HALLEY, Henry. **Compendio manual de la Biblia**. s.d. p. 58.

poeticamente Gênesis 1.14-19 como referindo-se ao aparecimento dos luminares aos olhos de um ser terrestre.[5]

Os que se opõem a essa teoria consideram que, ao interpretar poeticamente o relato bíblico da criação, está se procurando conciliar o ensino claro de Gênesis com as ideias errôneas de alguns cientistas. Temem eles que esses cientistas cristãos estejam inclinados (talvez inconscientemente) a atribuir uma vasta antiguidade à Terra para poder admitir a teoria da evolução. Alegam que as teorias científicas tendem a ter breve duração e se substituem amiúde por outras ideias contraditórias. Confiam em que cedo ou tarde a interpretação literal de Gênesis 1 será comprovada pelos experimentos científicos.

3. Teoria da catástrofe universal causada pelo dilúvio. Os que aceitam essa teoria interpretam literalmente os dias da criação, mas explicam que as grandes modificações geológicas, a estratificação das rochas e as jazidas carboníferas e petrolíferas podem ser atribuídas ao cataclismo universal do dilúvio. Rejeitam a teoria do "uniformismo", que considera a formação de rochas sedimentares resultado de um processo uniforme e extremamente lento de depósito de minerais. De acordo com tal teoria, seriam necessários mil anos para acumular 30,5 centímetros de rocha estratificada. De modo que esses cientistas, medindo a rocha sedimentar, chegam à conclusão de que a Terra tem milhões de anos.

---

[5] De acordo com a teoria progressiva da criação, Deus criou toda a matéria "no princípio" (1.1). Explicam os seguintes passos bíblicos no que tange ao ensino da ciência. No princípio, a Terra deve ter sido "uma desolada massa agitada e coberta de água fervente" pelo intenso calor da ação criadora. As densas camadas de neve e gases emanados deixavam a Terra em absoluta escuridão. No primeiro dia (era geológica), a crosta terrestre teria esfriado um pouco e as camadas de gás haviam diminuído o suficiente para permitir a passagem da luz solar. De modo que se podiam distinguir o dia e a noite, embora os corpos celestes ainda não fossem visíveis (o relato é feito da perspectiva de uma pessoa colocada sobre a Terra). No segundo dia, Deus levantou o denso manto de névoa que cobria as águas, criando uma atmosfera entre eles. No terceiro dia, fez que os grandes movimentos de água que cobriam a terra formassem um núcleo, dando assim aparecimento aos continentes. Isso implicaria o afundamento de algumas partes da superfície terrestre e a elevação de outras. Depois, ao haver terra seca, Deus lhe ordenou que produzisse toda sorte de vegetação. O manto de nuvens deve ter lhe dado um efeito de invernadouro, e o calor reinante produziria um clima tropical em toda parte. As plantas cresceriam abundantemente e seriam produzidas as jazidas carboníferas por meio de muitos surgimentos e ressurgimentos alternativos. A Terra teria esfriado paulatinamente, até que rasgou o manto de nuvens no quarto dia e o Sol apareceu.

Por outro lado, os que atribuem o depósito de minerais ao cataclismo do dilúvio apresentam alguns argumentos dignos de consideração. Dizem que foram encontrados fósseis animais intactos nas estratificações das rochas e inclusive troncos de árvores de 3 metros de altura, em pé, em jazidas carboníferas.[6] Esse fenômeno indica que pelo menos nesses casos a rocha estratificada e as jazidas de carvão não se formaram paulatinamente, mas da noite para o dia. De outro modo, os animais e as árvores teriam-se desfeito no processo de apodrecimento. Como se pode explicar esse fenômeno? Parece que houve um cataclismo que os sepultou, depositando minerais no caso da rocha, e resíduos no caso de jazidas carboníferas. Não poderia ser consequência do dilúvio descrito pela Bíblia?

Na Sibéria, ao norte da Rússia, encontraram-se mamutes em perfeita preservação congelados na neve. Morreram tão repentinamente que alguns ainda tinham alimento na boca. Como explicar esses fatos? Acham os cientistas que pode ter havido uma mudança tão drástica e repentina das condições climáticas que fez que os mamutes morressem de frio e se congelassem quase instantaneamente. Então seus corpos foram cobertos de gelo e estão preservados até hoje.

É possível que Deus efetuasse o cataclismo do dilúvio em parte alterando a posição do eixo da Terra. Desse modo, teria havido mudanças abruptas de clima em determinadas áreas; teriam-se produzido enormes marés que depositariam massas de vegetação em certos lugares para formar as jazidas de carvão e de petróleo, e também se teriam formado, com depósitos de sedimentos, as rochas sedimentares. Ao mesmo tempo, os terremotos produziriam grandes alterações na crosta da terra.

É interessante notar que alguns cientistas e pensadores modernos tendem a abandonar o princípio do uniformismo e crer que houve uma catástrofe universal que provocou repentinamente muitas das alterações geológicas. Se eles estiverem com a razão, desaparecerá o problema de harmonizar o relato bíblico com o que parece ser a grande antiguidade do globo terráqueo.

---

[6] NEVINS, Stuart E. Stratigraphic evidente of the flood. In: PATTEN, Donald W. (redator). **A symposium on creation.** III. 1971. p. 36-46.

Bibliografia

A. Livros e obras publicados

ALBRIGHT, W. F. **From the stone age to Christianity**. Garden City, New York: Doubleday & Co., 1957.

_____. **The archaeology of Palestine**. Harmondsworth, Middlesex: Penguin Books, 1956.

BERKHOF, Louis. **Principios de interpretación bíblica**. Grand Rapids, Michigan: Editorial Tell, s/d. [**Princípios de interpretação bíblica**. São Paulo: Editora Cultura Cristã, 2000.]

COLE, R. Alan. Exodus. In: **The Tyndale Old Testament Commentaries**. London: The Tyndale Press, 1973.

EVANS, William. **The Books of the Pentateuch**. New York: Fleming H. Revell Co., 1916.

GILLIS, Carroll O. **Historia y literatura de la Biblia** (cinco volumes). El Paso, Texas: Casa Bautista de Publicaciones, 1954.

HOLDCROFT, Thomas L. **The pentateuch**. Oakland, California: Western Book Co., 1966.

HORTON, Stanley. **El maestro**. (Revista de Escola Dominical). Springfield, Missouri: Vida, 3º trimestre, 1961.

_____. **El maestro**. Idem, idem, 1º trimestre, 1966.

_____. **El maestro**. Idem, idem, 2º trimestre, 1967.

KIDNER, Derek. Genesis. In: **The Tyndale Old Testament Commentaries**. London: The Tyndale Press, 1971.

MACLAREN, Alexander. **Expositions of Holy Scripture**. 17 v. Grand Rapids, Michigan: Wm. B. Eerdmans, 1944.

MEYER, F. B. **Abraham o la obediencia de la fe**. El Paso, Texas: Casa Bautista de Publicaciones, s.d.

_____. **José el amado**. El Paso, Texas: Casa Bautista de Publicaciones, s.d.

Patten, Donald W. (redator). **A symposium on creation**. III. Grand Rapids, Michigan: Baker Book House, 1971.

Pearlman, Myer. **Através da Bíblia livro por livro**. 2. ed. São Paulo: Vida, 2006.

Ross, William. **Estudios en las Sagradas Escrituras**. 7 v. México, D. F.: El Faro, 1955.

Schultz, Samuel. **Ley e historia del Antiguo Testamento**. Miami, Florida: Vida, 1971.

_____ . **The Old Testament speaks**. New York: Harper and Brothers, Publishers, 1960.

Smick, Elmer. "Numbers". In: Pfeiffer, Charles F.; Harrison, Everett F. (redatores). **The Wycliffe Bible Commentary**. [S.l.]: [s.n.], 1972.

Wood, Leon. **A survey of Israel's history**. Grand Rapids, Michigan: Zondervan Publishing House, 1971.

B. Comentários, compêndios, dicionários e enciclopédias bíblicas

Alexander, David; Alexander, Pat (redatores). **Manual bíblico ilustrado**. Miami, Florida: Editorial Caribe, 1976.

Davidson, F.; Stibbs, A. M.; Kevan, E. F. (redatores). **The New Bible Commentary**. London: Intervarsity Fellowship, 1962.

Guthrie, D.; Motyer, J. A. (redatores). The new Bible commentary revised. [S.l.]: [s.n.], 1970.

Halley, Henry. **Compendio manual de la Biblia**. Chicago: Moody Press, s.d.

Jamieson, Robert; Fausset, A. R.; Brown, David. **Comentario exegético y explicativo de la Biblia**. 2 v. Buenos Aires: Junta Bautista de Publicaciones, s.d.

Keil, C. F.; Delitzsch, F. **Old Testament commentaries**. 6 v. Grand Rapids, Michigan: Associated Publishers and Authors, Inc., s.d.

Manley, G. T.; Robinson, G. C.; Stibbs, A. M. (redatores). **Nuevo auxiliar bíblico**. El Paso, Texas: Casa Bautista de Publicaciones, 1958.

Orr, James (redator). **The International Bible Encyclopaedia**. 5 v. Grand Rapids, Michigan: Wm. B. Eerdmans Publishing Co., 1949.